职业教育"十四五"规划物业管理专业"知识＋技能"系列教材

物业客户服务管理

（第2版）

主　编　王晓宇

主　审　矫利艳

中国财富出版社有限公司

图书在版编目（CIP）数据

物业客户服务管理／王晓宇主编．—2 版．—北京：中国财富出版社有限公司，2021.12
（2025.2 重印）

（职业教育"十四五"规划物业管理专业"知识＋技能"系列教材）

ISBN 978－7－5047－7616－7

Ⅰ．①物… Ⅱ．①王… Ⅲ．①物业管理－商业服务－高等职业教育－教材
Ⅳ．①F293.33

中国版本图书馆 CIP 数据核字（2021）第 259099 号

| 策划编辑 | 谷秀莉 | 责任编辑 | 田 超 刘康格 | 版权编辑 | 李 洋 |
| 责任印制 | 尚立业 苟 宁 | 责任校对 | 杨小静 | 责任发行 | 于 宁 |

出版发行	中国财富出版社有限公司		
社 址	北京市丰台区南四环西路 188 号 5 区 20 楼	**邮政编码**	100070
电 话	010－52227588 转 2098（发行部）		010－52227588 转 321（总编室）
	010－52227566（24 小时读者服务）		010－52227588 转 305（质检部）
网 址	http://www.cfpress.com.cn	**排 版**	宝蕾元
经 销	新华书店	**印 刷**	宝蕾元仁浩（天津）印刷有限公司
书 号	ISBN 978－7－5047－7616－7/F · 3378		
开 本	787mm×1092mm 1/16	**版 次**	2022 年 2 月第 2 版
印 张	17.25	**印 次**	2025 年 2 月第 4 次印刷
字 数	398 千字	**定 价**	49.00 元

前　言

　　《中华人民共和国物权法》于 2007 年 3 月 16 日在第十届全国人民代表大会第五次会议上通过，随后《物业管理条例》修改，把"物业管理企业"更名为"物业服务企业"，2020 年《中华人民共和国民法典》公布，其中第二编即"物权"相应内容，这些都为物业服务企业的进一步发展明确了方向，各物业服务企业开始重新审视物业管理服务的内涵，积极转变管理思路，以跟上时代的变革。近年来，各大物业服务企业更加重视服务，努力提升服务品质，在传统物业管理基础上，附加服务因素、科技服务价值，以提升业主的服务感受，打造各自的高品质物业服务品牌。

　　物业服务行业的从业人员，应该意识到只有从自身的管理与服务两方面入手，打破"重管理，轻服务"的旧有模式，全心全意为业主提供全面、及时、周到、安全、优质的服务，才能在激烈的竞争中求生存、图发展，也应该及时意识到物业管理服务的对象不仅是物业项目内的房屋及其配套设施，更重要的是物业的所有者和使用者。为此，物业服务行业从业人员不仅要学习物业房屋设施设备管理方面的知识，也要了解客户服务的相关知识，培养物业客户服务意识，掌握各种物业服务技能。

　　本书从物业客户服务理念入手，立足于"以学生为主体、以能力为本位，以就业为导向"的指导思想，从物业客户服务理念、物业客户满意度调查、物业客户服务团队建设、物业客户服务质量管理、物业服务礼仪、物业客户服务基本技能、日常物业客户服务、入住服务、客户装修管理服务、社区文化服务、物业客户投诉处理、物业客户心理服务等方面进行了阐述，以求培养学生的客户服务意识，使学生掌握各项物业客户服务工作的方法和技能。

　　本书采用工作任务式教学方法编写，每个项目明确知识目标、能力目标、素质目标和思政目标，并针对目标和物业客户服务岗位职责设计相应的工作任务，学生通过完成工作任务，可系统、全面地掌握该项技能，且在完成工作任务的同时，对物业客户服务理论知识和方法技能有更好的领悟与掌握。

　　本书在编写过程中参考了国内许多同人的著作和大量客户服务方面的资料，在此表示衷心的感谢！

　　由于编者学术水平有限，书中难免存在错漏和不足之处，真诚接受有关专家和广大读者的批评指正。

编　者

2021 年 10 月

目　录

项目一 物业客户服务理念

 学习目标

知识目标：1. 了解服务、物业服务的含义。

　　　　　2. 掌握服务的特征、服务体系和物业服务的特点与构成。

　　　　　3. 了解客户、客户服务的含义，以及其对企业的重要性。

能力目标：1. 能够设计物业服务企业客户服务目标。

　　　　　2. 能够树立正确的物业服务理念。

素质目标：1. 培养物业客户服务意识。

　　　　　2. 树立"以人为本"的客户服务理念。

思政目标：引导学生做一个符合社会主义核心价值观的人。

 **任务导入**

万科率先把物业管理更名为"物业服务"①

2007 年 3 月，全国人大审议通过的《物权法》首次从立法的角度提出"物业服务企业"的概念，为物业服务行业的发展指明了方向，也为物业公司的更名提供了法律依据。随后修订的《物业管理条例》明确将"物业管理企业"更名为"物业服务企业"。

2007 年 6 月 25 日，万科（万科企业股份有限公司）在全国 20 个城市展开统一行动，将旗下"物业管理有限公司"统一更名为"物业服务有限公司"，这是继 2005 年年底万科物业将旗下在管项目"物业管理处"全部更名为"物业服务中心"之后的又一举措，标志着万科物业率先全面迈入"物业服务"新时代。

万科认为，物业服务企业的核心价值在于为业主②创造一个温馨、和谐、宜居的生活环境，物业服务应围绕着业主的需求展开。

---

① 来源于网络，有改动。

② 本书中的业主有时为泛称。

万科此次对旗下"物业管理有限公司"的统一更名，不仅仅是称谓的简单变更，或许我们更应该关注其对物业服务行业发展的深刻认识，以及万科物业由此将展开的进一步创新行动。

孔子曰："名不正，则言不顺；言不顺，则事不成。"把"管理"改为"服务"是恰当的，因为"管理"这名称常会给物业公司的工作人员带来"管理者"甚至"统治者"的错觉，认为"命令式"的"管理"是他们合理合法的行为，在这一思路下，物业公司所采取的强硬的管理手段就会造成物业企业与业主之间的种种纠纷。2007年《物权法》从立法的角度将"物业管理企业"更名为"物业服务企业"，为物业服务企业的进一步发展明确了定位和方向，物业服务企业本身就是服务行业，向业主提供的是服务。万科的更名行动也体现出了物业企业转变观念的积极态度。未来物业服务行业的从业者，也应该树立服务意识，认识到客户对于企业的重要性，树立正确的物业客户服务理念。

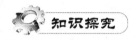

任务一　服务与物业服务

自1981年我国第一家物业管理企业在深圳诞生以来，物业服务行业伴随着我国城市化进程的加快与房地产行业的崛起得到了迅猛的发展。物业相关的法律法规、政策制度不断完善，房屋管理水平不断提高，各类物业管理的设施设备不断推陈出新，然而随之而来的，却是物业服务企业与业主之间矛盾的越来越多，尤其是住宅型物业，业主与物业服务企业的矛盾纠纷屡屡被新闻媒体曝光，有的甚至到了不可调和的地步。对业主来说，缴了费就要享受优质的服务，物业服务企业应该满足业主的要求；对物业服务企业来说，收缴的物业管理费必然是和服务水平相匹配的。归结起来，"物业"本意是管理，实际是服务，两者是合二为一的关系。任何一个行业都不像物业服务行业一样管理和服务结合得如此紧密，不能提供好的服务的物业服务企业，无法在当下的物业服务行业里生存。

物业服务企业要给物业管理服务输入新的内涵，积极转变管理思路，跟上时代的变革，从自身的管理与服务两方面入手，打破"重管理，轻服务"的旧有模式，全心全意为业主提供全面、及时、周到、安全、优质的服务，只有这样，才能在激烈的竞争中求生存、图发展。

物业服务行业从业人员，也应该及时认识到物业管理服务的对象不仅是物业项目内的房屋及其配套设施，更重要的是物业的所有者和使用者。从业人员不仅要学习物业房屋设施设备管理方面的知识，也要了解客户服务相关知识，培养物业客户服务意识，掌握各种物业服务技能。

一、服务的内涵与特性

在现代社会经济生活中，服务无处不在，去餐馆用餐，去银行取钱，去电影院看电影，去旅游度假……甚至去商场购买商品的整个过程中，从踏入商场的一刹那到购买到商品后，我们都在享受着服务带给我们的便利与乐趣。即使在我们的住所，我们没有看到为我们提供服务的人员，但安静、整洁、优美、安全的居住环境也离不开物业服务人员的服务。我们享受着各行业服务人员为我们提供的服务，人们也越来越离不开现代服务业。越来越多的国家发现大部分的国民生产总值是由服务业创造的，服务业已经成为这些国家的支柱产业，服务已经成为一个社会最重要的组成部分。

（一）服务的内涵

有关服务概念的研究首先是从经济学领域开始的，最早可追溯到18世纪。随着经济的不断发展，服务业地位越来越凸显，服务产业也是包罗万象，很难界定其范围大小。服务概念的内容也更为丰富。营销专家说，服务是满足客户需要的一系列特征或特性的总和；管理人员说，服务是由一些项目组成的产品；一线员工说，服务就是工作；客户说，服务是一种能够体现自我价值的享受。

1960年，美国市场营销协会（AMA）将服务定义为：用于出售或同产品连在一起出售的活动利益或满足感。

服务其实是一个服务主体与服务客体互动的过程。它是以无形的方式，在顾客与服务职员、有形资源商品或服务系统之间发生的、可以解决顾客问题的一种或一系列行为。在现实生活中，几乎所有商品的交易都是伴随着服务的进行而完成的。同样，每一项服务的提供也都离不开商品。因此，服务作为商品的附加值逐渐受到各行各业的广泛重视。

服务的两大构成要素包括服务产品和服务功能，服务产品满足的是消费者的主要需求，服务功能则满足的是消费者的非主要需求。如物业服务提供给业主的服务产品是对有关房屋及其配套的设施设备和相关场地进行维修、护养、管理，维护相关区域内的环境卫生和秩序，为业主或非业主使用人创造一个安全、舒适、优美、文明的工作和生活环境，通过对管辖区内房屋建筑、设施设备的管理与维护来延长其使用寿命，使其保值和增值；而物业服务提供给业主的服务功能则是在提供物业服务的同时，使业主享受到及时、热情、周到的服务，满足业主受尊重的需要。

（二）服务的特性

服务不同于有形产品，服务的特性是相对于有形产品而言的。有形产品与服务的区别如表1-1所示。

表 1-1　　　　　　　　　　　　　　　　　有形产品与服务的区别

有形产品		服　务
有形性	无形性	①服务不可储存； ②所有权不发生转移； ③服务不能申请专利保护； ④服务不容易进行展示或沟通，并难以定价
生产与消费相分离	生产与消费同时进行（同步性）	①客户参与并影响交易； ②客户之间相互影响； ③员工影响服务的结果； ④分权可能是必要的； ⑤难以进行大规模生产
标准化	异质性	①服务的提供与客户的满意取决于员工的行动； ②服务质量取决于许多不可控因素； ③无法确定提供的服务是否与计划或宣传的相符
可储存	易逝性	①服务的供应和需求难以同步； ②服务不能退货或转售

1. 无形性

服务的无形性也叫不可感知性，是服务最基本的特征，也是有形产品和服务之间最常被提到的区别，有形产品可以被制造，而服务只能被提供，它是一种客户不能随身带回家的举动或行为，客户能带走的也仅仅是服务带来的影响。例如，客户在前往汽车维修店之前是无法预知维修效果的；在美容之前同样无法感知具体的美容效果；或者去看一场电影，恐怕每个人看完同一场电影后，所得到的感受都不尽相同……

对于大多数服务来说，购买了并不等于就拥有了其所有权，如航空公司为乘客提供服务，但这并不意味着乘客拥有了飞机上的座位。此外，服务的不可感知性使得它不像商品那样容易描述和定义，也无法储存，无法申请专利保护（新的服务理念很容易被竞争对手模仿），更难以定价，客户只有在享受完服务之后才能体会到服务带给他的满足感，这就给服务提供者带来了挑战。

为了解决这一问题，一方面，应努力使无形服务有形化，增强服务商品的体验性。例如，咨询公司有"着装法则"，目的就是通过员工穿正装，给客户留下一个严肃、职业、技术专家的印象，这些特征都是与服务企业所提供的服务本质相联系的。另一方面，通过打造服务品牌效应，提升信誉。服务企业以塑造品牌为途径，来获取客户对服务品牌的忠诚和信任，以使自己立于不败之地，如对于一些国内知名的物业公司来说，其品牌就意味着信誉，意味着高品质的物业服务。

2. 同步性

服务的生产与消费往往是同时进行、不可分割的。对于大多数商品而言，都是先生产，然后存储、销售和消费，但大部分的服务是先销售，然后同时进行生产和消费。也就是说，服务生产的时候，客户是在场的，而且会观察甚至参加到生产过程中来。

服务的同步性主要表现在以下几个方面：

第一，客户参与服务的生产过程。换句话说，大多数服务都不能存储到以后消费，客户必须是当场享受服务。但在服务的过程中，客户会因实际情况的不同而有不同程度的参与。例如，教师授课必须以学生存在为前提；在看病、理发时，客户则必须在场参与……客户的这些参与，必然会影响到服务的质量。

第二，对某些服务的共同消费。有些服务需要大量消费者同时分享，比如，一场音乐会，一场电影。观众很多，他们之间势必会互相影响，因而各自的体验也会发生变化。这种影响既有负面的，也有正面的。比如，在电影院大声喧哗会影响其他观众；而演唱会现场大家激动澎湃的情绪则会互相感染，增强现场气氛。

第三，规模化生产变得困难。因为服务提供者是直接与所生产的服务相联系的，所以单个的服务提供者只能生产有限的服务量。对于为特定的人所提供的服务，感兴趣的客户只能到该种服务提供者所在的地方接受服务。

因此，我们必须密切关注与客户直接接触的服务人员，他们在生产服务的同时，客户在体验服务，这些与客户直接接触的服务人员不仅代表着自身的形象，更代表着公司的形象，他们的言行举止直接与公司的服务形象挂钩。因此，服务企业应该招聘合格的、具备一定素质的服务人员，并对客户服务人员进行统一培训。此外，由于服务的生产与消费同步进行，这就需要客户也必须出现在服务的场所。服务人员必须在一个使客户感到舒适、亲近的场所里提供服务，这是对于服务场所、服务环境的要求。服务的同步性还使得服务效果的好坏不仅取决于服务提供者的表现，还取决于客户本身的配合能力和他们的参与程度。如果客户不能准确说明自己所需要的服务，最后的结果肯定会使其感到失望。所以，寻找合适的客户群，为不同需求的客户提供不同类型和水准的服务，提高客户的参与程度和配合度，也是服务企业要考虑的问题。

3. 异质性

服务是由人表现出来的一系列行动，而且服务人员所提供的服务通常都是客户眼中的服务，由于没有两个完全一样的服务人员，也没有两个完全一样的客户，那么就没有两种完全一致的服务。服务的异质性是由服务人员和客户之间的相互作用以及伴随这一过程的所有变化因素导致的。服务的异质性一般有以下三种来源：

（1）服务人员。多数服务都需要服务人员与客户发生相互作用，但人不可能像机器那样每天不犯错误地重复同一个动作。因此，服务人员就成了服务异质性的来源之一。服务人员也会犯错误，他们的行为有意识或无意识地都会发生变化，比如，当服务人员情绪低落时，很可能用不友善的方式对待客户。

（2）客户。每个客户感受到的服务质量都是不一样的。不同客户的思想状况、个人情况等都不同，这不仅会极大地影响客户的个人行为，还会影响客户对服务质量的评价。另外，某些特定的客户还受其他客户行为和表现的影响。

（3）环境。一些外部因素也可以影响客户对服务的评价。这些外部因素很多，比如，去同一家游乐园玩，晴天和雨天的感受不同；去超市买东西，排长队和不排队对客户的心情影响很大，进而会影响客户对服务质量的评价等。这些外部因素是服务企业对服务质量控制的一大难题。

那么，由于服务的异质性，作为服务提供者的服务企业该如何维持和提供给客户一种均衡的服务感知质量呢？一个选择就是向制造业取经，通过增强对服务质量的控制来达到目的，对服务人员进行统一培训，使其与客户接触时行为尽量保持一致，制定相应的服务标准，启动服务质量监测体系，尽可能地使服务质量保持一定水平。

4. 易逝性

易逝性是指服务产品无法保留、转售及退还的特性，服务如果不能及时消费就会造成服务的损失。有人形象地说，服务组织中未经使用的服务能力除非消费者（或需要服务的其他人）当场接受它，否则这种服务就像打开了水龙头却没有塞子的水槽，都被白白浪费掉了。例如，长途客车的剩余座位也不可能储存起来供以后使用。

服务的易逝性也给服务企业带来了挑战。一方面，由于服务不可储存，也无法预测客户的需求，往往就会出现供求矛盾。我们无法用预先储存起来的服务满足高峰时客户的需要。对于服务企业来说，需求分析、产能利用是其面临的一个重要问题。另一方面，智者千虑，必有一失，即使是最出色的服务组织，也无法避免偶尔的失误。与那些可能出现的负面影响相比，服务补救所需的费用简直微不足道。因此，如何及时采取补救措施以挽回企业的声誉，尤为重要。

（三）服务的分类

服务的内容十分复杂，通过对其进行分类可使对服务业的研究更具有针对性，也有利于打破行业壁垒，使相关企业从其他服务行业中学习到更加先进、合理的服务管理方式。从服务管理的角度出发，对服务可以进行如下分类：

1. 基于服务活动性质及服务标的进行分类

服务活动可以从二维角度进行分类——服务的对象（人或物）和服务的有形属性（有形或无形），依此可将服务分为四类（见表1－2）。

（1）作用于人体的服务。客户只有参与其中，与服务提供者互动，服务才能有效传递。

（2）作用于有形财产的服务。以有形的行动来处理客户的持有物或其他实体物，客户参与程度较低，物业服务行业就属于作用于业主房产的服务。

（3）作用于人精神的服务。这种服务，客户可能亲临服务场所，也可能通过电视、广播等远程的方式获得服务，但是客户的意识必须在场。

（4）作用于无形资产的服务。服务提供者将服务作用于顾客的无形资产，例如，会计、法律、保险、投资服务等。

表1-2　　　　　　　　　　基于服务活动性质及服务标的进行分类

服务活动性质	服务标的	
	人	物
有形活动	作用于人体的服务，如理发、美容、客运、医疗、餐饮服务	作用于有形财产的服务，即作用于物品或其他实体财产的服务，如物业管理，货物运输，设备的维护、维修，环境清洁服务等
无形活动	作用于人精神的服务，如心理治疗、管理顾问服务等	作用于无形资产的服务，如保险、法律、会计服务等

2. 基于客户与服务企业的关系及服务是否持续传递进行分类

客户与服务企业之间的关系可能是长期关系（"会员"关系），也可能是短期关系（非正式关系）。服务的传递既可以是持续的，也可以是间断的。由此，可将服务分为四类（见表1-3）。

表1-3　　　　　　基于客户与服务企业的关系及服务是否持续传递进行分类

服务是否持续传递	客户与服务企业之间的关系	
	"会员"关系	非正式关系
持续传递	保险服务银行服务通信服务物业服务等	广播电台服务警察保护服务高速公路服务等
间断传递	通行证或月票服务健身房服务等	汽车租赁服务邮政服务等

企业都希望与客户建立长期的合作关系。通过会员制，企业可以根据不同的客户资料分别对待客户，使客户从服务过程中获益，同时企业也赢得了信誉，有助于客户再次消费，保持企业的稳定发展。

就物业服务行业而言，物业服务企业与业主双方通过签订物业服务合同也会保持一种长期、稳定的关系，这种关系甚至可以持续几十年。所以物业服务企业应该重视与业主建立良好的关系，避免物业纠纷的发生。同时，物业服务又是持续传递的，物业需要24小时不间断地为业主提供服务。

3. 基于服务传递方式进行分类

服务的传递方式多种多样，可以在一个地点传递，也可以在多个地点传递；可以近距离传递，也可以远程服务；可以是服务组织主动接触客户，也可以是客户主动接触服务组织。依据服务传递方式，可将服务分为六类（见表1-4）。

表1-4   基于服务传递方式进行分类

客户与服务企业交互的性质	服务场所的数量	
	单一场所	多个场所
客户到服务场所	理发服务 音乐会服务等	公共交通服务 连锁便利店零售服务等
企业上门服务	家政服务 出租车服务等	快递服务 商品维修服务等
远程交易	地方电视台服务 信用卡管理企业服务等	电话公司服务 广播网服务等

房屋建筑是不能移动的，业主所拥有的房产地点是固定的，所以物业管理服务只能是企业上门服务，但同一家物业服务企业可以通过投标方式获得多个物业项目的管理服务权，下设多个物业服务项目管理处，物业服务项目管理处在物业管辖区内设立物业服务中心，为业主提供物业服务。

4. 基于服务定制的程度与服务人员为满足客户需求行使判断的程度进行分类

服务组织提供服务的方式多种多样，可以是标准化服务，也可以是个性化或客户化服务。同时，在服务过程中，服务人员必须对具体的服务过程拥有一定程度的自行决策权，他们需要对具体的情形作出自主判断。基于服务定制的程度与服务人员为满足客户需求行使判断的程度，可将服务分为四类（见表1-5）。

表1-5   基于服务定制的程度与服务人员为满足客户需求行使判断的程度进行分类

服务人员为满足客户需求行使判断的程度	服务定制的程度	
	高	低
高	出租车服务 美容服务 专业服务 人才中心服务等	教育服务 大学餐饮服务 预防性健康计划服务等
低	电话服务 宾馆服务 零售银行业务（除大额贷款）服务等	公共交通服务 快餐店服务 电影院服务等

物业管理服务的每项业务都需要按照一定的流程运作，标准化程度较高。同时，在为业主提供服务的时候要针对业主的需要提供个性化的专业服务。以报修服务为例，报修服务流程如下：客户服务中心前台工作人员接到报修电话，填写电话接听登记表→前台将报

修内容填入维修工单后交送工程部→工程部文员登记后将维修工单下发至专业组→维修人员进行维修→维修人员完成维修后将维修工单交送至工程部文员→工程部文员汇总后，每日下班前将维修工单返还客服中心→由客服助理对客户进行回访。这一流程标准化程度较高。而在维修过程中，维修的内容和需求不尽相同，需要维修人员根据自己的专业经验，同时按照业主的要求完成维修工作，提供满足业主需求的个性化服务。

（四）服务体系

在服务企业中，服务过程和消费过程同时发生，服务购买者一般要亲自到服务场所接受服务。整个服务过程构成一个完整的体系，即服务体系，如图1-1所示。

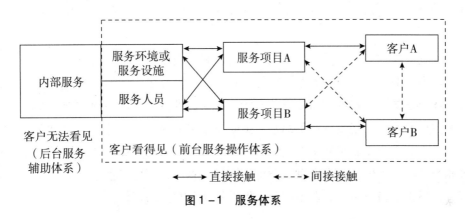

图1-1 服务体系

服务体系中，虚线框以内的部分是客户看得见的部分，但还有客户无法看到的另一些组成部分，甚至有客户不知道的某些部分存在。在这个服务体系中，客户看得见的部分叫前台服务操作体系，无法看见的部分叫后台服务辅助体系。前台服务操作体系由服务人员和服务环境或服务设施两部分组成，某个消费者在消费过程中所接触到的服务人员、服务环境或服务设施，其他消费者也会接触到，并受到其他消费行为的影响。由于各个服务行业的服务企业提供的服务在性质上有所不同，因此，前台服务操作体系在不同服务行业整个服务体系中所占的比例也各不相同。

例如，美容美发、康乐健身等服务项目是为消费者本人提供的服务，消费者要亲自到服务场所消费和体验服务，虽然消费者不能看见企业服务的全部过程，但消费者可以看到的服务部分在整个服务体系中所占的比例较大；而物业服务企业所提供的服务多是物业辖区内公共区域的服务，比如，所提供的房屋建筑及其附属设施设备的保养服务，业主所看到的部分在整个服务体系中所占的比例较小，甚至有些业主只有在交物业费的时候才和物业服务企业员工有接触，这也就使极少数的业主认为物业服务企业不办事只收钱。因此，物业服务企业应该想办法让业主了解自身的服务，转变这部分业主的观念。同时，提高前台服务操作体系中各项服务的服务水平，尤其是物业客户服务中心的工作，要有完整、流畅的工作流程；此外，客服员工代表企业与业主直接接触，客服人员的感情和情绪将在很大程度上影响业主的服务体验，因此，企业不仅要加强对客服人员的管理，还要努力改善客服人员的工作条件，尽可能缓解客服人员的工作压力和紧张情绪，使他们能够全心全意地为业主服务。

二、物业服务的内涵

（一）物业服务的含义

2018 年修订的《物业管理条例》对物业管理作了如下定义，物业管理是指业主通过选聘物业服务企业，由业主和物业服务企业按照物业服务合同约定，对房屋及配套的设施设备和相关场地进行维修、养护、管理，维护物业管理区域内的环境卫生和相关秩序的活动。

这里的物业管理，其实质是一种服务，物业服务企业的经营活动就是为物业所有人或使用人提供高标准、高质量的服务，寓管理和经营于服务之中。那么，物业服务也就是物业服务企业根据与业主签订的物业服务合同为业主提供各项服务活动。物业管理的活动对象是各种各样的物业，其服务对象则是业主或非业主使用人。与传统的物业管理不同，现代物业服务为业主或非业主使用人提供的是全方位、多功能、综合性的经营管理服务，服务内容相当广泛，不仅包含房屋设施设备的维修与养护、环境卫生与安全等这些常规性的公共服务，还包括为业主或非业主使用人提供的非公共性的延伸服务。

（二）物业服务的内容

1. 常规性的公共服务

常规性的公共服务，一般指物业管理中最基本的管理工作，是物业管理区域中所有业主或非业主使用人都享受的，由物业服务企业提供的最基本的服务。

常规性的公共服务主要有以下八项内容：

（1）房屋建筑主体的管理。这是为保持房屋完好、确保房屋使用功能正常而进行的管理与服务，包括房屋基本情况的掌握、房屋维修管理、房屋装修管理等。

（2）房屋设施设备管理。这是为保持房屋及其配套附属的各类设施设备的完好及正常使用而进行的管理与服务，包括各类设施设备基本情况的掌握、各类设施设备的日常运营及其保养维修等。

（3）环境卫生管理。这是为净化物业环境而进行的服务与管理，包括物业环境的日常清洁打扫、维护、垃圾的处理等服务工作。

（4）绿化管理。这是为美化物业环境而进行的服务与管理，包括物业整体环境的美化、草地和花木的养护服务等。

（5）治安管理。这是为维护物业管理区域中人们正常的工作与生活秩序而进行的专门的管理与服务，包括日常的安保、突发事件的预防与处理、监控系统的监控服务等。

（6）消防管理。这也是为维护物业管理区域中人们正常的工作与生活秩序而进行的专门的管理与服务，包括火灾的预防及火灾发生时的处理与救助。

（7）车辆道路管理。这同样是为维护物业管理区域中人们正常的工作与生活秩序而进行的专门的管理与服务，包括车辆的保管、道路的管理、交通秩序的维护等。

（8）客户服务管理。这主要是提供给业主或非业主使用人的入住服务、客户的投诉处理服务及接待、咨询服务等。

2. 非公共性的延伸服务

非公共性的延伸服务是物业公共性服务范围的延伸，是物业服务企业为满足物业区域内业主或非业主使用人更多、更高的需求，利用物业辅助设施或物业管理服务的有利条件而提供的公共性服务以外的服务，一般包括针对性的专项服务和委托性的特约服务，其目的是尽可能地满足业主或非业主使用人的需求。

（1）针对性的专项服务。针对性的专项服务是指物业服务企业为改善业主或非业主使用人的工作和生活条件，为满足他们的需要而提供的衣、食、住、用、教育、医疗等方面的服务。

针对性的专项服务涉及千家万户，涉及人们日常生活的各个方面，内容繁多。物业服务企业应根据所管物业的基本情况和人们的需求，开展全方位、多层次的针对性的专项服务，并不断加以完善。

针对性的专项服务的内容一般有：

①日常生活类服务。这是指物业服务企业提供的日常生活中衣、食、住、行等方面的服务。

②商业服务类服务。这是指物业服务企业提供的各种商业经营服务项目，如饮食店、美容美发店、家用电器维修店等商业网点的设立与管理服务。

③文化、教育、卫生、体育类服务。这是指物业服务企业在文化、教育、卫生、体育等方面开展的各项服务活动。

④经纪、代理、中介类服务。这是指物业服务企业拓展的经纪、代理与中介服务工作，主要包括物业市场营销与租赁，房产评估、公证，以及其他中介代理服务。

⑤社会福利类服务。这是指物业服务企业提供的带有社会福利性质的各项服务，如照顾孤寡老人、拥军优属等。这类服务一般以无偿的方式提供。

（2）委托性的特约服务。委托性的特约服务是为满足物业产权人、使用人的个别需求并受其委托而提供的服务，这里的个别需求通常指物业服务合同中没有约定，针对性的专项服务中也没有设立，而物业产权人、使用人又提出的需求。此时，物业服务企业往往在条件允许的情况下尽量满足其需求，签订特约服务合同，提供特约服务。

委托性的特约服务实际上是专项服务的补充和完善。当有较多的住户有某种需求时，物业服务企业可适时地将此项服务纳入专项服务项目。委托性的特约服务具有临时性、不固定性和选择性的特点。

物业服务企业在实施物业管理服务时，常规性的公共服务是最基本、最经常、最持久的服务，是必须做好的工作，也是物业服务水平的集中体现。同时，物业服务企业要根据自身条件和住户的需求，确定针对性的专项服务和委托性的特约服务内容，采取灵活多样的服务方式，体现"以人为本"的服务核心，并不断拓展非公共性的延伸服务的深度和广度。

（三）物业服务的特性

物业公司在提供物业服务的全过程中要突出"服务"二字，满足业主或非业主使用人的需求，营造安全、舒适的工作和生活环境，提供高标准、高质量、全方位、多功能、综合性的服务。物业服务不同于其他服务，有其自身的服务特性。

1. 物业对象的固定性

物业管理的对象——物业建筑和附属的设施设备及相关场地都是附着在土地上不可移动的，属于固定资产。而物业又是物业活动的载体，物业服务活动必须在固定的物业区域内进行。此外，物业服务的对象——业主或非业主使用人在一定期限内往往也是固定不变的，物业服务企业为固定的群体业主或非业主使用人提供服务。

2. 物业服务需求的可变性

业主或非业主使用人对物业服务的需求有较强的可变性。当他们感到满意时就会续聘物业服务企业，继续享受该物业服务企业提供的服务；当他们感到不满意时，就会解聘该物业服务企业，另外聘请新的物业服务企业。

3. 物业服务行为的特约性

物业服务是按照事先签订的物业服务合同中约定的各个事项和要求来提供的，合同中明确了双方的权、责、利，因此，物业服务行为具有特约性。

4. 物业服务时间的延续性

一般的服务，如餐厅服务等，服务企业与客户的接触时间较短，而物业的使用年限较长且服务具有不可存储性，因此，物业服务只能在这一时间内持续提供，所以说物业服务时间具有延续性。

5. 物业服务内容的多样性

物业服务内容本身就是复杂而多样的，为业主或非业主使用人提供的是全方位、多功能的服务。而且，不同物业类型的物业其服务的侧重点也不一样，如小区物业注重人性化管理，厂房物业则更重视安全方面。此外，不同的业主或非业主使用人所需要的服务也不尽相同，同一物业区域内的物业服务也是多种多样的。

6. 物业服务过程的整体性

在一般商品服务过程中，通常只强调服务的某几项功能，如宾馆客房的居住和休息功能。而物业服务的目的是为业主或非业主使用人提供一个安全、舒适、方便、优美的工作和生活环境，这就需要物业服务必须是全方位、多层次、整体性的服务。

7. 物业服务品质的差异性

物业服务品质的差异性就是物业服务企业会通过制定不同的品质标准、采取不同的执行措施来满足不同业主的服务需求。差异化品质管理的目的是力求为不同特性群体、不同需求的业主提供适合的服务。随着整个物业行业在构建和谐社会中所起作用、业主消费意识与维权意识等的不断增强，物业服务企业的生存环境不断恶劣，越来越多的物业服务企业开始在精细化管理、差异化服务方面做出努力，以求发展、要效益。实现品质差异化管理，打造多类型、多层次的物业服务品质，再加以品牌宣传包装，必将形成物业服务企业的核心市场竞争力。

（四）物业服务的意义

物业服务是顺应我国城镇化进程、房地产行业发展而产生的，在现代房屋管理中具有十分重要的地位和意义。

1. 能创造优美、安全、舒适、和谐的环境

从宏观角度讲，加强物业管理服务，能保持城市干净、整洁，能创造优美的市容市貌，给人们留下良好的城市形象。从微观角度讲，物业服务人员的精心维修、养护，能够为每一个住户和家庭创造出安全、舒适、优美的居住环境，为每一个公司的员工提供一个安静、优雅的工作和学习环境，减少人们的烦恼、焦虑、矛盾及摩擦，从而提高人们的工作和学习效率。

2. 方便居民的生活

随着社会的发展，城市节奏不断加快，居民的工作和生活节奏也在加快，人们的工作压力越来越大，这就促使人们在休息日里将更多的时间用于休闲、娱乐，因此要求物业服务企业能够提供更多、更方便、更周到的服务，以减轻居民的负担，节省他们的业余时间，缓解他们的紧张心理。物业服务企业可以根据业主或非业主使用人的需要，提供综合性的有偿服务，例如，室内装修、搬家、医疗、美容美发、餐饮、看护老人、儿童，代购商品等服务，这将大大方便居民的生活。

3. 能延长物业寿命，使物业保值增值

物业建成后，经过若干年使用，就会出现不同程度的损坏，例如，房屋墙皮脱落，屋面漏雨，墙体裂缝，管道和线路破裂，道路变得坑洼、不平，机器设备出现故障等。在这种情况下，如果不及时维修养护，就会缩短物业正常的使用年限，甚至造成事故，导致人员伤亡和财产损失。开展物业管理服务，可以使物业得到及时的维修、养护，延长物业的使用寿命，从价值形态上来讲，可以使物业保值和增值。这一点已被发达国家和我国发达地区的房地产价值所证实，在香港、深圳等地，一些信誉高、物业服务好的房地产开发企业所建造的房屋，不但比其他同类房屋容易出售或出租，而且价格也比其他同类房屋高出10% ~ 30%。随着房屋商品化和住房制度改革的深化，越来越多的人拥有了房屋的产权，因而也就更加关心其保值和增值的前景。

4. 物业管理服务能克服"重建轻管"的思想

过去，我国建筑业"重建轻管"的思想相当严重，建房不为住户和维修者着想，建好房就万事大吉，所以偷工减料、粗制滥造等问题突出，给日后居住、管理带来麻烦。住宅投入使用后，不重视管理，很快便出现私搭乱建、垃圾随便堆放、房屋失养失修、设备残缺不全、道路绿化损坏等问题，使小区环境脏乱，面目全非，最终造成住宅区"一年新、二年旧、三年破、四年乱"的局面。而实行物业管理服务后，物业服务企业就可以在建房前期介入，并组织接管验收，一方面可以严把质量关，另一方面可以方便日后维修养护。在房屋投入使用后，更注重对其管理，从而克服"重建轻管"的思想。

可以说，物业管理已成为城市建设的窗口，是城市现代化管理的重要标志，物业服务更是涉及人们生活和工作的方方面面，物业服务企业提供的统一化、专业化、全方位、多层次的整体服务，促进了城市现代化、专业化、社会化进程，更进一步提高了城市化管理水平，是构建和谐社会不可或缺的一环。

任务二　客户服务管理

一、客户的内涵

（一）客户的含义

客户对于每一个现代企业来说都具有非常重要的意义，能否与客户建立友好的关系，关系到企业的存亡。客户是企业的命脉，在一定程度上可以说是客户成就了企业，企业员工的薪水和福利都是客户提供的。客户已经成为一种资源，即客户资源。企业之所以把客户升级为一种资源，是因为客户与那些为企业带来直接利润的资源，在企业的发展过程中都起着重要的作用。

关于客户的定义，较多谈论的是企业与客户之间的本质关系。而在营销时代，需要我们从更深的层次理解客户的含义：其一，客户不一定是产品或服务的最终接受者，如中介商、零售商等；其二，客户也不一定在公司外部（有内部客户与外部客户之分），企业内部的工作人员也应看作客户；其三，客户也不一定是用户，如中介商，只有当他们直接消费产品或服务时，才能称得上用户。因此，从广义上讲，在工作领域任何依赖某一企业的人都可能是该企业的客户；从狭义上讲，客户是所有接受产品或服务的组织和个人的统称。

在现代营销管理的观念中，顾客与客户是有区别的。首先，顾客是"可以没有名字"的，而客户的资料却很详尽地保存在企业的信息库中；其次，顾客是作为某个群体的一部分获得服务的，而客户是以个人为基础的；最后，顾客可以由任何人或机构来提供服务，而客户则主要由专门的人员来提供服务。正是基于二者之间的区别，现在很多企业把对客户的营销方式引入对顾客的营销，为其提供个性化和人性化的服务，目的是与顾客建立良好的关系，增加顾客向客户转化的可能性，并减小顾客转向竞争对手的可能性。

（二）客户的分类

下面介绍几种较为常见的客户的分类方法。

1. 按客户来源划分

按客户来源划分，客户可分为外部客户和内部客户。

（1）外部客户。外部客户是指组织之外的组织或个人。通常情况下，我们所说的客户满意的立足点是针对外部客户的，客户满意就是使外部客户对我们的服务满意。外部客户按产品接受环节还可以分为中间客户与最终客户：中间客户是处于产品或服务流通链中间的客户，主要包括批发商、零售商、租赁公司和代理商等；最终客户是指产品或服务的最终使用者。

（2）内部客户。内部客户即企业的员工。在一个组织中，人与人之间、部门与部门之间、过程与过程之间往往会形成一种供方与客户的关系。只有先服务好内部客户，使员工满意，才能让员工更愉快地为外部客户服务，使外部客户更满意，最终为企业带来良好的经济效益。

2. 按客户交易的现状划分

按客户交易的现状划分，客户可分为现实客户和潜在客户。

（1）现实客户。现实客户是指已经成为客户的组织或个人。现实客户包括两类：一类是正在成为客户的组织或个人，如正在购买某企业产品的个人，另一类是已经接受过企业提供的某种产品的人。

（2）潜在客户。潜在客户是指尚未成为但可能成为客户的组织或个人。他们是企业积极争取的对象，是客户管理关注的重点之一。企业可以通过及时调查、分析、研究，把握潜在客户的需求，不断把潜在客户转变为现实客户，这也正是企业不断发展壮大的标志。

3. 按市场营销的角度划分

从市场营销的角度划分，客户可分为经济型客户、道德型客户、个性化客户和方便型客户。

（1）经济型客户。这类客户总是希望投入较少的时间和金钱得到最大的价值。因此，他们往往只关心价格，而不关心商品或服务的购买地点或品牌，他们往往是"便宜"的忠诚客户。

（2）道德型客户。这类客户觉得在道义上有义务光顾社会责任感强的企业，他们通常是那些在社区服务方面具有良好声誉的忠诚客户。

（3）个性化客户。这类客户需要人际关系上的满足感，希望得到认可和关注。

（4）方便型客户。方便性是吸引这类客户的重要因素，他们常常愿意为具有方便性的服务额外付费。

4. 按客户价值划分

按客户价值划分，客户可分为关键客户、主要客户和普通客户。

（1）关键客户。关键客户是在过去特定时间内消费额排前5%的客户。这类客户由于其经营稳健，做事规矩，信誉度好，对企业的贡献最大，能给企业带来长期稳定的收入，是企业的优质核心客户群，值得企业花费大量精力来提高该类客户的满意度。

（2）主要客户。主要客户是指在特定时间内消费额排前20%的客户中，扣除关键客户后的客户。这类客户对企业经济指标完成的好坏构成直接影响，不容忽视，企业应倾注相当的精力关注这类客户的生产经营状况，并有针对性地提供服务。

（3）普通客户。普通客户是指除了上述两种客户外，剩下的80%的客户。此类客户的消费额占企业总消费额的20%左右，对企业完成经济指标贡献甚微。但由于他们数量众多，具有"点滴汇集成大海"的增长潜力，企业应控制在这方面的服务投入，按照"方便、及时"的原则为他们提供大众化的基础性服务。

（三）客户的重要性

客户是企业经营活动中最重要的人，是企业利润的源泉，是企业生产和发展的基础。客户的投诉并不是干扰企业，而是提出企业存在的问题，帮助企业改进。在激烈的市场竞争中，客户对于企业的重要性被越来越多的企业所重视。客户资源已成为一种重要的市场资源，它对企业具有非常重要的价值。企业的职责就是做最卓越的服务，尽可能大地满足甚至超越客户的需求、欲望或期望，从而增加和优化企业的客户资源。企业提供优质的、满意的客户服务是赢得客户的最佳途径，而拥有一批稳定的、高价值、高忠诚度、高回头率的客户是企业发展壮大的重要保证。

二、客户服务

（一）客户服务的含义及类型

1. 客户服务的含义

客户服务就是在适当的时间和地点，以适当的方式和价格，为目标客户提供适当的产品或服务，以满足客户的合理需求，使企业和客户的价值都得到提升的活动过程。客户服务强调以客户为中心，由于不同客户的个性不尽相同，这就要求服务提供者必须考虑到客户的各种需求，力求为客户提供优质的、满意的服务，从而使企业和客户的价值都得到提升。

2. 客户服务的类型

客户服务的类型是由客户服务的特性所决定的。客户服务的特性是通过以下两方面体现的：

（1）程序特性。程序特性是指企业为客户所提供的服务具有流程性。比如说，你买了一台空调，那么从购买之日起，你就进入了空调厂家所提供的服务程序。它规定了产品的保修、可退换日期，产品的维修是由经销商负责还是厂家负责，维修时间的长短，是否有补偿，等等。所有这些都是客户服务的程序特性，是企业为客户所定制的。

（2）个人特性。个人特性是指客户服务人员在与客户沟通时，其自身的行为、态度和语言技巧，以及在客户服务岗位上是不是称职等，这是企业为客户服务人员定制的。

根据客户服务的程序特性和个人特性，可以将客户服务分为以下四种类型（见图1-2和表1-6）。

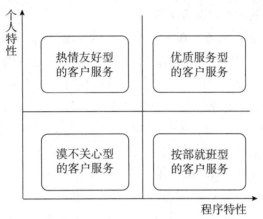

图1-2　客户服务类型

表1-6　　　　　　　　　　　　　客户服务类型

客户服务类型	程序特性	个人特性	传达给客户的信息	综合评价
漠不关心型的客户服务	慢、不一致、无组织、非常混乱、不方便	缺乏热情、冷淡、不敏感、疏远、不感兴趣	我们不关心你	既不标准化，也不人性化
按部就班型的客户服务	及时、有效率、统一	不敏感、缺乏激情、不感兴趣、冷淡	你要懂规矩	标准化但不人性化
热情友好型的客户服务	慢、不一致、无组织、很混乱	友好、热情、优雅、沟通技巧好	我们关心你，也很努力，但实在不知该怎么做	很人性化但不标准
优质服务型的客户服务	及时、有效率、统一、正规	友好、热情、优雅、体贴	我们很重视你们，希望用最好的服务满足你们的需求	标准化、人性化

（1）漠不关心型的客户服务。其表现在程序特性和个人特性两方面都很差。比如，购

买的东西坏了，需要维修，客户打电话过去询问，要不电话没人接，要不就是电话通了却没有一个确切的答复，再问此事，却没有了下文。这些都是典型的程序特性方面的问题。个人特性方面，服务人员缺乏热情，没有服务意识和敬业精神，一问三不知。

（2）按部就班型的客户服务。这种类型的客户服务在程序特性方面表现很强，但在个人特性方面表现很弱。有些企业，在服务程序的制定上头头是道，设定了很多服务流程，但是，服务人员却缺乏热情，很冷淡。在他们眼里，你只是一个客户，要遵守规矩，不能搞特殊化。即使客户很着急，也得按先后次序排队。比如说，客户的冰箱坏了，不能制冷，夏天食物很容易坏掉，客户需要马上派人来维修，然而此类客户服务会拒绝此诉求，并回复按规定得两天以后才可以派人维修。

（3）热情友好型的客户服务。在个人特性方面表现很强，但在程序特性方面表现很弱。个人特性很强是指客户服务人员态度特别好，很热情，也特别会沟通。但是，由于程序特性很弱，这就造成服务人员很同情客户，也很理解客户，但是解决不了问题。

（4）优质服务型的客户服务。这一类型的客户服务，在程序特性和个人特性两方面表现都很好。程序方面及时、有效、正规、统一。服务人员有很好的素质，服务热情、周到，关心、体贴客户，能够很好地运用客户服务技巧。这种类型的服务表明，企业很重视客户，希望用最好的服务满足客户的需求。

毋庸置疑，物业服务企业为业主提供的服务应该尽量达到"优质服务型"，既有强程序特性，又有很强的个人特性。为业主提供的服务流程要及时、有效、正规、统一，而为业主提供服务的各部门服务人员也应该有很好的素质，服务热情、周到，关心、体贴业主，能够与业主进行有效、良好的沟通，熟练运用客户服务技巧，为业主提供专业化的物业服务。

（二）客户服务对企业的意义

客户服务对于一个企业的意义远远超过了销售。那些较早重视客户服务的企业，如今大都成了成功的企业。对企业来说，谁的客户服务更好、更周到，谁就将拥有更多的客户，拥有更多的市场份额，也就拥有了更强的市场竞争力，企业就会更好、更快地发展。因此，企业要在客户服务上下功夫，勇于改革、创新，为客户提供更好、更优质的服务。

而对于物业服务企业而言，其所提供的商品就是服务，更需要重视服务的质量，为业主提供及时、满意、周到的服务，努力通过服务为业主营造优美、安全、舒适的生活、工作环境。

1. 优质的客户服务有助于塑造企业品牌

提供同一种产品的不同企业，怎样才能在激烈的市场竞争中脱颖而出呢？答案是塑造一个强势的品牌。企业树立品牌的方式很多，广告是最常用的一种，广告能够在短期内为企业带来大量的客户，产生大量的购买行为，但是，客户服务不是短期行为，而是长远的。明智的企业会通过优质的客户服务为本企业树立良好的口碑，从而为企业招徕更多的客户，而这种信息是人与人之间、客户与客户之间通过交流互相传递的，这种获利方式也是企业经营成本最低的一种方式。

2. 优质的客户服务有助于提高企业的经济效益和社会效益

客户是企业生产和发展的基础，是企业的经济来源。优质的客户服务将使企业拥有一批稳定的、高价值的、高忠诚度的、高回头率的客户，好的口碑也将为企业赢得越来越多的新客户，从而为企业带来巨大的经济效益。企业在提高产品质量、增加产品功能的同时，不断改善服务质量，丰富服务内容，以更好地满足客户的需求，这也有利于提高社会效益。

3. 优质的客户服务是企业防止客户流失的最佳屏障

客户流失是企业最不愿意看到的事情。现在的市场竞争越来越激烈，导致客户的忠诚度越来越低，客户流失也就成为一种必然。客户有权选择最合适的企业，企业只有提供更加完善的服务才有可能防止客户流失。

4. 优质的客户服务是企业发展壮大的保障

优质的客户服务会使企业拥有一批稳定的老客户，他们会为企业带来巨大的经济效益，这是企业发展壮大的基石。企业可以将有限资金中的一部分用于为老客户服务，而将大部分的资金用于新产品研发、市场拓展等，从而使企业占据市场竞争的有利地位，不断发展壮大。

（三）客户服务的目标

客户服务的目标：企业通过对客户的了解提供不同的服务，以满足客户的个性化需求，从而提高客户的满意度和忠诚度，最终，在与客户的双向互动中取得客户对企业的认可和信任。

明确客户服务的目标需要认识以下几点：

1. 获取客户信息

对企业来说，研究客户的行为和消费习惯是非常必要的。企业可以从客户的记录、客户服务系统、客户数据库等方面了解客户，与客户建立一对一的服务关系，还可以选择并利用来自客户群、战略合作伙伴或者第三方的数据资料以获得更多的客户信息。无论采用哪种方法，都要以获得客户的真实身份信息为前提。物业服务企业更需要与业主保持一个长期稳定的关系，及时、准确地收集业主信息，这不仅是企业自身发展的需要，更是为业主提供优质服务的需要。

2. 客户关怀

客户关怀贯穿于业主购买与接受物业服务的全过程。物业服务企业要掌握和预见业主的实际需求，为业主提供专业化的物业服务，将各项服务和收费信息与业主进行有效的沟通；热情礼貌地接待业主的来电和来访，当业主需要解决物业问题时，要站在业主的立场为他们着想，当好参谋，设身处地地解决业主的实际问题，并且做好及时、高效的客户回访。

3. 客户满意

客户满意是人的一种感受，其产生源于业主对物业服务的实际价值与其期望所进行的比较。如果服务的实际价值与业主的期望相符，那么业主就会认为该服务可以接受；如果服务的实际价值超出客户的期望，那么客户就会感到满意；如果服务的实际价值达不到客户的期望，那么客户就会产生不满或失望。如果想让业主成为忠诚客户，就要让业主满意，把握好业主对服务的期望与物业服务企业实际能做到的尺度。总之，客户满意是客户信任的基础。

4. 客户信任

客户信任的程度决定企业营利的程度，决定企业发展的速度。客户信任是指客户对某一企业、某一品牌的产品或服务的认同和信赖。它不等于客户满意，而是客户满意不断强化的结果，与客户满意倾向于感性感觉不同，客户信任是客户在理性分析基础上的肯定、认同和信赖。有了客户信任，即使某一次企业提供的产品或服务不能令客户满意，但是客户依然会选择该企业的服务，甚至会主动为企业提出改进意见。

（四）客户服务理念

服务是服务企业带给客户的一种体验或过程，与其他有形产品一样，服务也要能满足不同的客户需求。客户需求在有形产品中可以转变成具体的（技术性）产品特征和规格，同时这些产品特征和规格也是产品生产、产品完善和产品营销的基础。但是，这些具体的规格对于服务来说是很难实现的。因此，服务企业也需要明确"服务产品"的本质，即"服务理念"。服务理念属于思想领域的范畴，它是企业开展客户服务工作的指导思想，是企业客户服务的行动指南。

在工业制造业中，产品的制造者、生产者、分销者很少有机会直接接触客户，他们仅能通过最终（有形）产品间接地影响客户需求。而服务行业却不然，服务传递系统与员工都属于服务产品中不可分割的一部分。服务传递系统包括员工能力、员工表现、员工态度等因素。它与员工一样，能直接影响客户需求的实现。

因此，服务理念对服务管理具有极其重要的意义。所有的服务传递系统都与客户或客户的需求直接挂钩，直接影响着客户的满意度，企业要想不断赢得客户的满意，获得企业的长足发展，就要把优质、真诚的服务展现给客户，树立正确的服务理念，向社会广泛宣传，并将服务理念作为企业各部门人员的行动指南。

在以"客户满意中心论"为企业经营管理中心理论的今天，企业必须牢固树立"企业所做的一切都是为客户提供最优质的服务"这种理念。企业和企业的每一位员工只有树立起正确的客户服务理念，企业的客户服务工作才能最大限度地发挥作用；而错误的客户服务理念只能使企业的经营状况越来越糟糕，最终被市场所淘汰。

那么，如何为客户提供最优质的服务呢？服务不能是盲目的，而应该建立在满足客户需求的基础上，因此，必须树立起以客户的需求为导向、努力为客户创造更大价值的现代客户服务理念，构建以客户价值为核心的服务系统，服务人员要围绕这一核心来提供服务。

1. 树立以客户需求为导向开展客户服务活动的服务理念

企业所做的一切服务工作都应该紧紧围绕着客户需求而展开，只有满足了客户需求，才能为客户创造价值。所以，满足客户需求既是企业开展客户服务工作的出发点，也是企业开展客户服务工作的最终目的。因此，研究、掌握和预见客户的需求是企业开展客户服务工作的前提，也是企业和客户服务人员必须坚持的基本服务理念。

（1）客户需求的分类

从客户需求的形式来看，它表现为潜在需求和明确需求。潜在需求通常与产品和服务的特色有关，明确需求同利益关系更为密切。

从客户需求的内容来看，包括客户对购买产品或服务便利性的需求、客户对产品或服务价格确定过程的了解需求、客户对产品制造和物流过程透明度的了解需求、客户对与企业平等接触的需求、客户对及时获得专业信息的需求、客户对选择分销渠道的需求、客户对企业提供的服务内容和标准的了解需求等。对于物业服务企业而言，应该满足业主对物业服务便利性的需求、知晓服务标准和服务内容的需求，以及公开物业服务费项目价格的需求等。

（2）了解客户需求的方法

了解客户需求的方法很多，如问卷调查、通过设立意见箱等形式收集反馈信息、面谈、客户数据库分析、模拟购买、会见重要客户、消费者组织、考察竞争者、第三方调查等。该部分将在项目二做详细介绍。

2. 树立努力为客户创造更大价值的客户服务理念

服务管理的全部内容都集中在定义和推行服务理念这个问题上。服务管理所涉及的全部内容的基础是：我们为谁提供什么价值？创造客户价值是现代客户服务理念的核心，现代客户服务理念的中心就是客户价值。

（1）客户价值

客户价值是指客户总价值与客户总成本之间的差额部分，而客户总价值是指客户从既定产品和服务中所期望得到的所有利益，由产品价值、服务价值、人员价值和形象价值组成；客户总成本由货币成本、时间成本、精力成本组成。

也就是说，客户价值就是客户在获得、拥有、使用的总成本最低情况下，客户需求的满意与满足。

客户价值是一种相对价值。不仅不同客户对某一产品的期望价值会不同，同一客户在不同时间期望价值也不同。第一，客户价值的大小是客户购买产品和服务时付出的成本与得到的价值之间的比较，付出的成本越小，得到的价值就越大，客户就会越满意；第二，客户在得到这种产品和服务时，他们会将这种产品和服务与其他企业提供的产品和服务进行比较，如果他们认为自己得到的产品和服务比别人的产品和服务好，那么他们就会感到满意，否则，就会认为不值得；第三，在产品品质相同的情况下，客户更关注获得的附加值和服务质量，甚至在更多的情况下，客户更愿意获得附加值高和服务质量高的产品；第四，从企业的角度来看，企业也会根据其收益指标和成本指标来衡量客户价值，一般来说，客户价值就是企业的成本构成因素，客户成本就是企业的价值构成因素。因此，企业在评估客户价值时，既会考虑到产品和服务本身的成本和价值因素，也会考虑到企业与客户之间的平衡因素。总而言之，企业为客户创造的实物价值和服务效用价值一定要超过客户付出的成本。

（2）客户价值的构成因素

如前所述，客户价值是客户购买产品和服务的成本与价值的比较，因此，客户价值的大小由客户总价值与客户总成本两个因素决定。

客户总价值构成要素：①产品价值。产品价值由产品的功能、特性、技术含量、品质、品牌与样式等组成。产品价值是客户价值的第一构成要素。②服务价值。服务价值是指企业伴随实体产品的出售或单独地向客户提供的各种服务所体现的价值。③人员价值。对客户而言，人员价值主要体现在服务人员的语言、行为、服饰、服务态度、专业知识、服务技能等方面。④形象价值。以品牌为基础的形象价值是客户价值的重要组成部分。

客户总成本构成要素：①货币成本。客户购买企业产品和服务时首先考虑的就是货币的成本大小。②时间成本。随着人们生活节奏的加快、人们生活水平和人们对生活质量要求的提高，时间成本越来越被人们所重视。③精力成本。精力成本是指客户在购买产品和服务时在精神、体力方面的耗费与支出。

（3）增加客户价值的办法

在构成客户总价值的因素中，产品的有形价值同质化使得客户价值的差别集中到无形的服务上来，因此，增加客户价值的核心方法就是改善企业的服务，通过客户服务提高客户价值。

首先，强化客户感知。强化客户感知的关键是要强化有形因素在客户服务中的作用，其中，标准的一致性、适宜性，价格的合理性，品牌的优异性，服务的完美性以及与客户关系的密切性，是影响客户感知强弱的主要因素。

其次，为客户提供个性化服务。能够根据客户的实际情况，提供令客户满意的服务，这才是最佳的客户服务。

再次，协助客户成功。企业为客户提供产品或服务的同时，为客户提供额外的辅助服务，如帮助客户解决生产、经营过程中的问题，使客户获得成功。

最后，让客户快乐。为客户提供良好的产品或服务，使客户认为自己得到了大实惠，从而对企业感激不尽；在产品或服务出现问题时，采取积极、有效的补救措施，使客户能够尽快重新使用和享受产品或服务给客户带来的快乐。

任务三 物业客户服务

一、物业客户服务的概念与构成

物业客户服务是指物业服务企业为提高其服务的质量，与业主之间的相互活动。物业服务企业是营利性企业，与其他服务性企业一样，也需要凭借着对业主的服务获取其满意度和忠诚度，以此来获得报酬，实现自己的营利目的。因此，物业服务企业必须做好自身的服务工作，树立以业主需求为导向、努力实现业主客户价值的服务理念，努力为业主提供优质、满意的服务，实现满足业主的需求、提高业主的满意度和忠诚度、在与业主的双向互动中取得业主对物业服务企业的认可和信任的最终目标。

物业客户服务体系由物业客户服务主体、客体和服务环境三个要素构成。

（1）主体。物业客户服务的主体，是指直接参与或直接影响服务交换的各类行为主体，包括供给主体、需求主体、协调主体三类。其中，具有国家规定的物业服务资质的物业服务企业和专业的服务企业（如绿化公司、保安公司和清洁公司等）是供给主体；业主或非业主使用人或房地产开发企业是需求主体；政府行政主管部门和物业管理协会等是协调主体。

（2）客体。客体是指用于交换或出售的对象。物业服务交换的对象就是各项物业服务。

（3）服务环境。服务环境是指服务交换赖以进行的各类法律法规和社会制度，如与物业服务相关的各类法律法规，包括宪法、合同法、公司法、物权法等，有关物业服务的具体的法规、政策，包括物业管理条例、物业服务收费办法、业主大会议事规则等。上述各种法律、法规共同制约着物业服务的具体交换行为。

二、物业客户服务管理

物业服务不同于其他类型服务，客户对其的切身感受和满意程度直接决定了物业服务企业的生存与发展，由此决定了物业服务企业必须下功夫研究客户对物业客户服务的感受和意见，了解客户的需求，并有针对性地提升和改善自身的管理与服务水平。

首先，在物业项目规划设计之初就应本着建筑文化与人文精神内涵和谐与统一的宗旨，不但要为客户提供一个设计合理、质量优良的室内空间，而且应为客户提供一个环境优美、自然、亲和的外部空间。这恰恰也是物业服务"以人为本"宗旨的硬件基础。

其次，在日常管理上，秉承"以人为本"的物业服务理念，这取决于物业服务的提供者对物业服务的定位及对"以人为本"内涵深度与广度的挖掘。为此，物业服务企业应努力研究不同客户的服务需求和心理诉求，不断更新与深化服务内容，提高服务水平与服务质量，这样才能使物业管理服务内容更加贴近客户。

最后，努力实现物业服务与管理的高度统一。没有任何一个行业像物业管理服务行业这样把管理和服务结合得如此紧密，没有优质服务的管理不能称为物业管理。对于客户来说，缴纳了物业服务费就要享受到满意的服务，物业服务企业应该100%地满足客户的要求；对于物业服务企业来说，收取了物业服务费就必须提供相匹配的服务水平及服务质量。客户对服务的需求千差万别，归结起来"物业"看似管理，实质是服务，两者高度统一。

由此可见，物业服务企业在日常生活中对客户的作用就是提供服务，物业服务企业必须把服务作为管理的重要内容，同时把管理作为服务的有效手段。物业管理的满意与否，客户服务质量的优劣，直接影响到物业服务企业的经济效益与社会效益。

三、客户服务在物业服务企业中的作用

客户服务贯穿于物业管理服务全部的工作，是物业服务企业的"生命线"。客户服务在物业管理服务中的作用主要体现在以下几个方面：

1. 客户服务的好坏影响客户对物业管理的满意程度

客户服务的好坏不仅是物业服务企业自我考核的一项重要指标，也是客户是否满意的关键。服务水平高，物业服务企业在其他工作的开展上就会得到广大客户有力的支持；相反，就不能得到客户的认可，轻则客户拒缴物业管理费，重则可能会更换物业服务企业。

2. 客户服务的好坏影响物业服务企业的经济效益

物业管理服务是市场经济的产物，物业服务企业实行的是"自主经营、自负盈亏、独立核算、自我发展"的运行机制，其收入主要来源于向广大客户收取的物业管理费用。物业服务企业在保质保量完成客户服务工作的同时，还要积极贯彻"想客户之所想、急客户之所急"的服务精神，全方位、多层次地开展各类满足客户日常所需的服务。这样，物业服务企业才能实现经济效益最大化。

3. 客户服务的好坏影响物业服务企业的形象

目前，客户服务的内容和方式呈现出多样化的趋势，满足客户高标准、多变化、快速扩展的服务需求，已经成为国内外评定高品质物业管理服务的一个重要标准。各个物业服务企业只有建立"以客户服务为中心"的管理模式与服务理念，才能最大限度地提升服务水平，树立自身良好的企业形象，在竞争激烈的物业服务行业中立于不败之地。

 **物业客服小专家**

物业服务中的客户关系管理

客户关系管理（Customer Relationship Management，CRM）是一种旨在改善企业与客

户之间关系的新型管理机制。客户关系管理基于对客户的尊重，要求企业完整地认识整个客户生命周期，提高员工与客户接触的效率和客户的反馈率。客户关系管理中，企业一方面通过提供更快捷和更优质的服务吸引和保持客户，另一方面通过对业务流程的全面管理降低企业成本。而物业服务企业属于服务性行业，提供服务商品，其客户是业主或非业主使用人。物业服务企业在其经营、管理和服务的过程中，不可避免地会与业主或非业主使用人产生极其复杂的关系。因此，实施客户关系管理对物业服务企业有着至关重要的意义。

客户关系管理是一个复杂的系统工程，需要一定的条件来维持，包括硬件和软件的支持、员工的支持、客户（业主）的参与、管理者的管理等，下面有选择地介绍几个方面。

（1）硬件和软件的支持。企业应依靠基础设施，通过多种渠道与客户进行沟通，包括运用管理信息系统。管理信息系统是客户关系管理运行的主要平台，主要是将现有网络开发的管理软件整合，利用客户关系管理系统来完成信息的收集、存储、事务安排处理以及辅助管理决策等。这里面既包括移动通信等辅助设施，也有传统方式的运用，如信息栏、宣传橱窗、意见箱、问卷调查、用户手册等，以及面对面交流渠道（没有什么比面对面交流更能增进双方关系，物业服务企业绝对不应忽视这一点）。

（2）员工的支持。在物业服务企业担任直接服务性工作的人员，在业主或非业主使用人看来其实就是服务产品的一部分。物业服务企业属于经营"高接触度"服务业务的企业，必须重视雇员的挑选、培训、激励等。在客户关系管理中，公司应当要求员工做到：

- 具备"服务至上"的意识；
- 具备强烈的责任感和良好的职业道德；
- 员工之间共享有关客户和公司的信息；
- 在物业服务企业与业主或非业主使用人之间起桥梁作用，做到上情下达、下情上达；
- 具备较广的知识面；
- 具备从事专业岗位的必备知识和相应能力。

（3）业主的参与。业主的参与过程就是消费的过程，也是提高服务质量的过程，更是维护自身权益的过程。业主委员会应当支持和配合物业服务企业，加强与物业服务企业的交流，共同创造良好的生活环境和工作环境；业主或非业主使用人平时应当多提意见和建议，以使自己获得更优质的服务，也使物业服务企业能更好地了解客户需求。

客户关系管理的基本功能包括业主管理、时间管理、服务跟踪管理、电话服务、客户服务（业主或非业主使用人服务）、潜在客户管理等。

①业主管理。其主要内容：业主的基本信息管理、与此业主相关的基本活动和活动历史管理、联系人的选择、建议书和服务合同的生成。

②时间管理。其主要内容：日历管理；备忘录管理；任务表管理；进行个人事务安排，如会议、活动、电话、电子邮件、传真等，有冲突时，系统会提示；进行团队事件安

排；查看团队中其他人的安排，以免发生冲突；把事件的安排通知给相关的人。

③服务跟踪管理。其主要内容：组织和浏览服务信息，如业主或非业主使用人、业务描述、开始时间、可能结束时间等；产生各项服务的阶段报告，并给出服务所处阶段、需要的时间、历史服务状况评价等信息；对服务给出战术、策略上的支持；对地域进行维护；把服务人员归入某一地域并授权；地域的重新设置；根据利润、领域、优先级、时间、状态等标准，用户可定制关于将要进行的活动、业务、约会等方面的报告；提供类似BBS的功能，用户可把服务心得发布在系统上，还可以进行某一方面服务技能的查询；服务费用管理；服务佣金管理。

④电话服务。其主要内容：电话本管理；生成电话列表，并使它们与业主及业务建立关联；把电话号码分配给服务人员；记录电话细节并安排回电；电话服务内容拟订；电话录音，同时给出书写器，用户可作记录；电话统计和报告；自动拨号。

⑤业主或非业主使用人服务。其主要内容：服务项目的快速录入，服务项目的安排、调度和重新分配，事件的升级，搜索和跟踪与某一服务业务相关的事件，生成事件报告、服务协议和合同、问题及其解决方法的数据库。

⑥潜在客户管理。其主要内容：业务线索记录、服务机会分配、潜在客户跟踪。

以上六个部分是客户关系管理的有机组成部分。

实践证明，实施客户关系管理，能够显著提高客户对企业的忠诚度，这将直接给物业服务企业创造价值，同时，帮助企业降低成本。实施客户关系管理，就可以很方便地把握用户需求，实现服务过程中的"用户合作模式"，使物业服务企业和业主相互理解、相互配合，这样，物业服务企业不但可以提供更快捷、更优质的服务，而且可以降低自己的服务成本。

物业服务企业是一个以"人"为中心的"高接触度"的行业，如何管理好与业主或非业主使用人的关系，是摆在所有物业服务企业面前的一个难题。谁先解决了这一难题，谁就在市场竞争中占据了主动。物业服务企业应该抓住当前的有利时机，建立客户关系管理机制，增强自己的竞争力，塑造自己的品牌。

任务四　物业客户服务理念认知技能训练

理论测试

一、填空题

1. 服务主要为_____却可使欲望获得满足的活动，而这种活动并不需要利用实物，即使需要借助某些实物协助生产服务，这些实物的_____也不涉及转移的问题。

2. 客户服务就是在适当的_____，以适当的_____，为_____提供适当的产品或服务，以满足客户的合理需求，使企业和客户的价值都得到提升的活动过程。客户服务强调以_____为中心，由于不同客户的个性不尽相同，这就要求服务提供者必须考虑到客户的各种需求，力求为客户提供优质的、满意的服务，从而使企业和客户的价值都得到提升。

3. 客户服务的目标是企业通过对客户的了解提供不同的服务，以满足客户的_____，从而提高客户的_____，最终在与客户的_____中取得客户对企业认可和信任。

4. _____贯穿于业主购买与接受物业服务的全过程。物业公司要掌握和预见业主的实际需求，为业主提供专业化的物业服务，将各项服务和收费信息与业主进行有效的沟通，热情礼貌地接待业主的来电和来访，当业主需要解决物业问题的时候，站在业主的立场为他们着想，当好参谋，设身处地地解决业主的实际问题，并且做好及时、高效的客户回访。

5. _____是指一个企业为客户所提供的服务具有流程性，_____是指客户服务人员在与客户沟通时，其自身的行为、态度和语言技巧，以及在客户服务岗位上是不是称职等，这是企业为客户服务人员定制的。

6. 物业服务提供给业主的服务产品是对有关_____进行维修、护养、管理，以延长物业的使用寿命，使物业保值和增值；维护相关区域内的环境卫生和秩序，为业主或非业主使用人创造一个_____的环境；物业服务提供给业主的服务功能则是在提供物业服务的同时，使业主享受得到及时、热情、周到的服务，满足业主受尊重的需要。

二、选择题

1. 下列哪个特性是服务最基本的特性？（　　）
A. 无形性　　　B. 同步性　　　C. 异质性　　　D. 易逝性

2. 下列哪个选项属于服务的个人特性？（　　）
A. 及时　　　B. 有效率　　　C. 友好　　　D. 方便

3. 客户服务的最终目标是（　　）。
A. 获取客户信息　　B. 客户关怀　　C. 客户满意　　D. 客户信任

4. 客户总价值构成要素包括（　　）。
A. 形象价值　　　B. 服务价值　　　C. 人员价值　　　D. 产品价值

三、简答题

1. 服务的特性有哪些？
2. 简述物业服务的含义及其特性。
3. 什么是客户价值？客户价值的构成因素有哪些？
4. 简述增加客户价值的办法。
5. 简述物业客户服务的概念及其构成要素。

技能训练

训练一　案例分析

深圳市某物业服务有限公司，成立于 2004 年，隶属于国有某特大型企业，是该企业下属具备独立法人资格的专业物业企业。该公司现为国家一级资质物业管理企业、中国物业管理协会理事单位、广东省物业管理行业协会理事单位、深圳市物业管理行业协会副会长单位、中国物业管理百强企业。该公司拥有一支从事物业服务多年、经验丰富、诚信务实的管理团队，员工全部拥有岗位所需从业资质，骨干力量均为本科以上学历，管理的项目在历次各级优秀示范大厦、小区考评中成绩斐然。

公司遵循"天、人、和"的服务理念，在各方面都坚持高标准、高质量的工作。

确保顾客满意：为顾客提供一贯优质的超出其期望值的服务。

关注员工成长：视员工为公司最宝贵的财富，持续地为员工提供发展空间，为员工谋取最大福利。

伙伴合作共赢：以公司的文化底蕴和经营理念，赢得合作伙伴的信任与尊重，尽力平衡各相关方的利益。

实现股东利益：切实维护股东利益，引导股东做出有利于企业长期发展的决策，使股东的资产持续不断增值。

遵循"诚信、共赢、创新、完美"的企业文化，践行"顾客、员工、合作方、股东、社会整体价值最大化"的核心价值，纵横商业策划、租售代理、资产运营等关联领域，实现领军中国物业服务行业的企业愿景。

其组织结构图如下：

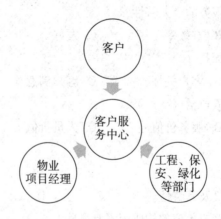

深圳市某物业服务有限公司的顾问服务如下：

（1）合作对象：开发商、物业服务企业。

（2）合作方式：驻场顾问、咨询指导。

（3）合作达到的效果：建立项目管理机构、文件体系和人才队伍，确保项目高水平运作。

（4）服务内容：设计规划建议、施工建议、设备选型建议、销售现场指导、管理机构组建、管理体系建设、人才招募培训与团队建设、入伙与装修管理、正常期管理指导、指导建立 ISO 9001/质量 、ISO 14001/环境、ISO 45001/职业健康三套管理体系、提供项目评比、指导创优、协助进行项目经营分析，提高营利能力。

问题：

1. 请对深圳市某物业服务有限公司的服务理念进行评价，并阐述该公司是如何遵循这一服务理念的。

2. 你如何看待深圳市某物业服务有限公司的组织结构图？这一组织结构图表达了该公司的何种理念？

3. 你是如何看待深圳市某物业服务有限公司的顾问服务的？

训练二　实训项目

[**实训项目**] 物业服务企业客户服务理念的调查。

[**实训目标**] 通过对物业服务企业客户服务理念的二手资料进行收集和实地调查，让学生了解物业服务企业开展客户服务的重要性，掌握物业服务企业的客户服务理念实质内涵，并培养学生的客户服务意识。

[**实训内容**] 以某一物业服务企业或某企业的物业服务项目为调查对象，完成资料收集和实地调查工作，并形成调查报告，制作演示文档，与同学分享。

[**实训组织**] ①以项目团队为学习小组，小组规模一般是 3～4 人，以组内异质、组间同质为分组指导原则，小组的各项工作由小组长负责指挥协调；②建立沟通协调机制，团队成员共同参与，协作完成任务；③各项目团队根据实训内容互相交流、讨论并点评。

[**实训考核**] 各项目团队提交实训报告，并根据报告进行评估。

物业服务企业客户服务理念的调查报告评分表

被考评人		考评地点				
考评内容		考评标准	分值/分	自我评价/分	小组评议/分	实际得分/分
专业知识技能掌握	物业客户服务的相关概念	了解	10			
	物业客户服务意识	理解	20			
	物业客户服务理念实质	掌握	20			
	调查报告完成情况	完成	10			

续　表

考评内容		考评标准	分值/分	自我评价/分	小组评议/分	实际得分/分
通用能力培养	物业客户服务意识	重视此项工作	10			
	树立"以人为本"的客户服务理念	调研设计主题无偏差	10			
	学习态度	积极主动，不怕困难，勇于探索，态度认真	5			
	运用知识的能力	能够熟练自如地运用所学的知识进行分析	10			
	团队分工合作	能融入集体，愿意接受任务并积极完成	5			
合计			100			

注：1. 实际得分＝自我评价×40%＋小组评价×60%。

2. 考评满分100分，60分以下为不及格，60～74分为及格，75～84分为良好，85分及以上为优秀。

思政园地

一、思政目标

引导学生做一个符合社会主义核心价值观的人。

二、知识点

"以人为本"的物业客户服务理念。

三、思政元素

社会主义核心价值观。

四、融入途径

1. 案例导入：万科率先把物业管理更名为"物业服务"——由此引发的思考。

2. 观点讨论：2020年，突如其来的新冠肺炎疫情席卷整个中华大地，物业服务企业的员工站在防疫一线守护一方天地，他们夜以继日地工作，既当消杀员、测温员又当讲解员、快递员。请讨论这些物业人在工作中应具备哪些素质才能做好相关工作。

3. 个人练习：我的价值观。

项目二　物业客户满意度调查

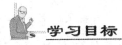 **学习目标**

知识目标：1. 通过学习本章，了解并掌握物业客户满意度调查的含义、程序。

　　　　　2. 了解物业客户满意度调查的重要性。

　　　　　3. 掌握物业客户满意度调查的方法。

能力目标：1. 能够为物业服务企业设计物业客户满意度调查问卷。

　　　　　2. 能够撰写物业客户满意度调查报告。

素质目标：1. 树立以客户需求为导向的服务理念。

　　　　　2. 形成从客观实际出发，求真务实的工作作风。

思政目标：培养学生的实践观、真理观、认识观、方法论。

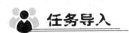 **任务导入**

开展第三方满意度调查　加强物业企业服务监管
一季度业户对物业服务满意度 "出炉"①

记者日前从区房地局了解到，2011 年第一季度住宅业户对物业管理服务满意度调查报告已经出炉。本次调查在青浦城区的 20 个新小区和 18 个保障型小区中进行，共回收有效调查样本 1444 份，其中新小区样本 606 份，保障型小区样本 838 份。调查数据显示，业户对物业管理服务的总体满意度为 72.97，处于一般（60）和较满意（80）之间。

1. 委托中介每季度测评一次

据悉，一年多来，区房地局为了强化物业管理行风建设，完善年度物业行风创建指标考核制度，进一步提高住宅小区物业服务水平，委托上海市质协用户评价中心定期对青浦城区住宅小区、物业管理服务开展第三方业户满意度调查，公正、公平、公开地深入了解物业管理情况和服务水平。从今年开始，上海市质协用户评价中心每季度对青浦城区 20

---

① 资料来源于网络，有改动。

个新小区和18个保障型小区进行调查考核。整个调查分别对新小区和保障型小区制定了不同的调查指标，涉及物业服务守纪遵时、便民措施、反应能力、行业诚信、举止仪表、办事公开、环境设施、工作绩效、业务水平和服务态度10大类指标、39项具体指标，由业户对所在小区物业服务的各项具体指标按满意、较满意、一般、较不满意、不满意进行打分，并提出意见和建议。经过数据整理后的调查报告，具体由指标分析、业户特征、满意度调查结果明细、业户意见建议汇总等几部分组成，详细系统地分析了当前物业管理服务的现状和存在的问题，按各小区列举出业户对该物业服务提出的意见和建议。

2. 吉富绅和城东二区名列榜首

调查显示，今年第一季度业户对物业管理服务总体满意度为72.97，而新小区业户对物业管理服务的满意度为75.59，保障型小区业户对物业管理服务的满意度为71.07。业户对10大类指标评价均超过70.00，其中守纪遵时方面评价最高，分值达到74.96，而服务态度评价最低，分值为72.29。新小区业户对环境设施方面评价为76.81，是各项指标中评价最高的一项，而保障型小区业户对各项指标的评价均低于新小区业户评价，其中举止仪表方面的评价仅为69.62，是各项指标中评价最低的一项。20个新小区和18个保障型小区调查显示，在新小区中吉富绅和新青浦管理处的满意度评价相对较高，荷景苑、佳丽花园管理处、都市绿舟管理处、运杰城市花园以及金域水岸管理处5个小区满意度相对较低，其中金域水岸管理处业户评价仅为64.36；在保障型小区中业户对建产城东二区的评价最高，为78.33，对大盈管理处、尚美管理处、盈港管理处、第一管理处以及镇西管理处的评价较低。

3. 服务态度和举止仪表需优先改进

分调查数据析，新小区物业应在服务态度、行业诚信和反应能力方面需要进行优先改进；而保障型小区物业，举止仪表是优先改进项目，环境设施、服务态度和业务水平等为其次改进项目。业户对小区服务反映的问题集中在以下几个：公用门窗、楼道等部位脏乱不堪，定期清扫执行力度不够；共用部位损害修理不够及时，维修基金透明度有待提高；小区内危险、隐患等告示标识张贴不多，居民进出未能一目了然；保安不够敬业，上班时期聊天、睡觉现象多；小区车辆管理混乱，机动车停放无序，车辆停放处环境不甚理想等。各小区物业企业应努力提高物业管理服务水平，为居民营造一个安静优美舒适的居住环境。

任务分析 ▶▶▶

国内的满意度调查近年来迅速发展，引起越来越多企业的重视。在一些行业，由于客户群庞大，实现一对一的服务几乎不可能，所以通过满意度调查了解客户的需求、企业存在的问题以及与竞争对手之间的差异，从而有针对性地改进服务工作，显得尤为重要。

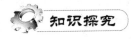 知识探究

任务一 客户满意度调查概述

从客户关系管理角度看，客户对一家企业的满意程度及其对企业的忠诚度应该是制定相关政策的基础，因此评估客户的满意度和忠诚度应该是企业要做的第一件事。在信息化时代，客户获取产品信息更为方便，可以对多种产品的价格、服务等进行分析，并且购买产品不再受时间和地理位置的限制，客户讨价还价能力自然会有很大幅度的提升。为了吸引和留住客户，竞争者之间的竞争方式也从传统的关注利润向关注客户转移。

按照需求层次理论，随着社会的进步和发展，客户的需求层次不断提高，并且出现了不同层次的差异，只有不断了解客户的需求，适应他们的需求变化，企业才会不断进步。

一、满意度及客户满意度的含义

满意度是指一个人将对一个产品的可感知的效果（或结果）与他的期望值相比较后所形成的愉悦或失望的感觉状态。这个定义清楚地表明，满意度可表示为可感知效果和期望值之间差异的函数。满意度是客户满意的数值反映。

客户满意度是对产品或服务做出的综合反映，如质量、价格、服务等的全面评价。客户满意并不是一个孤立的概念，它既与消费者的事前期望有关，又与消费者的购后行为相联系，既涉及数量因素，又涉及品质因素。因此，客户满意的分析与测定，不仅要集中于客户满意本身，还应研究影响客户满意的相关变量，从而在整体上、数量上认识客户满意，分析客户满意，这里我们会用到满意度指数。

二、客户满意度分析模型

现阶段我国绝大多数的客户满意度研究和应用均采用费耐尔逻辑模型，如图 2 - 1 所示。

客户满意度分析模型是在客户行为理论基础上形成的。

客户行为可分为经济行为与心理行为两种。

从经济行为来看，客户满意度取决于客户在消费过程中所得到的感知价值的大小。感知价值是客户从产品和服务中得到的总的利益与客户为此付出的价格之比。如果客户所得到的利益大于其支出，客户就会满意，否则就不满意。在模型中，感知价值同客户满意度正相关，即感知价值越高客户满意度越高。

从心理行为来看，客户对产品或服务的满意度还取决于客户在采购前对产品或服务质

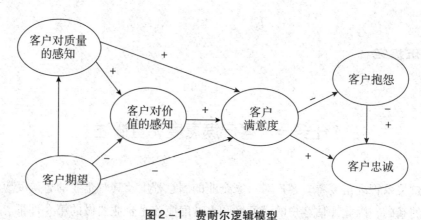

图2-1 费耐尔逻辑模型

注：图中"＋"号表示正相关，"－"号表示负相关。

量的期望以及客户在购买和使用后对其质量的实际感受。如果客户的期望小于或等于购买和使用后的实际感受，客户就会满意，否则就会不满意。

三、客户满意度调查的原则

1. 时效性原则

在现代市场经营中，时间就是机遇，也就意味着利润。在调查过程中，收集、发送、接收、加工、传递和利用调查数据的时间间隔要短，效率要高。只有这样，才能提高客户满意度调查数据的价值，抓住时机，并及时做出有利的生产经营决策。因此，要及时捕捉和掌握市场上任何有用的信息，并及时分析和反馈，为企业在经营过程中适时地制订、调整方案及做出下一步决策创造条件。

2. 客观性原则

客观性是进行物业客户满意度调查必须遵循的原则。这一原则要求企业对客观事实采取实事求是的态度，而不能带有企业的主观偏见或成见，更不能任意歪曲或虚构事实。

3. 系统性原则

系统性是指客户满意度调查必须全面、系统地收集有关数据，只有这样，才能充分认识调查对象的特征，从大量的信息中认识事物发展的内在规律和发展趋势。由于很多因素的变动是互为因果的，这就要求必须从多方面描述和反映调查对象本身的变化和特征，做到调查项目齐全且具有连续性，以便不断积累信息，进行系统的、动态的分析和利用。

4. 科学性原则

科学性主要是指研究及研究结论的实证性和逻辑性。在调查研究中，许多人都不自觉地采取非科学的方式方法，例如，有些人"以点代面"，以小概率事件概括事物发展规律；有些人没有大量、系统地收集资料，资料来源存在严重局限性……这些做法对于正确地认识物业公司发展现状是没有好处的，甚至是有害的。

5. 经济性原则

经济性是指应按照调查的目的、要求选择恰当的调查方法，争取用较少的费用获取更多的调查资料。为此，在调查实施之前要进行调查项目的成本效益分析，即在调查内容不变的情况下，比较不同调查方式的费用多少，从中选择出调查费用少且能满足调查目的和要求的调查方式、方法，并制订相应的调查方案。

任务二 物业客户满意度调查

一、物业客户满意度调查的作用

有效而稳定的客户满意度调查研究，可以使物业服务企业在不断变化的市场环境中及时发现和捕捉新机会，适时调整经营计划，使自己立于不败之地。从一定意义上讲，物业客户满意度调查是经营决策过程中必不可少的一部分，是物业服务企业经营决策的前提。

物业客户满意度调查的作用如下：

1. 能够了解客户不断变化的需求

物业服务企业是向业主提供服务的，因此应了解客户当前和未来的需求，满足客户要求并争取超越客户期望。现在国际上普遍实施的质量管理体系能够帮助物业服务企业加强物业管理服务，但是，客户的需求和期望是不断变化的，物业服务企业可以通过定期和不定期的客户满意度调查来了解不断变化的客户需求和期望，并持续不断地改进服务质量。

2. 有利于提高自身竞争力

物业服务企业进行客户满意度调查，不只是为了得到一个综合统计指数，而是要通过调查活动发现影响客户满意度的关键因素，以在提高客户满意度的过程中"对症下药"，制订有效的客户满意策略。客户满意度的测评始终要考虑竞争对手的情况并进行比较，这样可以使物业服务企业做到知己知彼，制订出合适的竞争策略。

3. 为经营决策提供依据

物业服务企业在制订服务方案及策略之初就应通过客户满意度调查及时准确地掌握客户情况及需求，以便做出正确、可靠的决策。

二、物业客户满意度调查的程序

建立一套系统、科学的工作程序，是物业客户满意度调查得以顺利进行、提高工作效率和质量的保证。从客户满意度调查的实践情况来看，客户满意度调查因调查对象、具体内容、目的的不同而有种种设计，但基本程序大致包括以下6个步骤，如图2-2所示。

确定调查目标 → 制订调查计划 → 收集资料 → 资料分析 → 撰写调查报告 → 跟踪反馈

图2-2 物业客户满意度调查程序

1. 物业客户满意度调查的准备阶段

客户满意度调查的准备阶段，即制订调查计划阶段，是从提出客户满意度调查的要求开始直到制订计划为止的过程，主要包括提出满意度调查的要求、明确调查目标、拟订调查方案（包括设计调查问卷）等几方面的工作。

（1）界定调查的问题。准备阶段的工作对后续实质性的调查具有重要意义，提出问题是这个阶段的开始。调查研究人员首先要弄清楚调查的问题所在，即明确问题。对调查目标的确定须先搞清以下几个问题：为什么要调查？调查中想了解什么？调查结果有什么样的用处？谁想知道调查的结果？决策者从客户满意度调查中希望得到什么？在这一过程中，调查研究人员一方面要了解他们的目的、意图及信息需求，另一方面要收集、分析相关的二手资料，必要时还要进行小规模定性研究，以确保对所要调查的问题能够明确地加以界定或以假设的方式提出来。

（2）设计客户满意度调查方案。在明确了调查的问题之后，下一步的工作就是做一个调查计划即拟订调查方案了。在所要拟订的调查方案中，通常要运用定性研究和系统规划的方法，对客户调查的目的、内容、方法以及抽样、调查质量的控制、统计分析、调查的时间进度、费用预算及调查的组织安排等做出具体的规定和设计，在此基础上，制订调查方案或撰写调查计划书。调查方案是否周密、合理，会影响到整个调查能否顺利开展和调查的质量。因此，拟订调查方案在整个调查活动中尤为重要。

 **物业客服小专家**

某物业服务有限公司业主满意度调查方案

现为了更客观地反映业主的心声、更科学地实现管理服务满意度调查价值，对应内部服务流程，推动内部有效地针对关键服务进行改进，以提升服务质量，实现服务规范化，提升品牌价值，走向全国，本公司拟进行业主满意度调查，找出服务短板，提升服务质量，实现品质提升、节支提效的目标。

一、调查目的

通过本次调研，了解业主需求，找出服务短板，提升服务质量。

具体目的如下：

（1）真实反映业主满意度现状。

（2）加强与业主的沟通，进一步关怀业主，了解业主相关需求。

（3）从服务短板中把握业主真正的物业管理需求，把控业主需求的细微之处，为业主提供更专业的管理服务。

（4）通过本次调查，推动整个服务队伍服务意识的转变，引导各层面人员共同关注服务提升，完善服务规范，共创优质品牌，提升品牌价值。

二、调查时间

本次调查时间为 2019 年 1 月 1 日—12 月 30 日。

三、调查范围

区域范围：所有项目（目前共 6 个项目）。

业主类型：独立别墅、高层住户、多层住户、公共办公楼（四类）。

四、调查内容

调查内容包括客户服务、安防服务、公共设施设备维护、维修服务、清洁绿化、车场管理、社区文化活动、客户对物业的整体满意度及相关的意见。

根据现场入户调研，每月 100 户，覆盖北京所有项目。

五、调查要求

（1）对研究项目、研究结果全权负责，按月汇总，每周总结、上报。

（2）对项目所需提供的资料负保密责任。

（3）成立专门的项目小组，由总公司品质管理部负责，总公司各部门协助，组成 4 人项目小组，进行项目的具体实施。

（4）严格按照双方制订的项目时间计划落实每一步调查工作。

（5）对提交结果的真实性负责，否则按双方合约进行处罚。

六、质量控制

（1）现场审查已访问卷，督导定时进行抽查。

（2）重点培训访问员访问技巧、遇到各种疑难问题时的应对及处理办法，以提高调研成功率。

（3）定时审核反馈的汇总记录。

（4）进行模拟训练，确保访问员对调查内容的准确掌握。

（5）定时通过录音或电话复核问卷的真实性。

2019 年业主满意度调查时间安排

工作内容	时间	备注
设计问卷	2018 年 12 月 20 日	完成最终问卷设计，完成预调查
调查培训	2018 年 12 月 21—23 日	问卷内容、文明规范用语
业主满意度调查	2019 年 1—12 月	每月 15 日前完成项目走访，20 日提交业主满意度汇总表，20~25 日进行抽样满意度调查回访，25 日将满意度测评结果反馈给各项目组，作为项目月度考核指标内容
业主满意度调查总结	2019 年 12 月底	完成全年业主满意度调查总结，作为各项目年终考评绩效内容

2. 物业客户满意度调查的实施阶段

这一阶段的工作包括以下内容：

（1）实施调查、收集资料。客户满意度调查实施阶段的主要工作是问卷设计、抽样调查以及访问员的招聘和训练。

调查问卷以调查方案界定的调查目的和调查内容为依据，由研究人员设计。在许多实际调查中，问卷设计常常与方案设计同时完成，并作为方案的一部分内容提交给领导审议。问卷初稿设计完成之后，设计者要对问卷进行全面的检查，也要将问卷提交给领导审查。

• 抽样调查通常包括建立抽样框、抽取受调查者等内容。如果调查访问将在已建立的调查网内进行，那么抽样调查的实施过程就比较简单。

• 访问员的招聘和训练是客户满意度调查过程中极为重要的一个环节，资料的采集工作主要由访问员完成，访问员能否很好地执行访问工作，对调查结果的客观性和科学性影响很大，因此，必须科学、细致地对访问员进行组织管理和质量控制，使资料的收集做到尽可能的准确、及时、全面和系统，以确保调查的质量。

预调查完成之后，就可以开始正式的资料采集工作了。资料采集通常包括访问、问卷复核和回访三步工作。访问指由访问员对被抽到的受调查者进行调查；问卷复核是对访问员交回的问卷资料进行检查，以便发现是否存在不符合规范的问题，这一工作通常由督导员来完成；回访是抽取一定的受访者进行第二次访问，目的是了解、判断访问员访问过程的真实性。在问卷复核和回访过程中，如果发现问题，必须立即更正或采取相应的补救措施。

（2）整理和分析资料。对问卷资料进行统计处理包括审核校对、编码、数据录入、数据运算和输出结果等过程，这些工作通常分别由录入员和统计分析师执行。数据分析是为着手撰写调查报告做准备。对满意度调查资料进行分析研究，是满意度调查的重要环节，要求运用统计分析方法如交叉频率分析、描述分析、判别分析和主成分分析等，对大量数据资料进行系统的分析与综合，借以揭示调查对象的情况与问题，找出影响市场变化的各种因素，提出切实可行的解决问题的对策。

3. 物业客户满意度调查结果的分析报告

（1）撰写调查报告。当需要的数据结果齐备，对数据所反映的规律、问题有比较清楚的了解之后，研究者就可以着手撰写调查报告了。调查报告一般由标题、开头、正文、结尾及附件等要素组成。

（2）信息反馈和跟踪。在花费了大量的人力和物力开展满意度调查并获得结论和建议后，一个重要的步骤就是付诸实施。这一部分很容易被调查者忽视，如果未能充分利用调查出来的信息，会使满意度调查的作用降低，同时会影响企业对问题的全面认识，进而影响科学决策。

三、物业客户满意度调查方法

物业客户满意度调查方法主要有三种：

1. 问卷调查

这是一种最常用的客户满意度调查方法。问卷中包含很多问题，需要被调查者根据预设的表格选择该问题的相应答案，客户从自身利益出发来评估企业的服务质量、客户服务工作和客户满意水平。允许被调查者以开放的方式回答问题，这样能够更详细地掌握他们的想法。

2. 二手资料收集

二手资料大都通过公开发行刊物、网络、调查公司获得，在资料的详细程度和资料的有用程度方面可能存在缺陷，但是它可以作为深度调查前的一种重要参考。特别是进行问卷设计的时候，二手资料能为我们提供行业信息的大致轮廓，有助于设计人员把握拟调查的问题。

3. 访谈研究

访谈研究包括内部访谈、深度访谈和焦点访谈。

内部访谈是对二手资料的确认和对二手资料的重要补充。通过内部访谈，可以了解企业决策者对所要进行的项目的大致想法，同时，内部访谈也是发现企业问题的最佳途径。

深度访谈是为了弥补问卷调查存在的不足，有必要时实施的典型用户深度访谈。深度访谈是针对某一论点进行一对一的交谈，在交谈过程中提出一系列探究性问题，用以探知被访问者对某事的看法或做出某种行为的原因。在实施深度访谈之前一般应设计好一个详细的讨论提纲，讨论的问题要具有普遍性。

焦点访谈是为了更周全地设计问卷或者为了配合深度访谈而作出的。焦点访谈就是一名经过企业训练过的访谈员引导 8 ~ 12 人（顾客）对某一主题或观念进行深入的讨论。焦点访谈通常避免提出直截了当的问题，而是以间接的提问激发与会者自发讨论，激发与会者灵感，让其在一个"感觉安全"的环境下畅所欲言，进而从中发现重要信息。

四、物业客户满意度调查问卷设计

在物业客户满意度调查特别是一手资料的调查中，大多数情况下都要使用问卷来收集所需的调查资料。问卷作为一种标准化和统一化的数据收集工具，对于保证访谈调查的效度与信度具有重要作用；而作为调查信息的主要载体，问卷表现了调查设计、调查实施、数据处理乃至报告撰写各个环节之间的联系，其作用贯穿于整个调查过程。因此，问卷设计是物业客户满意度调查中的一个重要环节，学会问卷设计是做好物业客户满意度调查的一门基本功夫。

（一）问题形式的设计

问题从形式上分开放式问题与封闭式问题。

开放式问题由于不需要列出答案，故其形式很简单，在设计时只需要提出问题，然后在问题下留出一块空白即可，唯一需要考虑的是这块空白留多大比较合适。因为空白太大，就意味着希望回答者多写一些内容，同时又增加了整个问卷的篇幅；而空白太小，客观上又限制了回答者所填写内容的多少，可能造成资料的过分简单。所以，在设计开放式问题时，要根据问题的内容、样本的文化程度、研究的目的等综合考虑。比如，当问题比较简单、样本的文化程度较低、研究的目的只是想一般地了解一下对问题的主要看法时，空白就可以留得相对小些；而当问题比较复杂、内容比较广泛、涉及的方面较多、样本的文化程度较高、研究的目的是想详细了解各种情况时，空白可留得相对大一些。

封闭式问题包括问题及答案两部分，其形式主要有以下几种：

1. 填空式

即在问题后面画一短横线让回答者填写，例如：

您家有几口人？ _____口

您的年龄多大？ _____岁

您的住房面积？ _____平方米

填空式一般只用于那些对被调查者来说既容易回答又容易填写的问题，通常只需填写数字。

2. 是否式

即问题的答案只有"是"和"不是"（或其他肯定形式和否定形式）两种，回答者根据自己的情况选择其一。例如：

您经常上网吗？　　　　　　　　　是□　　　　　　　否□

您是否赞成成立业主委员会？　　　赞成□　　　　　　不赞成□

是否式的问题形式在民意测验所用的问卷中是用得较多的一种，其优点是回答简单明确，可以严格地把被调查者分成两类不同的人群，但其缺点是得到的信息量太少，两种极端的回答类型不能了解和分析回答者客观存在的不同层次。

3. 选择式

即给出的选项至少是两个，回答者根据自己的实际情况选择相应的选项。这也是问卷中采用较多的一种问题形式，而其答案的具体表达方式又有以下几种不同类型：

（1）单项选择型。被调查者在给出的多项答案中只选择其中的一项，用"√"表示。例如：

您属于下列哪个年龄段？（　　　）

A. 25 岁以下　　　　　B. 25 ~ 45 岁　　　　　C. 46 ~ 60 岁　　　　　D. 60 岁以上

（2）多项选择型。被调查者选择自己认为合适的答案，数量不限。例如：

请问您在购买住宅时主要考虑哪些因素？（　　　）

A. 价格　　　　　　　B. 户型　　　　　　C. 面积　　　　　　D. 地理位置

E. 配套设施　　　　　F. 物业服务

（3）限制选择型。限制选择型是指要求被调查者在所给出的多项答案中选择自己认为合适的答案，但数量受到一定的限制。例如，在上面提到的问题中，可限制被调查者选三项。例如：

当初您购买本小区住宅，主要考虑哪些因素？（选择三项并排序，只写题号即可）

第一位	第二位	第三位

A. 能改变生活环境　　　　　　　B. 房地产开发公司名气大

C. 为了能让孩子接受良好的教育　　D. 地理位置优越

E. 小区环境优美　　　　　　　　F. 物业服务到位

多项选择法比其他两种选择法的强制选择有所缓和，答案有一定的范围，可区分被调查者在态度上的差异程度，易于了解消费者的购买动机及其对商品的评价，也便于统计处理。另外，资料的统计整理相对比较简单。在应用多项选择法时，应注意：对于封闭式问题的提问，无论哪一种形式，答案都应事先设计好，标准化程度比较高，以利于被调查者回答，同时也为资料的分析整理提供方便。

封闭式问题的缺点主要表现为列出的答案有限，影响被调查者提供更多的信息。

（二）答案的设计

由于大多数问卷往往由封闭式问题构成，而答案又是封闭式问题非常重要的一部分，因此答案设计得好坏就直接影响到调查的效果。答案的设计，要注意以下几个方面：

1. 要做到使答案具有穷尽性和互斥性

所谓穷尽性，指的是答案包括了所有可能的情况。例如，下列问题的答案就是穷尽的：

您的性别_____（请选一项打√）

□男　　　　　□女

因为对于任何一个被调查者来说，问题的答案中总有一个是符合自己情况的，或者说每个回答者都一定是有答案可选的，如上题中，一般情况下，被调查者必然属于其中一种性别。

所谓互斥性，指的是答案之间不能相互重叠或相互包含。即对于每个回答者来说，他最多只能有一个答案适合他的情况，如果一个回答者可同时选择属于某一个问题的两个或更多的答案，那么这一问题的答案就一定不是互斥的。例如，下列问题的答案就不是互斥的：

您的职业是什么？（请在合适的答案后面打√）

A. 工人　　　　　　B. 农民　　　　　　C. 干部
D. 商业人员　　　　E. 医生　　　　　　F. 售货员
G. 教师　　　　　　H. 司机　　　　　　I. 其他

在所列的答案中，"工人"与"司机"，"商业人员"与"售货员"都不互斥，而工人中可能包括司机，售货员也是商业人员的一部分。对于那些身为司机或售货员的回答者来说，他既可以选择司机或售货员，也可以选择工人或商业人员，二者都符合他的情况。因此这道题的答案设计并不是十分合理。

2. 要根据研究的需要来确定变量的测量层次

不同的变量具有不同的测量层次，高层次的变量可转化为低层次的变量来使用。在实际设计答案时，我们首先要看所测变量属于什么层次，然后根据这一层次的特征来决定答案的形式。例如，如果我们要测量"每人每月的工资收入"这一变量，就应首先明确它属于定比变量，是最高层次的变量，然后根据研究的具体要求来决定采用哪种形式的答案。

如果研究需要准确地了解每一回答者的具体收入，那么就可采用填空形式，即"您每月的工资收入是＿＿＿＿元"。如果想了解的是某一总体中人们的工资收入处于不同等级的分布情况，那么，就可把月工资收入转化成定序变量来测量，即：

您每月的工资收入在下列哪个范围中？（请选一项）
A. 3000 元以下　　　B. 3000～4000 元　　　C. 4000～5000 元　　　D. 5000～6000 元
E. 6000 元以上

如果调查只需要了解某一总体中人们的月工资收入水平处于全国平均水平（假设为3000 元）的上下比例，那么，就可以把月工资收入转化成定类变量来测量，即：

您的月工资收入属于下列哪一类？（请选一项）
A. 高于 3000 元　　　B. 低于或等于 3000 元

3. 要注意问题的语言表达及提问方式

书面语言是编制问题的基本材料，就像建筑房屋的砖和瓦。要使问题含义清楚、简明易懂，就必须高度重视并使用好书面语言。除了语言外，提问的方式对调查也有一定影响，因此，在设计中必须注意这两方面内容。

以下是有关语言表达和提问方式的几条常用规则，设计时要尽可能按此执行：

（1）问题的语言要尽量简单。无论是设计问题还是设计答案，所用语言的第一标准都应该是简单。要尽可能使用简单明了、通俗易懂的语言，而尽量避免使用一些复杂的、抽象的概念以及专业术语。

（2）问题的陈述要尽可能简短。问题的陈述越长，就越容易产生歧义，被调查者的理解就可能越不一致；而问题越短小，产生歧义的可能性就越小。有的社会学家提出，短问题是最好的问题。因此在陈述问题时，最好不要用长句子，要使用尽可能清晰、简短的句子，使回答者一看就明白。

（3）问题不能带有倾向性。即问题的提法和语言表达不能使被调查者感到应该填什么，这就是说不能对回答者产生诱导性。设计问题时，应保持中立的提问方式，使用中性的语言，要避免使被调查者感到提出该问题是想得到某种肯定的回答，或是在鼓励他、期待他作出某种回答。例如，同样是询问人们是否抽烟，"你抽烟吗"和"你不抽烟，是吗"就有所不同，前者是人们日常生活中的习惯问法，而后者则带有一种希望被调查者回答"是的，我不抽烟"的倾向。另外，如果在问题中列举了某些名人或权威的名字，也会使问题带有诱导性。比如，"医生认为吸烟对人体有害，你的看法如何"就容易使人同样认为吸烟对人体有害。

（4）不要用否定形式提问。在日常生活中，除了某些特殊情况外，人们往往习惯于肯定的提问，而不习惯于否定的提问。比如说，人们习惯于"您是否赞成小区内增设垃圾桶"，而不习惯于"您是否不赞成小区内不增设垃圾桶"。当以否定形式提问时，由于人们不习惯，因而许多人常常容易漏掉"不"字，并在这种错误理解的基础上来回答，这样所回答的就恰恰与他们的意愿相反了，而这种误答的情形在问卷结果中又常常难以发现。因此，在问卷设计中不要用否定形式提问。

（5）不要直接询问敏感性问题。当问及某些个人隐私或人们对顶头上司的看法这样一些问题时，人们往往会产生一种本能的自我防卫心理。这种问题如果直接提问，往往会引起很高的拒答率。因此，对这些问题最好采取间接询问的形式，并且语言要特别委婉。

（三）问题的数目和顺序

问题数目的多少，决定着整个问卷的长短。一份问卷应包含多少个问题，没有统一的标准，要根据研究的目的，研究的内容，样本的性质，分析的方法，拥有的人力、财力、时间等多种因素而定，但一般来说，问卷越短越好，越长越不利于调查。根据多数社会研究人员的实践经验，一份问卷中所包含的问题数目应限制在一般的被调查者20分钟以内能顺利完成，最多也不能超过 30 分钟。因为一旦问题太多、问卷太长，很容易引起被调查者的厌烦情绪和畏难情绪，影响填答的质量或问卷回收率。

当然，不同的调查各方面情况都不会一样，可以根据上述总的原则做到具体情况具体对待，可适当做些改变。比如，如果采用问卷调查的形式，并付给每位被调查者一定的报酬或一定分量的纪念品，则问题可适当多点；如果调查的内容回答者很熟悉或者很感兴趣、很关心，那么也可适当多点。但是，若调查内容回答者不太熟悉、不感兴趣，也没有什么报酬，那么问卷应尽可能短小，能不问的问题坚决不问，尽量使回答者填写的时间限制在 20 分钟以内。

问题次序也是问卷设计中一个相当重要的问题，绝不能轻视它。因为如果不注意安排好问题的次序，不仅会影响到问卷资料的准确性，还可能影响到调查的顺利进行，影响到问卷的回收率。社会研究人员在长期的调查实践中摸索出了问卷中各种问题先后顺序的一般安排原则。

（1）把被调查者熟悉的问题放在前面，把被调查者比较生疏的问题放在后面。这是因为任何人对自己熟悉的事情总能谈些看法，而对不熟悉的事物则往往难以说出什么来。以他们熟悉的问题开头，问卷调查就能较顺利地进行，而不至于一开始就卡住。

（2）把简单易答的问题放在前面，把较难回答的问题放在后面。问卷最靠前的几个问题一定要相当简单，回答起来一定要非常容易。这样可以给回答者一种轻松、方便的感觉，以便于他们继续填下去。如果一开始被调查者就感到很吃力，那么就会影响他们的情绪和积极性。

（3）把能引起被调查者兴趣的问题放在前面，把容易使他们紧张或产生顾虑的问题放在后面。如果开头的一些问题能够吸引被调查者的注意力，引起他们对填写问卷的兴趣，那么调查便能顺利进行。相反，如果开头部分的问题比较敏感，那么，被调查者的自我防卫心理将会阻碍他们顺利填写问卷。如果这些较敏感的问题在问卷的后面才出现，那时，有些被调查者也许已经解除了自我防卫心理，能够回答这些问题了。即使少数被调查者仍然对这些问题很敏感，也不至于影响到整个问卷的填写了。

（4）先问行为方面的问题，再问态度、意见、看法方面的问题，最后问个人的背景资料。由于行为方面的问题涉及的只是客观的、具体的内容，因此往往比较容易回答。而态度、意见方面的问题主要涉及被调查者的主观因素，多为被调查者思想上的东西，不太好回答，因此放在行为方面的问题的后面。个人背景资料虽然也是事实性的，但由于除姓名以外的其他主要特征（如年龄、性别、文化程度、婚姻状况、职业等）也属于较敏感的内容，因此适合放在末尾。

（5）开放式问题放在问卷的最后。许多问卷常常以封闭式问题为主，同时附有一两个开放式问题，以收集定性的、各样的资料。要注意的是，这种开放式问题只宜放在问卷的最后，不能放在其他部分。因为开放式问题往往需要比封闭式问题更多的思考时间，无论是在问卷的开头还是中部，都会影响被调查者填完问卷的信心和情绪，而在问卷的结尾处，由于仅剩这一两个问题了，绝大多数被调查者是能够完完整整地填好问卷的。

物业客服小专家

尊敬的业主:

您好! 感谢您长期以来对××物业的支持。为了更客观地反映业主的心声,能够针对关键服务进行改进,以提升服务质量,实现服务规范化,本公司拟进行业主满意度调研,请您抽出宝贵的时间认真填写下面的客户调查表,我们将对您的回答完全保密。

问题	得分
1. 对于物业服务合同范围内的服务需求,处理及时。	( )
2. 对于物业服务合同范围以外的服务需求,能够及时给您提供建议或帮助。	( )
3. 服务人员礼仪良好(保洁、秩序维护、工程服务、客户服务)。	( )
4. 公共区域卫生清洁(含卫生间)。	( )
5. 公共区域消杀及时,效果良好。	( )
6. 花草、树木生长正常,修剪及时。	( )
7. 绿地、建筑小品无随意占用现象,出现破损会得到及时维修。	( )
8. 管理区域内环境秩序良好。	( )
9. 车辆管理有序,道路畅通,乱停乱放机动、非机动车辆得到及时处理。	( )
10. 宠物安全管理到位。	( )
11. 各种设施设备运行正常,维修及时。	( )
12. 维修人员技能水平能够满足您的报修需求。	( )
13. 您是否向物业进行过投诉?(是,否)	
14. 投诉渠道是否充分、便利?(是,否)	
15. 您对接待人员处理投诉的能力有哪些建议?	
16. 您对本公司的物业服务有哪些建议?	

再次感谢您的支持和配合!

填表说明:请您结合您的实际感受打分,非常满意为5分,比较满意为4分,满意为3分,比较不满意为2分,不满意1分,非常不满意0分。

任务三 物业客户满意度调查技能训练

理论测试

一、填空题

1. 目前通常采用的客户满意度调查方法主要包括_____、_____和_____。

2. 物业客户满意度调查包括_____、_____、_____、_____、_____、_____六个步骤。

3. _____是对产品或服务做出的综合反映，如质量、价格、服务等的全面评价。

4. 客户满意模型是在客户行为理论基础上形成的。客户行为可分为_____与_____两个方面。

5. 物业客户满意度调查的作用是_____、_____、_____。

二、选择题

1. 物业客户满意度调查的原则包括（　　）。

A. 时效性原则　　　B. 客观性原则　　　C. 系统性原则　　　D. 经济性原则

2. 制作满意度调查问卷，设计问题时应注意（　　）。

A. 问题的语言要尽量简单　　　　　　B. 问题的陈述要尽可能简短

C. 问题要有诱导性　　　　　　　　　D. 不要用否定形式提问

3. 调查问卷往往包括（　　）。

A. 开头部分　　　B. 甄别部分　　　C. 主体问卷　　　D. 背景问卷

4. 访谈研究包括（　　）。

A. 深度访谈　　　B. 个别访谈　　　C. 内部访谈　　　D. 焦点访谈

三、简答题

1. 物业客户满意度调查准备阶段的工作有哪些？

2. 物业客户满意度调查实施阶段的工作有哪些？

3. 简述客户满意度调查问卷问题的几种形式。

4. 进行客户满意度调查对于物业服务企业有何意义？

5. 简述问卷中各种问题先后顺序的一般安排原则。

技能训练

[**实训项目**] 对某物业服务企业进行客户满意度调查。

[**实训目标**] 通过实训，让学生了解物业客户满意度调查的重要性，掌握物业客户满意度调查的方法及流程。

[**实训内容**] 选择某物业服务企业为研究对象，组织学生实地调查某物业服务企业，讨论并制作某物业服务企业的客户满意度调查问卷。

[**实训组织**] ①以项目团队为学习小组，小组规模一般是3~4人，以组内异质、组间同质为分组指导原则，小组的各项工作由小组长负责指挥协调；②建立沟通协调机制，团队成员共同参与，协作完成任务；③各项目团队根据实训内容互相交流、讨论并点评。

[**实训考核**] 各项目团队提交实训报告，并根据报告进行评估。

某物业服务企业客户满意度调查评分表

被考评人		考评地点			
考评内容	考评标准	分值/分	自我评价/分	小组评议/分	实际得分/分
专业知识技能掌握	物业客户满意度调查的重要性	了解	10			
	物业客户满意度调查问卷的制作	掌握	20			
	物业客户满意度调查问卷的可行性分析	掌握	20			
	报告完成情况	完成	10			
通用能力培养	树立以客户需求为导向的服务理念	能够认识到客户满意度调研的重要性	5			
	形成从客观实际出发、求真务实的工作作风	认真完成调研任务，统计分析无差错	10			
	学习态度	积极主动，不怕困难，勇于探索，态度认真	5			
	运用知识的能力	能够熟练自如地运用所学知识进行分析	10			
	团队分工合作	能融入集体，愿意接受任务并积极完成	10			
合计			100			

注：1. 实际得分＝自我评价×40%＋小组评价×60%。

2. 考评满分为100分，60分以下为不及格，60～74分为及格，75～84分为良好，85分及以上为优秀。

思政园地

一、思政目标

培养学生的实践观、真理观、认识观、方法论。

二、知识点

物业客户满意度调查内容。

三、思政元素

实践是检验真理的唯一标准。

四、融入途径

1. 案例导入：开展第三方满意度调查　加强物业企业服务监管　一季度业户对物业服务满意度"出炉"——实践的重要性。

2. 观点讨论：物业客户满意度调查方法哪种最有效？

3. 个人练习：编制物业客户满意度调查问卷。

项目三　物业客户服务团队建设

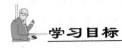

学习目标

知识目标：1. 通过学习本章，了解物业客户服务中心的重要性。

2. 掌握物业客户服务中心岗位设置的原则、物业客户服务中心工作职能。

3. 了解物业客服人员应具备的职业技能以及应具备的心理素质。

能力目标：1. 能够制订物业客户服务中心岗位设置方案。

2. 能够编写物业客户服务中心各岗位职责和要求。

素质目标：1. 帮助学生树立物业客服人员应具备的职业道德。

2. 培养学生的团队协作意识。

思政目标：培养学生遵规守纪、勇于担当、修身立命的品质。

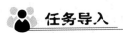

任务导入

"全心全意为您服务"——万科客户服务中心①

万科物业已发展为国内最具规模及极负盛誉的物业管理机构之一，专业提供全方位的物业管理服务、工程完善配套服务、房屋租售及绿化工程服务。通过多年来的实践，公司在市场上取得了骄人的业绩，在物业管理行业奠定了坚实的地位，成为国家住房和城乡建设部首批认定的物业管理一级资质企业，在社会上树立了健康、完善的企业形象，创立了具有万科特色的物业管理模式。

万科物业现在的客户服务中心是对原来万科地产公司业主服务中心和物业公司品质管理部部分职能的整合，在职责范围上有所扩展。原来的业主服务中心只负责处理地产工程方面的投诉，而品质管理部负责处理物业管理方面的投诉，兼顾与业主之间的沟通、组织社区文化生活等，如今把客户服务功能和客户关系的处理整合、归口到同一个部门——客户服务中心，能更有效地协调地产公司、物业管理公司及相关部门的关系，更好地服务于

---

① 来源于网络，有改动。

客户。

万科客户服务中心自成立以来，代表地产公司和物业管理公司处理客户关系事务，是连接地产公司从项目开发、销售服务到物业管理等系列环节的纽带，其最终目标是建成一个客户信息中心。客户的想法、需求和建议，包括工程设计、施工质量、居住环境等各个方面，都将从这个中心反馈出去，因为客户服务中心面对的是最广泛也是最直接的客户。

万科客户服务中心建立了一个强大的客户数据库管理系统，把业主个人的基本情况、所购物业的情况和维修、服务、投诉等情况归档，列入数据库统一管理，当接到某个业主的服务要求或投诉时，客户服务中心工作人员可以直接通过计算机调用业主或非业主使用人的资料，详尽了解客户个体情况并迅速反应，有针对性地进行判断处理。

万科内部制定有《客户投诉处理程序》以及相关的《工程事务处理程序》和《违反投诉处理要求的处罚办法》等，使投诉处理有"法"可依。

万科地产公司和物业管理公司规定每个部门的"第一负责人"就是本部门投诉处理的"当然责任人"，以加强投诉处理的责任感。任何部门和个人接到业主的直接投诉后，不得推诿，8小时工作时间内、非工作时间24小时内对客户做出处理回应，同时告知客户服务中心。各部门第一负责人接到客户服务中心的《投诉处理任务书》或其他部门投诉反映后，不得以任何理由推诿或不予配合，部门第一负责人必须及时安排处理并在1个工作日内将投诉处理措施反馈给客户服务中心；对网上涉及地产公司和物业管理公司的投诉，责任部门必须在1个工作日内提供处理意见，由客户服务中心统一回复等。

万科客户服务中心设有专门的网站，网络是与业主沟通的一种新渠道，通过网络交流，客户服务中心获得过业主很多好的建议，进行过不少有益的讨论，也受理过不少投诉。

万科物业一向倡导规范经营操作，处理业主投诉是客户服务中心的一项重要职责。客户服务中心不断摸索并制定出一套行之有效的客户投诉处理规范，使处理投诉的操作流程化、规范化，有原则地去解决问题。

📔 任务分析 ▶▶

作为物业客户服务人员，心里要明白的是：大多数的业主都是有问题、有困难才会投诉的，要充分理解业主投诉的心理，站在业主的角度去考虑问题，在业主利益和公司利益之间找到平衡点。同时，客户的投诉也是物业与客户沟通的一个重要方式，通过解决客户投诉，能够加深物业企业与客户之间的相互理解，在提升自身服务质量的同时，博得客户的认同与信任。

物业服务企业应建立有效的客户投诉处理规范，使处理投诉的操作流程化、规范化，有原则地去解决问题；客户服务中心的工作人员必须具备较高的综合素质，要有负责、认真、细致、严谨的工作作风，有一定的专业基础，有较强的分析和判断问题的能力，以及良好的沟通能力和心理承受能力。

知识探究

任务一　物业客户服务中心的设置

随着经济的发展和社会信息化程度的提高，人们的生活质量和工作效率也越来越高，业主或非业主使用人对物业服务企业的服务质量提出了越来越高的要求，促使物业服务内容和服务方式向多样化、个性化发展。为了优化自身，满足客户高标准、多样化、快速发展的服务需求，各物业服务企业面临着从"以产品为中心"向"以客户为中心"管理模式的转变。客户服务中心正逐渐被越来越多的物业服务企业接受并使用，在企业内部也越来越受到重视。

一、物业客户服务中心的重要性

客户服务中心简称客服中心，它是源自星级酒店客户服务的一种管理模式。物业客户服务中心是物业服务企业以物业客户服务中心前台为辐射中心，由它负责收集、接待、汇总客户（业主或非业主使用人）的咨询、建议、投诉和服务需求，并协调和指挥物业服务企业内各职能部门和相关部门来处理和完成客户服务需求的运作模式。

物业客户服务中心运作模式的主要特征是一站式服务、全程式管理、信息流畅、集中处理、快速应答、及时反馈。

物业客户服务中心的设置对物业服务企业自身的运作和发展起到越来越重要的作用。物业客户服务中心是物业服务企业直接向客户提供服务的重要部门，它的功能集合与资源配置决定了物业服务企业提供客户服务的水平，以及组建什么样的客户服务中心。首先，物业客户服务中心反映了物业服务企业的企业宗旨，只有将客户的满意作为企业存在的唯一理由，才可能建立高水平的客户服务部门；其次，反映了物业服务企业的经营核心，以客户资源为自己经营的核心，才可能建立功能齐全的客户服务部门；最后，反映了物业服务企业的管理水平，以现代企业制度和规范化管理为基础，才可能为客户服务部门提供强大的支持系统。

二、物业客户服务中心在组织架构中的地位

1. 物业服务企业机构设置的功能

物业服务企业的机构设置要结合物业项目的规模、性质等实际情况，以实现项目管理

与运营目标为目的，它的设置应具备以下三大功能：

（1）服务性功能。作为服务性企业，物业服务企业的机构设置必须具备服务性功能，要以方便客户、服务客户为设置原则，以实现物业服务企业的服务目标。

（2）合作性功能。物业服务企业的机构是一个有机整体，是由人、财、技术、信息等部门组成的运营系统，这个运营系统的整体功能，有赖于系统内各部门之间的协调配合。因此，其服务机构的设置必须有利于物业服务企业内部各部门、各班组、各岗位之间的相互合作。

（3）效益与效率功能。物业服务企业的机构设置要从实际出发，以提高项目运营的效率和效益为目的，减少层级，降低管理成本，实现有效监控，提高管理效率。

2. 物业服务企业组织架构

物业服务企业组织架构是表现企业各业务部门的排列顺序、空间位置、聚散状态、信息传递以及管理经营要素运作之间相互关系的一种模式，是实现物业服务经营与管理的一种形态。组织架构在整个管理服务活动中居主导支撑地位，以保证人流、物流、信息流的正常流通，使物业服务企业的经营目标得以顺利实现。物业服务企业组织架构如图 3－1 所示。其中，客户服务中心、工程技术部、安全管理部及保洁绿化部这四个部门作为直接提供客户服务的一线部门，应当具有执行功能，同时应为物业服务企业的管理层做决策提供重要的参考信息；人力资源部、品质管理部和财务部作为二线部门，则起着支持一线部门服务、提供企业后勤保障的作用。

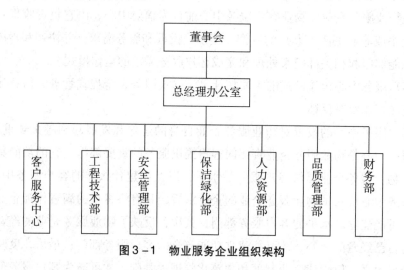

图 3－1　物业服务企业组织架构

图 3－1 所示的物业服务企业组织架构是常见的一种组织架构，随着越来越多的物业服务企业逐渐认识到客户服务中心的重要作用，为了保障以客户服务中心为辐射核心的运营模式能够顺利运行，将客户服务中心摆在组织架构的中心位置，客户服务中心的地位得以不断提高，如图 3－2 所示。

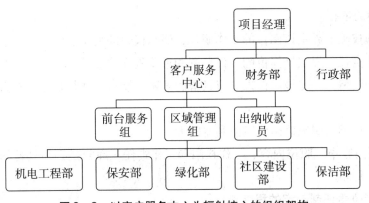

图3-2　以客户服务中心为辐射核心的组织架构

图3-2所示的客户服务中心在物业项目的组织架构中处于核心领导地位。物业服务企业的管理目标是规范公司的内部管理，不断提高服务质量（任何组织机构的设置都是为实现企业的管理目标服务的）。为了保证客户服务中心正常运作，顺利实现企业管理目标，必须保证客户服务中心有足够的资源调配权和业务监督管理权，因此，客户服务中心在组织架构中应处于核心领导地位。它对下属的保安部、机电工程部等职能部门直接实施业务指导与监督管理，各职能部门的日常工作也应围绕客户服务中心的管理目标来展开。

三、物业客户服务中心岗位设置

物业服务企业要想高效率运转，就必须有良好的制度设计作为基础，通过有效的制度约束，减少物业服务企业运行内耗，节约监督管理成本。

（一）岗位责任制的内涵

岗位责任制是指企业在定编、定员的前提下，根据精简、高效、统一的原则，对企业内每个部门和岗位在管理过程中所应承担的工作内容、数量和质量以及完成工作的程序、标准和时限，应有的权力和应负的责任等进行明确规定的一种工作制度，是确保企业良好运转的一项基础制度设计，是按照现代化大生产分工协作原则，以提高企业经济效益为目的，把企业的各项工作内容、性质和特点层层细分到各岗位上，确定各个岗位的职责、权限、利益，形成的权责利对等、岗位利益与员工利益紧密相关的一种管理体制。

1. 企业岗位责任制的制定

完整的企业岗位责任制应包括下列7项内容：

（1）职位名称。对岗位在企业中的名称加以确定，以区别其他岗位。该名称应具有唯一性。

（2）职位内容。职位内容主要对该职位的工作性质、工作数量和工作质量等内容加以界定，应尽可能采用数量的标准，以便进行考核。

（3）技术复杂、难易程度。对该岗位的技术、劳动的难易程度加以界定，并将之作为制定劳动定额的依据。

（4）工作权限。界定该岗位的工作职权，明确权力的大小。

（5）工作责任。界定该岗位的责任范围和重要程度。

（6）任职资格。界定该岗位人员应具备的素质和能力，并将之作为对人员选聘和工作考核的依据。

（7）服务报酬。明确该岗位经济利益的大小。

以上7项内容中，职位内容、工作权限和工作责任三部分是必须具备的内容，其他内容可根据情况取舍。

2. 企业岗位责任制制定的程序

企业岗位责任制的制定，应按先自下而上再由上而下的程序进行：

（1）明确制定岗位责任制的目的、原则和意义，组织全体员工广泛学习，领会精神。

（2）各基层单位讨论、草拟本部门和相关岗位的岗位责任制基本内容，上报上级部门。

（3）上级主管领导根据该岗位的实际情况对上报的基层意见进行审核、修改、完善。

（4）上级部门将修订后的岗位责任制文件下发，正式实施。

（二）物业客户服务中心工作职能

物业客服中心是物业服务企业对外联系、沟通的唯一窗口，所有事情都通过客服中心内部程序处理，不仅能够提高工作效率，也可避免对外工作的多头管理。客服中心与外部关系示意如图3-3所示。

理想的客户服务中心应该具有4个主要职能：

1. 客户关系管理

专门负责开拓与管理客户资源，包括组织已购房客户和潜在客户的各种联谊性活动，以及举办各种旨在加强物业服务企业与客户信任关系的活动。客服关系管理的主要功能是对物业客户资源的管理，同时为客户资源的经营提供依据。

2. 客户投诉处理

专门处理针对物业服务企业的客户投诉，其中也包括与客户的正常信息沟通以及满足客户的正常服务需求。

3. 客户日常服务

①办理客户迁入迁出手续；②办理客户室内装修申请及装修验收的手续并实施监管；③办理客户大件物品放行手续；④办理出入证并控制货物出入；⑤办理车辆的停放手续；⑥办理统一收购废品手续；⑦检查物业项目公用设施的运行状况；⑧负责同客户的沟通工作，受理客户的服务要求等日常服务项目；⑨进行绿化养护、美化保养服务，确保物业项目的绿化布置合理、整洁美观；⑩对物业项目公共区域、走廊通道、公共洗手间、楼层及垃圾房、电梯前室及轿厢实行标准化清扫保洁服务；⑪为客户提供物业增值服务。

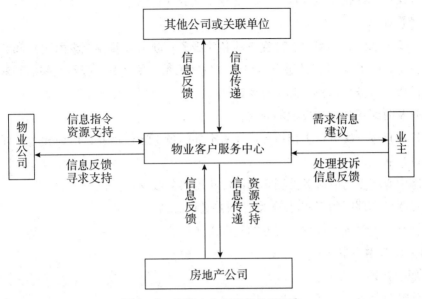

图 3-3 客服中心与外部关系示意

4. 客户档案管理

建立客户数据库，储存有关客户本身以及可能与物业服务企业有关的个人信息，为客户服务工作提供方向，也对物业服务企业的内部运作建立预警机制。

（三）物业客户服务中心各岗位职责

1. 客户服务中心经理

（1）职位描述

①确保部门各项工作顺利进行，以使公司得到更好发展；

②圆满完成各项指标任务；

③依据公司发展战略，结合部门工作制订全年工作计划，并在工作中确保实施；

④编制并审核部门年度费用；

⑤全面负责客户服务中心工作，协助总经理开展各项物业服务活动。

（2）主要职责权限

①在公司质量方针指导下，带领部门员工完成本部门质量目标；

②严格按照公司质量管理体系的要求落实本部门各项工作，保证 ISO 9001 质量体系在部门内部持续、有效运行；

③熟悉本部门各岗位职责、工作内容和考核标准，定期检查各岗位工作情况；

④认真执行物业管理服务法规、政策，总体负责管理和协调所有直接涉及客户的事项；

⑤完成物业管理服务相关费用的收费率指标任务；

⑥负责保洁、绿化、垃圾清运等外委专业服务项目的招标，对外委公司提供的专业服务进行质量管理；

⑦负责策划和组织落实为客户提供的各项服务、联谊（每年至少两次）和交流活动；

⑧与占有50%以上产权的重点客户建立良好关系，保持其与公司之间的有效沟通，为其提供最优质的服务，以保证其满意率达标；

⑨每月及时纠正和改进发现的问题；

⑩负责对直接下属进行工作指导以及对本部门员工进行培养、培训和考核评定，并帮助员工制订发展规划；

⑪编制中心年度物业服务费测算和部门年度财务收支预算；

⑫负责制订本部门的工作月/年度计划并进行总结；

⑬服从领导，完成上级领导交办的其他工作。

2. 客户服务中心主任

（1）职位描述

①协助客户服务中心经理开展工作；

②负责各楼座客户的日常管理及处理各类投诉事件；

③物业费的收取；

④业主的入住（租户入住）及二次装修工作；

⑤向客户提供优质的服务。

（2）主要职责权限

①严格按照公司质量管理体系的要求，落实与本岗位相关的各项工作；

②熟悉本专业各岗位职责、工作内容和考核标准，定期检查各岗位工作情况；

③认真执行物业管理服务法规、政策，总体负责管理和协调辖区内所有直接涉及客户的事项；

④全面掌握辖区内客户情况，合理、高效地安排各项客户服务工作，圆满完成任务；

⑤完成辖区内物业管理服务相关费用的收费率指标任务；

⑥随时关注辖区内客户的意见和要求，及时给予解决和回应，对客户的潜在需求保持高度的敏感性，积极提出合理化建议；

⑦认真关注公共设施的完好情况和公共区域形象建设情况，发现问题及时跟进解决，无法解决的及时上报；

⑧对遭遇紧急突发事件影响的客户，需到现场处理紧急事项，并跟进善后工作；

⑨就客户服务工作的改进和完善向上级领导提出意见和建议；

⑩与辖区内客户建立良好关系，保持重点客户与公司之间的有效沟通，为其提供最优质的服务，以保证其满意率达标；

⑪负责辖区内有偿服务的推广工作和客户意见的反馈；

⑫负责对客户服务中心助理进行工作指导以及培养、培训和考核评定；

⑬服从领导，协助部门经理工作，完成上级领导交办的其他工作。

3. 客户服务中心助理

（1）职位描述

①协助客户服务中心主任工作，完成客服中心工作目标、指标任务；

②认真做好物业项目公共区域的巡视、检查工作；

③与住户保持良好的沟通。

（2）主要职责权限

①严格按照公司质量管理体系的要求，落实与本岗位相关的各项工作；

②协助客户服务中心主任对辖区内所有直接涉及客户的事务进行处理和协调；

③收取辖区内物业管理服务相关费用，达到收费率指标；

④与辖区内客户建立良好关系，随时关注辖区内客户的意见和要求，并及时给予解决和回应，对客户的潜在需求保持高度的敏感性，积极提出合理化建议；

⑤认真关注公共设施的完好情况和公共区域形象建设情况，发现问题及时跟进解决，无法解决的及时上报；

⑥就客户服务工作的改进和完善向上级领导提出意见和建议；

⑦负责辖区内客户档案的整理与存档工作；

⑧负责辖区内有偿服务的推广工作和客户意见的反馈；

⑨服从领导，协助客户服务中心主任工作，完成上级领导交办的其他工作。

4. 客户服务中心前台服务员

（1）职位描述

①负责所管理物业项目前台的问询、接待工作；

②负责向所管理物业客户传送通知、账单等文件；

③协助客户服务中心助理打印文件、报表等；

④完成客户服务中心工作目标、指标任务；

⑤确保物业项目接待工作的顺利进行；

⑥维护物业公司良好形象。

（2）主要职责权限

①严格按照公司质量管理体系的要求，落实与本岗位相关的各项工作；

②严格执行前台接待服务规范，做到仪表端庄、态度和蔼、热情大方、反应敏捷、处事稳健，以端正的仪态、饱满的工作热情和充分的耐心接待每一位来访、来电客户，树立物业服务企业服务窗口的良好形象；

③负责为业主办理入住、装修手续；

④按接待来访规定做好来访登记工作，对电话预约的来访，要及时通知有关领导或部门，对突然来访者，要报告有关领导或部门后再约时间接待；

⑤负责接待及处理业主咨询、投诉工作，并定期进行回访；

⑥完成上级领导临时交办的工作。

任务二　物业客户服务人员的职业素质

职业素质是指劳动者在一定的生理和心理条件基础上，通过教育、劳动实践和自我修养等途径形成和发展起来的在职业活动中发挥重要作用的内在基本品质。职业素质由思想政治素质、职业道德素质、科学文化素质、专业知识和技能素质、身心素质等构成。

思想政治素质是指人们在政治上的信念或信仰，包括世界观、价值观。思想政治素质是职业素质的灵魂，对其他素质起着统率作用，决定着其他素质的性质和方向。

职业道德素质是指劳动者在职业活动中通过教育和修养而形成的职业道德方面的状况和水平。良好的职业道德素质能够促使劳动者忠实地履行自己的职责。

科学文化素质是指人们对自然、社会、思维、科学知识等人类文化成果的认识和掌握程度，它不仅影响着人的生活质量，也影响、改变着人的思想观念，是职业素质的基础。

专业知识和技能素质是职业素质最具特色的内容，它最能体现人们在从事某种职业时专业知识和技能方面的水平高低。

身心素质包括身体素质和心理素质，它是劳动者从事职业活动的重要条件，也是事业成功的基础。只有身体健康、精力充沛，才能以积极的态度面对生活和工作中的困难和挫折。

一、物业客服人员的职业道德

职业道德是指人们在职业活动中所遵循的行为规范的总和。它既是一般社会道德在特定的职业活动中的体现，又突出了在特定职业领域内特殊的道德要求。它不但是对本行业人员在职业活动中行为准则的要求，而且是本行业对社会所负的道德责任和义务。每个从业人员，无论从事哪种职业，在职业活动中都要遵守职业道德：教师要为人师表，医生要救死扶伤，国家干部要廉洁奉公，物业服务人员也应当遵循服务至上的职业道德，用优质的服务追求最高的业主满意率。

1. 职业道德的特点

（1）职业道德具有适用范围的有限性。职业道德是与人们的职业活动紧密相连的，一定的职业道德规则只适用于特定的职业活动领域，带有各自不同的个性特征，鲜明地体现着社会对某种具体职业活动的特殊要求，它往往只约束从事该行业和职业的人员以及他们在职业活动中的行为。

（2）职业道德具有发展的历史继承性。由于职业具有不断发展和世代延续的特征，不仅技术世代延续，其管理方法也有一定的历史继承性。如客户至上，从古至今一直都是服务行业的职业道德规范。

（3）职业道德表达形式的多样性。社会分工越来越细，职业也就越来越多。为了保证职业活动的正常进行，各行各业都有对自身较为具体、细致的规定，通过条例、章程、守则、制度、公约等形式做出规定，具有更强的约束力。

（4）职业道德兼有强烈的纪律性。纪律也是一种行为规范，它既要求人们自觉遵守，又带有一定的强制性。职业道德以制度、章程、条例的形式表达时，职业道德就具备了纪律的规范性，带有纪律性。

（5）职业道德具有鲜明的时代性。虽然职业活动代代相传，不同时代的职业道德有着许多相同的内容，但是事物都是随着时代的发展而发展的，职业道德也随着时代的变化而不断发展，因而每一时期的职业道德，一方面，始终从一个侧面反映当时整个社会道德的现状，具有时代特征；另一方面，随着经济的发展和科技的进步，一些新的行业诞生，新的行业的职业道德也将应运而生。

2. 职业道德的社会作用

职业道德是社会道德体系的重要组成部分，它一方面具有社会道德的一般作用，另一方面具有自身的特殊作用。

（1）调节职业交往中从业人员内部以及从业人员与服务对象间的关系。职业道德的基本职能是调节职能。一方面，它可以调节从业人员内部的关系，即运用职业道德规范约束从业人员内部行为，促进从业人员内部团结与合作。例如，职业道德规范要求各行各业的从业人员都要团结、互助、爱岗、敬业、齐心协力地为本行业、本职业发展服务。另一方面职业道德又可以调节从业人员和服务对象之间的关系。例如，职业道德规定了制造产品的工人要怎样对用户负责，医生怎样对病人负责，教师怎样对学生负责等。

（2）有助于维护和提高本行业的信誉。一个行业、一个企业的信誉，也就是它们的形象、信用和声誉，反映了社会公众对该行业或企业及其产品与服务的信任程度。提高企业的信誉主要靠提高产品的质量和服务品质，而从业人员职业道德水平高是产品质量和服务品质的有效保证。若从业人员职业道德水平不高，是很难生产出优质的产品和提供优质的服务的。

（3）促进本行业的发展。行业、企业的发展有赖于高的经济效益，而高的经济效益依靠高的员工素质。员工素质主要包含知识、能力、责任心三个方面，其中责任心是最重要的。职业道德水平高的从业人员，其责任心是极强的，因此，良好的职业道德能促进本行业的发展。

（4）有助于提高全社会的道德水平。职业道德是整个社会道德的主要内容。职业道德一方面涉及每个从业者如何对待职业，如何对待工作，是一个从业人员生活态度、价值观念的表现，是一个人的道德意识、道德行为发展的成熟阶段，具有较强的稳定性和连续性；另一方面职业道德也是一个职业集体甚至一个行业全体人员的行为表现。如果每个行业、每个职业集体都具备优良的道德，就会对整个社会道德水平的提高发挥重要作用。

3. 物业服务人员应具备良好的职业道德

良好的职业道德主要包括：是否具有良好的职业态度，在工作中是否体现了优良的职业风范，是否从内心深处认同职业规则并表现出很好的职业素养。例如，物业客户服务中心经理应该具备真心实意为客户服务的意识，认同公司的企业文化和战略规划。如果前台服务人员不具备良好的职业素质，不按流程和规范办事，将形成一个动态的恶性循环，导致物业服务工作的混乱和客户的抱怨。因此，每一个从事物业服务的人，都应该具备良好的职业道德。

（1）忠于职守，尽职尽责。各行各业所有工作人员，都要忠于职守，热爱自己的岗位，这是对每一个人的基本要求，也是职业道德中的首要要求，是工作规范中的第一条。

忠于职守，尽职尽责，要求物业服务人员具有强烈的事业心和责任感，不擅权越位，不掺杂私心杂念，不渎职。在工作中，凡属于自己工作范围内的工作，应千方百计地完成，真正为业主创造"安全、舒适、宁静、方便"的工作、学习、生活环境。

（2）兢兢业业，热情服务。物业服务是为公众服务的，接触的是各种性格、各种职业、各种文化层次、各种素质修养的人。服务对象的多样性，要求物业服务人员要有很好的心理素质、很好的适应性，任何时候都要认真、细致、勤恳、谨慎地工作，这样才能得到众多业主的认可。

（3）积极主动，讲求实效。物业服务内容多、范围广、时间紧、情况复杂，这是从事物业服务工作的每一个人都能体会到的事实。大到房屋修缮，小到一盏楼道灯的修理等，要想服务好业主，必须依靠全体物业服务人员的积极性和主动性，讲求实效。如属于不立即修复就有可能发生危险的问题，无论如何必须马上采取措施，避免险情。如果是一般问题，即使当时不会发生危险，也应当日答复业主。

（4）实事求是，办事公道。物业服务人员必须坚持实事求是、办事公道的工作作风。一切从实际出发，不夸大，不缩小，客观、正确地对待问题，实事求是地解决业主提出的问题。为业主服务时，切实做到公平合理，支持合情、合理、合法的行为，反对无情、无理、违法的行为，遇到情理与法律相矛盾的情况，要依法办事。

（5）遵守纪律，奉公守法。遵守纪律、奉公守法不仅是每一个合格公民的义务，还是物业服务人员进行正常工作的基本条件和基本要求。遵守纪律，就是要求物业服务人员按照企业的规章制度按时出勤，上班时不做与本职工作无关的事，坚守岗位，集中精神把工作做好。奉公守法，就是要求物业服务人员在职业活动中坚持原则，不利用职务之便牟取私利，进行权钱交易。物业服务人员要一心为企业，一心为用户，与企业共荣辱，在自己的实际行动中抑制不正之风，认真学习和模范遵守国家法律，以自己的实际行动去影响、带动周围群众，搞好物业区域内的精神文明建设。

（6）谦虚谨慎，文明礼貌。物业服务人员应做到虚怀若谷，取人之长，补己之短，不盛气凌人。只有始终保持谦虚谨慎的态度，才能搞好合作、协调矛盾、推动工作。文明礼貌应该是物业服务人员的行为准则，要求物业服务人员对待工作耐心、细致，态度热情，尊重他人意见，听取别人意见，不把自己的意志强加给别人。

（7）刻苦学习，提高素质。俗话说"活到老，学到老"，现在所处的时代日新月异，物业服务中出现的问题日趋复杂，这就要求物业服务人员不断提高自身素质，以适应工作需要。目前，国际上普遍都在开展终身教育、继续教育，物业服务人员当然也要参加到各类学习中来。

（8）钻研业务，掌握技能。随着物业服务内容的增多、范围的扩大、要求的不断提高，物业服务人员不仅要掌握原有的业务知识，还要学习现代化的管理知识、业务技能，必须了解和掌握建筑业和物业管理服务中的新知识、新工艺、新办法、新成果，并结合我国的实际情况，将其运用到物业服务中。

4. 物业客服人员应具备的道德品质

（1）"客户至上"的服务观念。

（2）忍耐与宽容。忍耐与宽容是优秀的客户服务人员应具备的素养，是面对无理客户的法宝。优秀的客户服务人员要有包容心，要包容和理解客户。

（3）不轻易承诺。通常很多企业都有要求：不轻易承诺，说到就要做到。客户服务人员不要轻易地承诺，随便答应客户做什么，这样会使工作陷入被动的局面。但是客户服务人员必须遵守自己的诺言，一旦答应客户，就要尽心尽力做到。

（4）勇于承担责任。在工作中会不可避免地出现失误，客户服务中心是企业的服务窗口，出现问题的时候，不应推卸责任，而应该勇于承担责任，化解矛盾，解决问题。

（5）拥有博爱之心。这个博爱之心是指"人人为我，我为人人"的思想境界。

（6）谦虚。

（7）强烈的集体荣誉感。

二、物业客服人员的职业技能

职业技能是劳动者职业素质在能力上集中和综合的表现，它是在职业实践的基础上，经过劳动者个人全面素质尤其是多种技能组合而形成的。职业技能是现代社会发展和科技进步对劳动者提出的必然要求。

职业技能是一个人胜任职业活动的主观条件，是指个体执行或完成职业活动或成功地应对职业活动中发生的特殊情况的表现，是可以由个体自由控制并受动机影响的表现，是人具有的职业素质的外化。职业技能可以分解为从事职业活动所需要的专业技能、方法技能、社会技能和实践技能。

1. 专业技能

专业技能是指从事某一特定职业所必须具备的特殊的或较强的能力，强调对职业活动技术领域的应用性和针对性。

各种职业的工作性质、社会责任、工作内容、工作方法、服务对象和服务手段不同，对从业者的专业技能要求也有所不同。物业服务行业需要多方面的专业人才，没有一定的专业知识和专业技能是无法从事物业服务工作的。

（1）现代服务管理知识。物业客服人员必须具备一定的现代服务管理知识。随着物业行业的发展，物业企业的管理更加规范，物业企业实行现代化、科学化的管理以降低成本、提高效益。因此，物业服务人员只有具有科学头脑、科学思想，运用科学的管理手段武装自己，才能更好地从事服务管理工作。

（2）物业管理服务的专业技巧。熟练的专业技巧是客户服务人员的必备技能。每个企业的客服部门和客户服务人员都需要学习多方面的专业技能，如良好的倾听能力、良好的语言表达能力、专业的客户服务电话接听技巧、优雅的形体语言表达技巧、敏锐的洞察力、丰富的行业知识及经验。客户服务人员除了要掌握一定的客户服务技巧外，还要懂得一定的房屋建筑、机电设备、上下水、保洁绿化、治安消防等物业专业知识。不管做哪个行业，都需要具备专业知识和经验。客户服务人员不但要能跟客户沟通，而且要能够解释客户提出的问题。

（3）物业服务人员必须掌握现代化办公手段。信息时代，计算机和网络已经成为现代人生活、工作中不可或缺的技术手段。越来越多的物业服务企业采用信息化管理系统，使用计算机和网络构建信息化物业管理服务平台，来实现物业科学化、信息化管理。作为物业服务人员，也应该掌握物业信息化管理系统的使用技能，以使物业客户服务工作更加高效。

2. 方法技能

方法技能是指从事职业活动所需要的工作方法、学习方法等相关技能，强调在职业活动中运用这些方法的合理性、逻辑性和创造性。物业服务人员面对的主要服务对象是形形色色的人，要学会对不同的业主灵活地采用不同的服务方式，尽量满足业主的合理要求，减少因服务不周带来的纠纷。

3. 社会技能

社会技能是指从事职业活动所需要的适应社会、融入社会的技能，强调在职业活动中对社会的适应性，重视从业者应具有的积极的人生态度。社会技能包括交往与合作能力、塑造自我形象的能力、自我控制能力、反省能力、抗挫折能力、适应变化的能力、组织和执行任务的能力、推销自我的能力、判断能力、竞争能力等。

物业客服人员应具备的社会技能有：

（1）良好的人际关系沟通能力。客户服务人员具备良好的人际关系沟通能力，跟客户之间的交往就会变得更顺畅。对于客服人员而言，良好的组织、沟通、协调能力是不可或缺的重要素质，具备这些素质，物业客服工作中的各项矛盾往往可以大事化小、小事化无，反之，则误会重重、隔阂加深。

①应注重与客户的沟通。在日常的生活和工作中，应与客户保持及时、真诚、有效的沟通，而不是局限于一年几次的客户意见征询活动。

②应注重与员工的沟通。团队的力量是伟大的，客户服务人员应致力于为员工营造一

个团结协作、和谐创新、快速执行、积极进取的工作氛围，这不仅需要规范化的管理和企业文化的"滋润"，更需要员工之间真诚、有效的沟通，以充分调动他们的积极性。

③应注重与其他部门沟通。客户服务中心虽然重要，但也离不开其他部门的协同配合，只有与其他部门及时、有效地沟通及协调配合，才能为业主提供优质、快捷的服务。

（2）独立处理工作的能力。优秀的客户服务人员必须能独当一面，具备独立处理工作的能力。一般来说，企业都要求客户服务人员能够独当一面，也就是说，要能自己去处理客户服务中的很多棘手问题。

（3）分析、解决问题的能力。优秀的客户服务人员不仅需要做好客户服务工作，还要善于思考，提出工作的合理化建议，有分析、解决问题的能力，要能够帮助客户分析、解决一些实际问题。

（4）人际关系的协调能力。优秀的客户服务人员不仅要能做好客户服务工作，还要善于协调同事之间的关系，以达到提高工作效率的目的。人际关系的协调能力是指在客户服务部门中，和自己的员工、自己的同事协调好关系的能力。有的时候，同事之间关系紧张、不愉快，会直接影响到客户服务的工作效果。

4. 实践技能

实践技能是人们在改造自然和改造社会的有意识的活动中体现出来的技能，强调在改造自然、改造社会的过程中表现出来的能动性和实际操作能力。

物业客服小专家

在一家物业服务企业的招聘中，有7位应聘者进入最后一轮"终试"，一起竞争客服助理的职位。为此，公司人事部专门安排了一次"实验室观察"实验：在实验室（墙上有单向玻璃，可以在外面看到实验室内的情况）中事先布置了简单的工作环境，并将7位应聘者同时安排在其中，告诉他们在室内等候并可以自己取水饮用。

其间，办公桌上的电话响起3次，2次问事，1次找人，A女士均主动拿起电话，开口"您好"，礼貌地向来电者解释，并外出为来电者找人，通话结束不忘说"再见"。实验者又安排一人进入房间，坐在一旁，A女士主动起身为他倒了一杯水。

在A女士转身回到自己的座位还未坐定的时候，总经理已决定聘用A女士。

或许其他竞争者比A女士有更好的学习成绩、更优秀的外在条件，也能去做A女士所做的一切却不屑去做。但是，正是A女士这些简单又普通的行为，反映出她良好的综合职业技能，她成为最终的胜利者。

对于每一个人来说，职业技能的形成都会经历从无到有、不断提高的过程。每一个从业者都应该有意识、有计划地提高自身的综合技能。

首先，通过自身努力在职业实践中提高职业技能。综合职业技能是在长期职业实践中逐渐形成的，通过自己的努力，职业能力是可以不断提高的。一方面，在实践中要有意识地积累经验并予以升华，以指导自己的职业活动；另一方面，虚心向前辈学习，在职业技能的提高上可以产生事半功倍的效果。

其次，要珍惜学习机会，自觉提高职业技能。努力学习专业知识，增强科技意识，加强专业技能训练，是提高职业技能的有效途径。专业知识是提高职业技能的基础，科技意识是现代从业人员的必备意识，专业技能训练不仅有利于专业技能的强化，也有利于综合能力的提高。

最后，挖掘潜能，强化职业技能。潜能一般意义上是指存在于身心深处，未被自己或他人察觉，也未能得到开发和利用的潜在能力。每个人都蕴藏着不同的潜能，如果有意识地拓宽自己的兴趣范围，增强自信心，去尝试一些未曾做过但有益于专业发展的事情，就有可能挖掘自身潜能。挖掘自身潜能，不仅有利于拓宽自己的事业范围，也是使自己的职业生涯能够持续发展的重要因素之一。所以，每一个人都要重视挖掘自身的潜能，一旦发现自己具备某种潜能，一定要有意识地去培养、锻炼、提高这种能力，使之转化为自己职业技能的组成部分。

三、物业客服人员的心理素质

心理素质是指个体在心理过程（感知、情感、意志）、个性心理（气质、性格、能力）等方面所具有的基本特征和品质。它是一个人在思想和行为上表现出来的稳定的心理倾向和特征。不同行业对其从业人员的心理素质要求是不同的，物业客服人员应具备的心理素质包括：

1. 适度的感受性和灵敏性

感受性是客服人员对来自客户的信息的反应强烈程度。过强的感受性会造成客服人员精力分散、精神紧张，从而影响服务质量；而过弱的感受性则会使客服人员对周围发生的事情反应迟钝，对客户漠不关心，怠慢客户，这样会降低客户服务满意度。

灵敏性是客服人员对来自客户的信息的反应敏捷度。过高的灵敏性（反应速度过快）会让客户对客服人员产生不稳重甚至敷衍了事的感觉；而过低的灵敏性（反应速度太慢）则会延误服务时机，使客户感到受冷落。

因此，物业客服人员在为客户提供服务时，要做到适度的感受性和灵敏性，热情周到，但不能急躁敷衍，要按照工作流程有条理地为客户提供服务。

2. 良好的情感倾向

情感是人心理活动过程的一个重要方面，它与人的需要紧密相连。在日常生活中，当需要被满足时，人们会产生喜欢、愉快、满意等积极情感；反之，当需要没有被满足或被否定时，人们就会产生憎恨、痛苦、耻辱等消极情感。任何一种情感都会影响人的思想和行为。客户服务应该为客户提供积极的情感体验，因此，客服人员在情感上也应该是积极向上的。

（1）以积极情感为主导，一方面保持良好心态，培养积极情感，另一方面要对客户宽容，凡事从积极方面思考解决，维系一个和谐的氛围，创造与客户共同的积极情感环境。这就需要客服人员在自己的工作岗位上不断地调整自己的心态，无论遇到什么困难和挫折，都不能轻言放弃，要保持一个积极进取、永不言败的良好心态。

（2）对本职工作怀有深厚的情感。客服人员应该对客户和服务工作有着浓厚的情感，在工作中充满热情，不能凭一时兴趣、一时冲动行事，而应该在服务工作的方方面面体现出对客户的关怀、对服务工作的热爱。这种深厚的情感，可以帮助客服人员提高对挫折、打击的承受能力。很多客户服务人员每天都要面对各种各样的误解甚至辱骂，更有甚者，有些投诉可能夸大其词，这时更是考验一个客服人员的心理承受能力。如果客服人员对本职工作怀有深厚的感情，那么这份情感就会帮助客服人员克服挫折、承受打击。

（3）要有稳定而持久的情感。稳定而持久的情感是指在相当长一段时间内不变化的情感，具有稳定而持久的情感的客服人员，常常会把积极的情感稳定而持久地控制在对服务工作的热情上，控制在为客户服务上，其积极的工作态度始终如一。

3. 良好的意志品质

意志品质是人们为了实现预定目标而自觉努力的一种心理过程。客服工作是极其复杂的工作，需要客服人员不断地克服由各种主观原因造成的心理障碍。只有不断增强意志力，才能做好服务工作。

（1）自觉性。自觉性强的客服人员，在服务工作中会自觉支配自己的行动，不断提高自己的专业服务水平，虚心请教，克服种种不足及各种困难，不断进取；而自觉性差的人，对任何工作都不能坚持，他们仅凭兴趣做事，怨天尤人，抗挫折能力差，最终导致工作质量低下，甚至给整个服务工作带来不可弥补的负面影响。

（2）果断性。果断性强的人善于迅速根据情况的变化采取相应措施。在客服工作中，面对的人形形色色，面对的情况千变万化，各种矛盾复杂多变，客服人员应具有驾驭整个事态的能力，在变化的事态中，能全面考虑，权衡利弊，恰到好处地利用一切可以利用的条件，不失时机地正确处理问题，使事态能沿着预定目标发展，达到预期效果。

（3）自制力。自制力是一种对个人情感、行为的自我约束力。自制力强的人能够控制自己的情绪，无论在什么情况下都能镇定自若，善于把握自己的行为尺度，不失礼于人。

（4）应变力。客户服务人员每天都面对着不同的客户，很多时候会有一些突发事件，这就需要具备一定的应变力，特别是在处理一些恶性事件的时候，要处变不惊。

4. 良好的心理调控能力

（1）情绪的自我掌控及调节能力。客服人员每天要接待很多客户，其间可能会遭受误解，甚至辱骂，这就需要客服人员适当调整自己的情绪，不要将消极情绪转移到后续的工作中。

（2）满负荷情感付出的支持能力。客服人员要以饱满的热情对待每一位客户，从而体现公司对每一位客户的重视和良好的客户服务水平。

物业客服小专家

优质物业客户服务从重新认识自我开始

　　物业项目拥有的优越地理位置和完善的配套设施，并不能够完全保障业主享受到优质的管理和服务。虽然硬件是影响物业管理服务的重要因素，但要在漫长的物业项目经营活动中保持高水准的管理服务和良好声誉，最重要的还是尊重和关注业主。而这一切都要从物业企业员工对自我的正确认识开始。下面通过员工服务潜能测试来看一看你是否具备物业服务企业从业人员的基本条件和服务素质吧。

员工服务潜能测试

意识、能力描述	自测内容	分数评定	自测内容
自我控制能力	我完全能够控制自己的情绪	10, 9, 8, 7, 6, 5, 4, 3, 2, 1	我很难控制自己的情绪
情绪把握能力	即使对方对我态度冷淡，我也能对其保持友好	10, 9, 8, 7, 6, 5, 4, 3, 2, 1	如果别人对我不好，我当然会不高兴
个人影响力	我喜欢认识更多的人，并乐意与人相处	10, 9, 8, 7, 6, 5, 4, 3, 2, 1	我很难与陌生人相处
个人亲和力	我的微笑是发自内心的	10, 9, 8, 7, 6, 5, 4, 3, 2, 1	保持严肃和不苟言笑是我的性格
协调能力	我非常愿意别人因为看到我而心情愉快	10, 9, 8, 7, 6, 5, 4, 3, 2, 1	我不会迎合他人，特别是那些我不熟悉的人
奉献精神	我愿意为别人服务，人人为我，我为人人	10, 9, 8, 7, 6, 5, 4, 3, 2, 1	我不喜欢麻烦别人，也不喜欢别人麻烦我
包容能力	即便我没有做错，我也不介意表示歉意	10, 9, 8, 7, 6, 5, 4, 3, 2, 1	如果我没有做错，就不应该道歉
沟通能力	我为自己善于与别人沟通而感到自豪	10, 9, 8, 7, 6, 5, 4, 3, 2, 1	我不善于与人沟通，情愿以书面形式与人交往
未来发展潜力	我善于记住别人的名字和相貌	10, 9, 8, 7, 6, 5, 4, 3, 2, 1	如果没有机会再见到某个人，就没必要去记住他的名字和面孔

意识、能力描述	自测内容	分数评定	自测内容
自我表现能力	我经常保持整洁的仪表，并会进行适当的装扮和修饰	10，9，8，7，6，5，4，3，2，1	我不喜欢打扮自己，愿意保持自然和随意

使用说明：以上测试表格主要考查物业客户服务人员的服务意识以及行为能力，被测试人员按照"意识、能力描述"横向作答，"分数评定"共分为10档，根据个人实际情况按照两端极限"自测内容"的趋向进行分数选择。测试题总共10题，满分为100分，如果你的测试分数在80分以上，就说明你非常适合从事客户服务工作，并会在工作中有较出色的表现；如果你的测试得分为50~80分，那么说明你还需进一步学习与人交往方面的知识和服务沟通技巧；如果测试得分在50分以下，则说明如果你想要从事物业客户服务工作，还要比别人付出更多的精力和勇气去改变目前的处事态度和生活方式。

任务三　物业客户服务团队建设技能训练

理论测试

一、填空题

1. 物业客户服务中心是物业服务企业以_____为辐射中心，由它负责收集、接待、汇总客户（业主或非业主使用人）的咨询、建议、投诉和服务需求，并协调和指挥物业服务企业内各职能部门和相关部门来处理和完成客户服务需求的运作模式。

2. 理想的客户服务中心应该具有4个主要职能：_____、_____和_____、_____。

3. 物业客户服务中心运作模式的主要特征是：_____、_____、信息流畅、_____、快速应答、及时反馈。

4. 物业服务企业组织架构是表现企业各业务部门的_____、_____、聚散状态、信息传递以及管理经营要素运作之间相互关系的一种模式，是实现物业服务经营与管理的一种形态。

5. _____是指劳动者在一定的生理和心理条件基础上，通过教育、劳动实践和自我修养等途径形成和发展起来的在职业活动中发挥重要作用的内在基本品质。

二、选择题

1. 物业服务企业机构设置的功能包括（　　　）。

A. 服务性功能　　　B. 效益功能　　　C. 合作性功能　　　D. 效率功能

2. 员工履行职业道德规范，需要加强（　　　）方面的修养。

A. 职业观念　　　B. 职业情感　　　C. 职业理想　　　D 职业良心

67

3. 职业责任的特点是（　　）。

A. 许多职业责任没有明文规定，因此职业责任缺乏明确的规定

B. 员工物质利益的取得与其职业责任直接挂钩

C. 以何种态度对待职业，反映着员工职业责任状况

D. 职业责任属于道德范畴，与法律、纪律没有任何关联

4. 关于从业人员的做法，以下违背办事公道要求的是（　　）。

A. 某公园告示：军人免费。但某军人未带证件，公园管理人员拒绝其免费进入

B. 某公交车的一名乘务员要求一名青年人为一位老年人让座，但青年人未予理睬

C. 某列车乘警发现一个乘客行为异常，为了安全拒绝他乘坐该列火车

D. 某酒店来了一位穿着简朴的客人，服务员以影响企业形象为由将其拒之门外

5. 以下服务人员对顾客的回复属于"忌语"的是（　　）。

A. 快点，别磨蹭　　　　　B. 对不起，零钱不够用了，你自己出去换吧

C. 您已经看了半天了，到底买不买，也该决定了吧

D. 这里是你说了算还是我说了算

6. 关于诚实守信，正确的说法是（　　）。

A. 诚实守信就是精诚所至，金石为开

B. 诚实守信不反对人们在日常生活中撒一点儿小谎

C. 诚实守信不符合人们的利益

D. 诚实守信符合做人的要求，但不符合做事的要求

三、简答题

1. 岗位责任制的制定原则有哪些？

2. 物业服务人员应具备哪些良好的职业道德？

3. 物业服务人员应具备哪些道德品质？

4. 物业服务人员要具备哪些综合职业能力？

5. 结合本章所学内容，分析自己现在具备哪些职业能力，有哪些优势和不足，并制订一个提高自己职业能力的计划。

6. 物业客户服务中心的概念是什么？其主要特征和具体的职能有哪些？

技能训练

[实训项目] 编写某物业服务企业的客户服务中心职责和岗位说明及素质要求。

[实训目标] 通过组织学生实地调查某物业服务企业，讨论并编制某物业服务企业客户服务中心的职责和岗位说明，让学生了解物业客户服务中心的重要性，掌握物业客户服务中心的职责及其各个岗位职责，进一步了解各个岗位对工作人员各方面素质的要求，使学生明白自己在今后需要提升哪方面的素质、技能，扩充专业知识。

[实训内容] 根据给定的物业项目情况，设计客户服务中心岗位，编制客户服务中心

职责和岗位说明，列出各岗位对客服人员的素质要求。

[**实训组织**] ①以项目团队为学习小组，小组规模一般是 3～4 人，以组内异质、组间同质为分组指导原则，小组的各项工作由小组长负责指挥协调；②建立沟通协调机制，团队成员共同参与，协作完成任务；③各项目团队根据实训内容互相交流、讨论并点评。

[**实训考核**] 各项目团队提交实训报告，并根据报告进行评估。

某物业服务企业的客户服务中心职责和岗位说明及素质要求设计评分表

被考评人		考评地点			
考评内容	考评标准	分值/分	自我评价/分	小组评议/分	实际得分/分
专业知识技能掌握	客户服务中心在物业服务企业中的地位	了解	10			
	客户服务中心各岗位职责和素质要求	掌握	20			
	设计客服岗位职责	掌握	20			
	报告完成情况	完成	10			
通用能力培养	物业客服人员应具备的职业道德	在任务完成过程中，体现物业客服人员的职业道德	10			
	学习态度	积极主动，不怕困难，勇于探索，态度认真	5			
	运用知识的能力	能够熟练自如地运用所学知识进行分析	15			
	团队分工合作	能融入集体，愿意接受任务并积极完成	10			
合计			100			

注：1. 实际得分 = 自我评价 ×40% + 小组评价 ×60%。

2. 考评满分为 100 分，60 分以下为不及格，60～74 分为及格，75～84 分为良好，85 分及以上为优秀。

思政园地

一、思政目标

培养学生遵规守纪、勇于担当、修身立命的品质。

二、知识点

物业客户服务人员的职业素质。

三、思政元素

社会主义合格建设者和接班人的培养。

四、融入途径

1. 案例导入："全心全意为您服务"——万科客户服务中心——无规矩不成方圆。

2. 观点讨论：单位里，有的人常有"特权"，这种"不成文的规定"对企业发展有害还是有利？

3. 个人练习：列出你觉得最重要的 5 项职业素养。

项目四　物业客户服务质量管理

学习目标

知识目标：1. 了解并掌握服务质量的含义、内容、影响因素。

2. 了解物业客户服务质量标准的重要性。

3. 了解物业客户服务标准的实施与考核。

能力目标：1. 能够列出物业客户服务标准要素。

2. 能够为物业服务企业制定优质客户服务标准。

素质目标：具有标准化意识，能够按照物业从业人员标准严格要求自己。

思政目标：培养学生的创新思维和全心全意服务的意识。

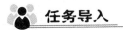

服务品质就是华润物业的品牌①

在这个快速变化与更新的时代，华润大厦在硬件设施上成功做到了十年不落伍。如果说超前的硬件是华润物业物质上的有力保障的话，那优质的服务这个"软件"便是华润物业可持续发展的生命线。服务的精细化不是企业自身空喊的口号，它渗透到企业的日常管理和服务中，经得起时间考验。从2005年开始，北京华润物业就聘请国际知名的盖洛普公司进行客户满意度的第三方调查。结果显示，华润大厦的客户满意度连续三年达到了95%以上，2007年度公司客户忠诚度调查结果也高达81%。而这些数字的背后，凝聚了华润物业无微不至的精细化服务。2019年，华润物业科技进入房企物业客户满意度排名前四位，稳居行业第一梯队。"高品质的基础物业服务是华润物业科技的立命之本"。2018年华润物业提出了"悦服务"的品牌概念，"悦服务"聚焦品质物业，秉持华润置地"高品质基因"和"客群细分的立场"的两大原则，围绕三重用心标准——"安心"保障、"舒心"宜居、"悉心"服务，为不同需求的客户群体创造定制化的四大高品质生活提案，

---

① 来源于网络，有修改。

以客群细分的视角重塑服务价值。

在华润物业客户服务处，备有移动电话快速充电器、雨伞免费借用处、小型医药箱、小型工具箱、轮椅……大厦的租户只要办理简单手续或缴纳少量租金就可以免费使用，华润物业从细节处为大厦租户提供无微不至的服务，解决了租户的不时之需和燃眉之急。另外，在大厦首层的大堂南侧设有免费擦鞋机，租户可自助使用；三层客户服务处可为有紧急需要的租户提供复印或本地传真服务；大厦首层西侧通道内设有中国网通磁卡电话；此外，还提供花卉、饮用桶装水的订购服务，租户拨打物业客服处电话便可订购……

入住华润大厦的企业类型各异，华润物业对它们进行了分类，并根据不同租户的企业类别提供不同的全程特色服务。在企业入住之初就导入专门项目小组，从如何进行适合本企业的装修到后期应该注意什么问题，提供周到、细致的服务。

"有满意的员工，才有满意的服务"，正是每个华润物业员工细致、周到的服务才让华润大厦的租户有口皆碑，他们本身成就了华润物业的鲜活品牌。

华润物业十分重视员工建设和员工管理模式。

在华润物业的墙壁上有一张别致的壁报，刊登的是"2008 年第一季度的季度服务明星和爱岗敬业奖"，照片中各部门受表彰员工笑得质朴而真诚。华润物业公司每年都会举行这样的激励活动，年末还会评选出 5% 的年度优秀员工，成为全企业的标杆人物，激发他们的斗志。公司还增设了"总经理特别奖"，旨在充分关注和肯定一线员工，使他们渴望被认可和欣赏的心理得到满足。这也对管理人员提出了更高的要求，敦促管理层给予一线员工更多的关注和尊重。

华润物业严格按照 ISO 9001、ISO 14001、ISO 45001 体系的标准规范员工的工作程序，把各项规则渗透到公司日常工作流程的管理中，针对不同岗位制定不同的作业办法和评价标准，并进行有效的绩效考核；企业还聘请专业的力资源管理咨询公司对员工敬业度进行调查，同时引入平衡记分卡的运作流程，充分调动员工的主观能动性，让员工能者多劳、多劳多得；华润物业还重营造浓厚的学习氛围，对员工采取分级培训，使员工素质得到全方位的提升，并组织优秀员工赴深圳、上海等地参观考察；倡导"一专多能"，鼓励员工多学多做，把合适的人放在合适的岗位上；当某个管理职位空缺时，公司会首先考虑在现有员工中寻找合适人选，使员工获得更多的晋升机会；公司还定期组织各种活动，使员工的业余生活丰富多彩，使员工对公司产生一种"家"的归属感……华润物业对全体员工的这种高度责任感，使员工感到了自己和企业共同成长，真正实践了"员工实现了自我价值，企业才能实现社会价值"的企业格言，实现了企业利益和员工利益的共同最大化！

任务分析 ▶▶▶

服务硬件、服务软件和服务人员是物业客户服务标准的三大要素，华润物业正是在这三个方面都做得出色，才连续三年达到了 95% 以上的高客户满意度，以及 81% 的高客户忠诚度，以精细化服务造就了华润物业的高品质服务，赢得了客户的高认同度。

 知识探究

任务一 服务质量概述

服务质量是客户感知服务的关键，尤其是在只提供服务商品的情况下，服务质量更是客户评价服务的主要因素。物业服务企业的服务质量同样关系着业主对物业服务的满意程度，更进一步影响着物业服务费的收取情况。物业服务企业唯有不断提高服务质量，才能在竞争激烈的市场中生存。

一、服务质量的含义

服务质量是服务能够满足规定和潜在需求的特征和特性的总和，是服务工作能够满足被服务者需求的程度，是企业为使目标客户满意而提供的最低服务水平，也是企业保持这一预定服务水平的连贯性程度。

对于物业服务企业而言，物业服务是满足业主的需求，为业主提供具有功能性、经济性、安全性、时间性、舒适性和文明性的服务，根据物业服务企业自身的服务水平满足业主的期望，并通过优化的服务流程和服务人员服务标准的制定与实施来保证服务质量的连续性。

此外，值得我们注意的是，客户满意度和服务质量之间是有明显区别的。服务质量是人们通过长期的、全面性的评价而形成的看法或态度，而客户满意度是一次性的对特定交易的判断。客户的满意水平是指客户在接受某一特定服务时对服务质量的感知效果与期望值之间的差异水平。这也说明对客户满意度的衡量需要消费者的体验，而对质量的评估则不需要这些。

二、服务质量的内容

从服务质量的概念中我们可以看出服务质量与服务过程、服务结果有关，服务质量包括客户接受的产出和客户接受的方式，即技术质量和功能质量（见图 4 - 1）。

1. 技术质量

技术质量是指客户从服务过程中所得到的东西，即服务的结果。这对于客户评价服务质量具有重要意义。物业服务企业为业主提供如房屋设施设备维护、绿化保洁、治安消防等常规性公共服务，以及各种专项、特约服务，通过这些服务为业主提供一个整洁、舒适、安全的生活、工作环境，达到延长物业的使用寿命等功效，就是物业服务的结果，这

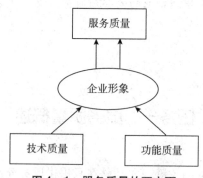

图 4 - 1　服务质量的两方面

是其技术质量。技术质量只是客户感知服务质量的一部分内容，而不是全部内容。

2. 功能质量

功能质量是指客户接受服务的方式及其在接受服务过程中的体验，这都会对客户所感知的服务质量产生影响，这就是服务质量的另外一个组成部分。这个组成部分与服务接触中的关键时刻紧密相关，它所说明的是服务提供者如何工作。例如，物业客户服务人员在提供各项物业服务过程中的言行举止、客服人员的服务态度、上门维修服务的速度等。

技术质量和功能质量构成了服务质量的两方面内容，物业服务企业在提高服务质量的过程中，一方面要重视提高技术质量，精心设计服务体系，另一方面要重视物业服务人员与业主之间的接触，加强服务过程的质量管理，即提高功能质量。此外，在业主评价物业服务企业的服务质量时，企业的形象不可避免地会影响到客户对服务质量的认知与体验。因此，除了技术质量和功能质量外，企业形象在服务质量评价中会起到"过滤器"的作用。

三、影响服务质量的因素

服务质量的好坏主要由服务产品的性质所体现。服务产品的无形性、差异性等特点，使得服务产品的感知质量很难用固定标准来衡量。20 世纪 80 年代，服务质量五维度模型被提出，该模型将服务质量分为五个影响因素：可靠性、响应性、保证性、移情性和有形性。这五个因素是客户对感知服务质量评价的最基本依据。客户从这五个方面将预期服务与接收到的服务相比较，最终形成对感知服务质量的判断（见图 4 - 2）。当感知超出预期时，服务被认为具有特别质量，会令客户产生惊喜；当没有达到期望时，服务注定是不可能被接受的；当期望与感知一致时，质量是令人满意的。期望服务（ES）则受到口碑、个人需求和过去经历的影响。实际服务（PS）是客户实际感受到的服务质量。下面介绍客户感受服务质量的五个因素：

1. 可靠性——按照承诺行事

可靠性是服务质量最基本的影响因素。可靠性是指企业准确地履行服务承诺的能力。

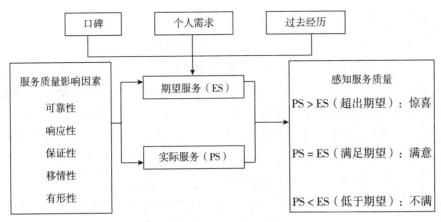

图 4 - 2 服务质量判断

可靠的服务行为是客户所期望的,它意味着企业在服务过程中避免差错,也意味着企业会兑现当初所做的承诺。为业主提供物业服务的可靠性也就体现在物业服务合同中物业服务企业与业主约定的各项服务条款能否完全兑现上。

2. 响应性——主动帮助客户

响应性指帮助客户并迅速提供有效服务的能力,体现了服务人员对客户需求的感受程度、热情态度和反应能力等。让客户等待,特别是无原因地等待,会对服务质量感知造成不必要的消极影响。服务时,迅速解决问题会给质量感知带来积极的影响。服务人员应做好随时为客户提供服务的准备,例如,迅速回复客户的电话、主动询问客户遇到了什么困难等。物业服务中,快速响应尤为重要。例如,某业主家里的水管崩裂,如果维修人员不能快速响应,迅速赶到现场,则会给该业主和邻居造成很大的经济损失,影响他们正常的生活、工作。

3. 保证性——激发信任感

保证性是指员工所具有的专业知识、友好态度以及员工表达出的自信和可信的能力。它描述的是客户接受服务时对服务人员的信任程度、服务人员的自信以及他们提供服务时的礼貌和能力。服务的保证性能增强客户对企业服务质量的信心和安全感。保证性包括四个方面的特征:完成服务、胜任工作的能力,对客户礼貌、尊敬、友好的态度,与客户有效的沟通,急客户之所急的服务意识。

4. 移情性——将客户作为个体对待

移情性是指企业要设身处地地为客户着想以及给予客户特别关注。移情性的本质是通过个性化的或者客户化的服务使每一个客户都感到自己是唯一的和特殊的,能够感受到企业对他们的理解和重视。移情性表现为对客户的关心和细致入微的关怀。移情性具有以下特点:接近客户的能力、敏感性和有效理解客户需求的能力。一些优秀的物业服务经理会特意记下业主的姓名,并且十分了解不同业主的性格和爱好,掌握他们的需求,像朋友一样对待业主,这让业主对他们的服务很满意,评价很高。

5. 有形性——以有形物来代表服务

有形性是指服务产品的有形部分，包括有形的设施和设备、服务人员的仪表以及物理环境等。客户通常会在接受服务之前通过这些有形的因素对服务质量进行预先评价。例如，到餐馆用餐，客户往往会根据餐馆的大小、卫生条件、服务人员的着装等情况对餐馆的服务质量做出预先的猜测和评价。服务的有形性从两个方面影响着客户对服务质量的认识，一方面它们提供了服务质量本身的有形线索，另一方面它们又直接影响客户对服务质量的感知。例如，小区物业整体的绿化环境、物业服务中心的外观和内部装饰、物业服务人员的仪表等，都可以体现该物业服务企业的服务质量水平。

以上五个因素在不同行业侧重点是不同的，物业服务企业在检验自身服务质量时需要从以上五个因素出发，进行细致的分析。在以上五点中，响应性、移情性和保证性是客户和服务人员接触情况的最直接体现。客户对服务的意见主要依赖于为客户直接提供服务的人员的态度和服务；当然，有些也部分依赖于服务人员的衣着、精神风貌和个人卫生等。此外，服务的提供方式与服务效果和性质同样重要。客户在评价服务质量时，不但要根据服务最终效果而且要根据服务流程进行评价。客户的满意度不但依据服务的效果而定，也依据他们的消费过程而定。

任务二　物业客户服务质量标准制定

物业服务企业对服务质量的管理贯穿于整个服务运作过程，而不是仅仅依赖事后的检查和控制，因此，服务流程、服务设施与工作设计、服务人员表现等都将体现出服务质量的好坏。其中，服务人员的表现及其与客户的互动关系，更是影响客户对服务质量感知与评价的重要因素，可见，人的因素在服务质量的评价中极为重要。所以，在改善服务质量方面，企业应根据服务的特性，真正理解客户看重的服务质量，有效地激励员工并采取相应工作制定服务质量标准，按照合理、有效的服务流程办事，使企业的服务质量得到提高。

一、制定物业客户服务质量标准的重要性

制定优质、有效的物业客户服务质量标准，对于物业服务企业来说尤为重要。

1. 国家对物业管理服务的质量保障十分重视

国家和地方相继出台相关文件，《普通住宅小区物业管理服务等级标准（试行）》（中物协〔2004〕1号）、《物业管理条例》等一系列规章制度的出台，从政策层面规范了物业服务企业的服务标准，使物业服务企业不得不重视自身服务质量和物业管理水平的提高。

2. 物业服务行业是劳动密集型行业，更需要以质量赢得业主的信赖

物业服务行业本身就是微利行业，物业服务企业自身也是微利企业，是劳动密集型企

业。无论是保安、绿化，还是清洁、维修，都是密集型劳动，产生的利润很低。只有达到相应的服务标准，才有权利收取较高的物业服务费。而物业服务收费难是长期困扰物业服务企业发展的"老大难"问题，不交、少交、欠交物业服务费在物业服务行业已经成为司空见惯的现象，成为制约物业服务企业生存和发展的瓶颈。作为物业服务企业，解决这一难题最有效的途径，就是千方百计地为广大业主提供优质的服务，让广大业主觉得物有所值。可以说，服务是物业服务企业的宗旨，只有通过优质、高标准的服务来满足业主的需求，为业主创造良好的工作和生活环境，才能取得物业服务企业与业主"双赢"的结果。

3. 规范化的服务质量标准是对物业服务企业和员工的监督与约束

规范化的服务质量标准为物业客服团队和服务人员设定了明确的工作目标，使他们清楚自己努力工作的意义和必须达到的要求，使他们有了工作的目标和方向，从而瞄准目标，向着正确的方向共同努力，这也无形中增强了他们的合作精神。此外，清晰、简洁、量化和可行的优质服务标准构成了对所有服务行为期望的共同基础。同时，规范化的服务质量标准是企业评价员工服务质量的依据，可以作为服务人员选拔和录用的决策文件，也是客户服务人员工作职责的具体描绘，它将贯彻到员工的培训工作中，进而将这些服务标准转化为客户服务人员更为具体的、细小的操作标准。此外，物业服务企业制定的优质客户服务标准，不仅对物业服务企业和员工开展物业客户服务工作起到指导作用，这些服务标准也是企业对广大业主的服务承诺，对物业服务企业和员工起到监督和约束作用。

所以，物业服务企业需要建立完善的物业客户质量服务标准，规范服务流程，服务人员要守信用、守承诺，认真履行物业服务合同，且不折不扣地执行，给广大业主信任感、踏实感，提升业主的满意度。

二、物业客户服务标准的要素

一般企业的客户服务标准包括三大要素，即服务硬件、服务软件和服务人员。这三个要素相辅相成，缺一不可，物业服务企业也不例外。

1. 服务硬件

服务硬件是企业开展客户服务所必需的各种物质条件。它是企业客户服务的"外包装"，起到向客户传递服务信息的作用，它是企业开展客户服务工作必须具备的基础条件，也是将无形服务转化为有形商品的首要因素，它为客户的服务体验奠定了基调。

服务硬件一般包括以下几个方面：

（1）服务地点。一般来说，客户在消费服务时希望更方便、更快捷，因此，服务地点距离自己更近，能够更方便地获得企业及时、高效的服务，成为客户选择服务企业的重要因素。对于物业服务企业而言，物业客户服务中心的选址问题也应该考虑到业主或非业主使用人的便捷问题，既要使业主方便地享受到物业客户服务，又不影响业主生活、工作的方便性。

（2）服务设施。服务设施主要是指企业为客户提供产品或服务所必需的基本工具、装备等。服务设施包括质量和数量两个方面，设施的质量决定了企业为客户提供服务的好坏，设施的数量决定着企业提供服务能力的大小。物业所配备的设施设备本身就是物业服务企业管理服务的对象，这些设施设备的正常运转，本身就体现着物业服务企业服务质量的好坏。

（3）服务环境。服务环境主要是指企业为客户提供服务的空间环境的各种因素，包括服务场所的内外装修、环境的色彩、空间大小、光线明亮程度、空气清新度、环境卫生清洁度、温度与湿度、空气气味、家具的风格与舒适度、座位的安排等。它是客户购买产品或接受服务过程中影响服务体验的主要因素。物业服务企业通过服务为业主提供安全、舒适、优美的生活、工作环境，因此维护和保养环境的意义，对物业服务企业来说要大于其他服务企业。而物业客服中心的装修，则应与管辖的物业风格、水平相匹配。

2. 服务软件

服务软件是指开展客户服务的程序和系统，它涵盖了客户服务工作开展所需的所有程序和系统，提供了满足客户所需的各种机制和途径。

服务软件有以下几种特性：

（1）时间性。时间性是指企业为客户提供服务时完成服务的时间情况，服务的每个过程、每个步骤都应该规定具体的完成时间。

（2）流畅性。流畅性是指企业为客户提供服务时，企业内部各部门、各系统、各员工之间相互配合、相互合作，以使服务能顺利、流畅完成的情况。

（3）弹性。弹性是指企业为客户提供服务时，企业的服务系统根据客户的实际需要及时调整、灵活处理的特性。

（4）预见性。预见性是指企业为客户提供服务时对客户的需要进行准确的预测，主动为客户提供服务的特性。

（5）沟通渠道。为了保证企业客户服务系统的正常运行，及时了解客户的实际需要，以便向客户提供优质的服务，企业内部以及企业与客户之间必须保持畅通的沟通渠道。

（6）客户反馈。企业必须建立有效而可观测的客户反馈系统，以便及时了解客户对服务工作的意见、客户的想法、客户对服务满意与否。

（7）组织和监管。企业对客户服务部门和服务人员进行有效的监督和管理，有利于客户服务系统正常运行。

3. 服务人员

企业的服务硬件和服务软件是理性的、规则的，服务人员的服务意识、服务精神以及他们在服务过程中的一言一行等个性化的东西，决定着服务质量的好坏。

服务人员的个人因素包括以下几个方面：

（1）仪表。在为客户提供服务时，服务人员形象的好坏对客户的心理活动产生着积极或消极的影响。企业要制定能使客户留下良好印象、产生良好情绪的符合仪表要求的有利于形成和谐氛围的外在指标，如男士服务人员头发长度不能盖过耳朵，不能留奇形怪状的发型,不能染发,不许留胡子,指甲不能过长;女士脸部适当着淡妆,着装统一,佩戴服务牌等。

(2)态度。客户服务人员的态度体现在服务人员的表情、身体语言及说话的语气、语调等方面,它是客户对企业客户服务质量评价的重要方面,也是评价客户对企业提供的服务满意与否的重要指标。企业要针对服务态度制定可观测指标,如服务人员在为客户提供服务时要微笑,与客户交谈时眼睛要注视对方,语气要平和委婉,站立时手势摆放应得体等。

(3)关注。关注是指要满足客户独特的需要和需求。这种关注或关心是敏感的,它认同客户的个性,要求以一种独特的方式对待每一位客户。企业要制定出以何种方式向客户表示关注,如何才能使客户感觉受到特别对待,需要对哪些不同的客户保持不断变化的、敏感的关注,企业和服务人员为满足客户这些独特的需要具体要做什么等方面的标准。

(4)得体。得体不仅包括如何发出信息,还包括语言的选择运用。某些语言会使客户感到不适,因此,要注意避免使用这些语言。企业要制定客户服务人员在开展客户服务时的具体语言要求。例如,在不同的环境下,说哪些话比较合适;在与客户打交道的过程中,哪些话是必须要说的;应该怎么称呼客户;应该在什么时候称呼客户名字,频率是多少等。

(5)指导。指导包括服务人员如何帮助客户;如何指导客户做出购买决定,对客户提出劝告和提供建议;在为客户提供帮助的过程中,应该配备什么资源;服务人员需要具备什么知识水平才能提供正确的指导;企业如何了解服务人员的知识水平是否达到标准以及如何衡量这个标准等。

(6)服务技巧。服务技巧包括客户服务人员的看、听、说、笑、动方面的沟通技巧,解决问题、处理投诉、化解危机、化解矛盾的技巧,以及抵抗心理压力,保持乐观心态、饱满精神面貌的技巧。服务技巧是服务人员必须具备的基本技能。

(7)有礼貌地解决问题。客户不满时怎么办,如何使客户转怒为喜,如何对待粗鲁、难以应付的客户,应该由谁负责处理客户的投诉,他们的权力范围有多大等,如何观察和衡量这些指标,这是解决问题时应全面考虑的问题。

三、制定物业客户服务标准

(一)制定物业客户优质服务标准的指导原则

1. 相关员工应参与设计并认可服务标准

服务标准应有相关员工参与设计并经其认可,如果有可能,还可以让业主参与。客户服务人员是处于服务第一线的员工,对业主的需求最了解,也最有发言权。因此,在制定企业客户服务标准时,应该让企业的服务员工参与设计,并得到他们的认可,只有这样,企业制定的服务标准才可能切合实际,才可能使企业的服务员工不折不扣地执行服务标准；同时，在有条件的情况下，邀请业主委员会和业主代表参与物业客户服务标准制定，这样一方面能使制定出来的服务标准更加切合业主的实际需要，另一方面也密切了物业服务企业与业主的联系，使标准能够得到更好的贯彻和实施。

2. 服务标准应该近乎零缺陷

就如企业的服务应该尽可能地追求人性化的零缺陷一样，企业制定的服务标准也必须考虑到不同业主形形色色的需求，尽可能地令每一位业主都得到满意、周到的服务。

3. 清晰陈述服务标准

服务标准应该被清晰地陈述并且以书面形式完整地表述出来，企业制定服务标准是为了更好地开展客户服务工作，最大限度地使业主满意，因此，企业制定的服务标准应该以书面的形式清晰地表述出来，以使客户服务人员能够更好地理解和执行，也使业主能够有依据地对企业的客户服务工作进行监督。

4. 服务标准必须能满足业主的要求

物业服务企业开展客户服务工作的最终目的就是满足业主的需要，因此，在制定服务标准的时候，必须将业主物质方面和精神方面的要求体现出来。

5. 服务标准必须现实可行、通俗易懂

企业制定的服务标准不是摆设，而是用来执行的。因此，企业要从自身实际情况出发，制定既能满足业主需要又是本企业切实能够做到且对企业客户服务员工和业主来说都是通俗易懂的标准。

6. 服务标准必须得到其他职能部门和上层管理者的支持

服务标准的具体执行者是物业客户服务员工，而物业客户服务中心开展客户服务工作离不开其他职能部门和上层管理者提供的物质保障以及精神支持，否则，客户服务工作将难以顺利进行，服务标准就不会起作用。

7. 标准一旦确定，就不允许出现偏差

企业的服务标准确定之后，公布时必须准确，执行时必须不折不扣，不能出现任何偏差。

8. 如果标准不适用或已经过时，必须予以修正

随着社会科技水平的向前发展和人民生活水平的不断提高，业主对物业服务的需求趋于多样化，对物业服务水平的要求也不断提高，因此，物业服务企业要定期和不定期地对不适用或已经过时的物业服务标准予以修正，使企业服务质量进一步提高，更好地满足业主的需要。在必要时，物业客户服务人员必须确认新标准，掌握新的服务技术和技巧，以更好地开展服务工作。

9. 服务标准应该反映出组织的目标

服务标准应该体现出物业服务企业的经营服务理念和客户服务目标，只有在严格的服务标准前提下提供优质的物业客户服务，才能使客户满意，从而使物业服务企业的经营目标得以实现。

10. 既要认真制定服务标准，又要认真贯彻服务标准

物业服务企业既要根据自身的实际情况和业主的实际需要认真制定切实可行的服务标准，又要认真按照标准的要求严格贯彻和执行服务标准。

（二）制定物业企业优质客户服务标准的步骤

制定优质客户服务标准是一个不断循环的过程，一般分为四个步骤：①分解服务过程；②找出每个细节的关键因素；③把关键因素转化为服务标准；④根据客户的需求对标准重新进行评估和修改。

1. 分解服务过程——绘制服务圈

制定企业优质客户服务标准的第一步就是要分解业务服务过程，也就是把客户在企业所经历的服务过程细化，然后放大，进而找出影响客户服务体验的每一个要素，找出制定服务标准的关键点。这一过程可以通过绘制服务圈来完成。

物业服务企业岗位不同，服务圈肯定有所不同，因此，在绘制服务圈时要结合行业、企业、岗位的特点。服务圈画出来之后，要检查有没有遗漏，确定关键步骤在哪里。下面我们通过绘制业主在接受维修服务时的服务圈来揭示维修服务中的关键步骤，如图 4－3 所示。

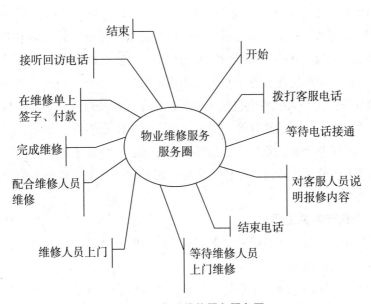

图 4－3　物业维修服务服务圈

绘制服务圈的好处是可以帮助企业用客户的眼光去看待问题，站在客户的角度去体验服务过程。该项工作最好由直接参与的一线员工或高级顾问来做。同时，在绘制服务圈的过程中要遵循以下操作原则：

（1）以尽可能完美的结局结束服务。有人认为一个项目的开始和结尾在客户的眼里具有同等重要的地位，但实际上，服务项目的结尾将长时间、深刻地留在客户的记忆中，因此，它比其他任何一个环节都重要得多。这并不是说在项目的开始提供基本满意的服务不重要，但是如果企业的服务项目以相对低层次的服务手法开始，以高层次的服务内容结尾，这种呈上扬态势的过程肯定比高高兴兴开始、平平淡淡结束要好得多。即使不能真正做到以巨大的成功结束，那么至少要让它看起来不错。例如，在物业维修服务中，最后的回访工作很重要，通过回访来了解业主对物业服务的满意程度，能让业主感受到物业服务企业对自己认真、负责的态度。

（2）尽早去除负面影响。行为科学已经告诉我们，在一系列包含正负结果的事件中，人们往往愿意先接受负面的结果，这样可以避免过分担心，也会让他们有更好的心理承受能力，他们希望在最后得到正面的、积极的结果。在开展服务的过程中，有些服务会导致客户产生痛感，这些不愉快通常出现在服务过程的早期，因此，在服务过程的最后，弱化和消除客户这种不愉快的记忆是非常必要的。例如，在物业维修服务中，可能存在由于维修人员派工紧张，不能准时到达业主家中维修的情况，一旦出现这种情况，客服人员应尽早告知业主，并尽早消除负面影响。

（3）分割快乐、捆绑痛苦。如果将经历分成片段，整个过程看起来似乎要比实际过程长许多，而人们对自己的失去和获取的反应往往不太对称。比如，人们购买彩票，一次赢得100元和两次分别赢得50元，如果让人选择其一的话，相信大多数人会选择宁愿赢得两次；而如果同样是拿100元去购买彩票，一次购买100元而一分钱都不中和分两次购买每次各花费50元也都是一分不中，恐怕绝大多数人希望只是一次不中。因此，物业服务企业应该将令人愉悦的经历分成若干小段，而将不愉快的经历"捆绑"为一个整体。

（4）承诺选择性。当人们相信自己可以控制一个过程的时候，会感到自己被重视。因此，如果可以让客户有一定的选择性，那么客户会更加配合服务。比如，当业主需要维修服务时，很多物业服务企业让业主自己选择维修时间，既为业主提供了便利，又使物业服务企业了解维修工作的紧急程度，维修人员可以优先到达发生严重故障的修理现场，实现人力资源的有效配置。

2. 找出每个细节的关键因素

在上一个步骤中，我们通过绘制服务圈的方式对服务过程进行了分解，下面我们要找出每个服务步骤的关键因素。

以物业维修服务为例，业主在拨打客服电话的过程中，希望的是客服电话不占线，而且能够很快有人应答。也就是说，在这个步骤中，保证客服热线畅通，并且在电话铃响三声之内能够有人应答，是这个细节的关键因素。

关键因素的影响分析应从客户的视角出发，要对服务体验的关键因素进行描述，为企业提供更多的参考和指导。运用得当的话，关键因素影响分析可以发现客户关注的要点，并最终令企业为客户提供更好的服务体验。表4-1是业主给物业客服中心打电话的关键因素影响分析。

表4-1   业主给物业客服中心打电话的关键因素影响分析

服务体验的提升因素	标准性期望	服务体验的诋毁因素
• 客服人员拥有悦耳的嗓音和抑扬顿挫的语调 • 客服人员非常有礼貌，可以感觉到客服人员在微笑着与业主通话 • 客服人员设身处地为业主着想 • 客服人员能够理解业主遇到的问题或境遇，并且知道怎么做 • 客服人员能够耐心听业主描述问题，并明白了业主所要表达的意思 • 客服人员待人亲切、体贴 • 客服人员主动向业主预约维修时间 • 客服人员会告知业主以后应如何防范此类问题再次发生	• 业主只需要打一个电话就能联系到客服人员 • 业主要受到礼貌、公正的接待 • 客服人员口齿清晰 • 电话不能太忙，占线时间短 • 客服人员应在合理的时间内做出应答 • 客服人员能够如实回答问题 • 客服人员能够与业主愉快地对话 • 客服人员说话的方式应让人感到其理解了业主的表述 • 客服人员应该表现得有能力、乐于助人和善解人意 • 客服人员应向业主承诺一个合理的解决问题的期限 • 客服人员应准确地解释接下来将发生什么事情	• 业主不能理解客服人员的话 • 业主要拨打两次以上才能打通电话 • 不得不听一段录音，耽误时间 • 拿着电话却听不到任何声音，使人怀疑电话线路已被切断 • 客服人员听起来像在千篇一律地回答常规性问题 • 感觉客服人员在催促业主说话，没有耐心 • 客服人员听起来很没有礼貌 • 客服人员在接听业主电话的同时还在跟其他人说话 • 客服人员的声音听起来无精打采，像是在应付业主的电话 • 客服人员在电话里和业主争吵

客户服务管理专家经过长期的研究，总结出了影响客户服务体验的26个关键因素（见表4-2），物业客户服务标准的制定也可以参照这26个关键因素。

表4-2   影响客户服务体验的26个关键因素

序号	内容	序号	内容
1	服务收费合理	14	站在客户的角度看问题
2	工作人员举止优雅，有礼貌	15	没有刁难客户的隐藏制度
3	清洁的环境	16	倾听
4	令人感觉愉快的环境	17	耐心处理客户的问题
5	温馨的服务氛围	18	效率和安全兼顾
6	具有可以帮助客户成长的事物	19	令人放心
7	让客户得到满足	20	尊重客户
8	为客户提供方便	21	客户能被认同与接受
9	提供售前和售后服务	22	客户感受到自己受到重视
10	工作人员认识并熟悉客户	23	有合理的能迅速处理客户抱怨的渠道
11	产品或服务具有吸引力	24	不会让客户等待太久
12	兴趣	25	专业的人员
13	提供完整的选择	26	前后一致的待客态度

3. 把关键因素转化为服务标准

一些细微的事情往往可能影响到某一个关键因素，因此，物业管理服务工作要从细节入手，不放过每一个细节，质量管理与细节管理齐抓，注重物业管理、精细化管理的督导检查，并将其纳入绩效考核指标；注重质量检查过程中细节接触点的检查、修正和完善，确保满足客户的需求，持续提高客户的满意度和对企业的忠诚度。

以物业客户服务中心"便捷性感觉"为例，制定接待服务标准：

（1）客户服务中心每天接待业主来访，受理业主咨询、报修、投诉、缴费等业务。

（2）全天 24 小时开放客户服务热线，随时随地满足客户需求。

（3）客服中心配备多部专线电话，保证客服电话随时接通。

（4）开通线上交流平台。

（5）如业主需要，可安排客服人员上门收取物业服务费。

（6）提供代寄信件、代缴水电燃气费及其他代办服务。

（7）搭建物业服务信息平台，各类信息及时在公司网站、公众号公示。

（8）停电、停水等各类通知及时、准确地在公共区域显著位置的信息栏中张贴。

4. 根据客户的需求对标准重新进行评估和修改

企业制定出客户服务标准之后，要切实落地实施，并收集客户的反馈，再根据客户的反馈对标准重新进行评估和修改，以达到优化标准、使客户得到更优质服务的目的。

（三）制定企业优质客户服务标准要注意避免的误区

1. 标准越严格越好的误区

许多企业认为标准越严格越好，这样可能出现"小餐馆采用五星级大酒店标准"的现象。如果"小餐馆"真的采取了"五星级大酒店"的标准，那么，其结果必将是：一方面吓跑原来的客户，另一方面不能将出入"大酒店"的客户吸引过来。物业服务也是如此，物业服务企业应按照所管辖物业的实际情况，以及企业自身的情况，结合业主需求制定符合业主期望、切合实际的、可操作的标准。

2. 标准没必要让客户知道的误区

一些企业制定出服务标准之后，只在企业客户服务员工的范围内公布，或者将其封存在文件档案中。这些企业认为，服务标准是企业对客户服务人员提出的要求，没有必要让客户知道。其实，企业制定的服务标准是否真正得到贯彻执行，不但需要企业管理机构的监督，而且需要客户的监督，而客户的监督是最好的监督。

3. 标准越细致越好的误区

一些企业在制定服务标准时，总认为标准制定得越细致越好，每种情况都罗列清楚，结果使服务缺乏弹性，执行起来也很教条。标准并不是越细致越好，而是要侧重考虑客户的实际需要和客户满意度。

4. 为"标准"而标准的误区

企业制定服务标准是为了保证服务质量和满足客户的需求，而不是为了拥有标准而制定标准。更为重要的是，标准制定出来后，是要被切实地贯彻实施的，否则标准会成为一纸空文，发挥不了它应有的作用。

任务三　物业客户服务标准的实施与考核

物业客户服务标准制定出来之后，必须加以贯彻和实施，以为业主提供优质的物业服务，使业主获得最大的利益，从而物业服务企业才能获得相应的经济效益，这样才能体现出客户服务标准制定的价值。

贯彻和实施标准必须有相应的系统作支持和保障，服务质量评价体系就是标准实施的有力保障。

服务质量评价系统包括三个子系统：服务审核系统、员工反馈系统和客户反馈系统。

一、服务审核系统

1. 服务审核系统的含义

服务审核系统是企业定期考核服务系统运行情况的组织形式，该系统采用一定的方法和手段来测定服务系统完善与否。

服务审核系统用于识别、认可和奖励优质服务行为，突出和强化企业所期望的客户服务行为，但如果企业将其作为批评、指责员工的工具，就会导致员工的不信任和抵触情绪，这样将破坏开展优质客户服务的气氛。所以，在使用服务审核系统的时候要科学、合理、人性化。

2. 服务审核系统的运作

第一步，要明确优质客户服务重要的、可观测的关键指标。企业要归纳出一些可测量或可观察的优质客户服务标准指标数据，并将之作为实施优质服务的关键指标。

第二步，根据实施优质服务的关键指标，编制服务审核表（见表4-3）。该表格勾勒出了优质服务目标的关键性指标，同时指出了成功的服务需具备的至关重要的因素。

表4-3　　　　　　　　　　某物业服务企业客服人员服务审核表

关键指标	优质客户服务要求	评价分值
时间性	①电话铃响3声内接起电话； ②接到报修立即填写维修工单，并将维修工单转到工程部； ③接到报修电话后30分钟内到达现场，急修保证在15分钟内赶到现场	2、1、0、-1

续　表

关键指标	优质客户服务要求	评价分值
有组织的流程	按照流程为业主办理各种手续	2、1、0、-1
预见性	每日巡查1次小区房屋单元门、楼梯通道以及其他共用部位的门窗、玻璃等，做好巡查记录，并及时维修养护	2、1、0、-1
交流	①设置24小时客服热线，并保证电话畅通； ②每次停电、停水都及时通知业主	2、1、0、-1
语言	①语言得体； ②语气友好，令人感觉轻松	2、1、0、-1
肢体语言	①制服整齐、干净，上班时间佩戴员工卡； ②举止端庄得体，站、坐、立、行标准； ③用友好、热情的微笑欢迎业主； ④保持与业主的目光交流	2、1、0、-1
礼貌地解决问题	耐心听取业主的抱怨和投诉，并对业主的境遇表示同情，尽可能解决问题，使业主满意	2、1、0、-1

注：评价分值的含义——2超标；1达标；0未达标；-1没有做。

第三步，通过服务审核表对员工的服务进行评价。

第四步，根据评价给予员工相应的物质或精神奖励，或是相应的惩罚，但惩罚手段要慎用。

二、员工反馈系统

1. 员工反馈系统的含义

员工反馈系统就是企业管理者对员工的工作表现加以观察，并与员工进行信息分享的系统。利用这一系统，管理者和员工可共同对客户服务质量加以检查。

2. 员工反馈系统的作用

（1）掌握员工的客户服务行为。

（2）信息共享。

（3）思想交流。

3. 向客服人员提供信息反馈的途径

（1）每日向客户服务人员提供口头反馈。管理者向员工分享积极的信息，会对员工的工作行为产生强有力的影响。管理者给员工的日常表现予以积极的反馈，不但有利于创造一种良好的工作环境，而且有利于实现其所期望的优质客户服务。口头反馈能够使员工产生自信、自豪和受人重视的感觉，它能够创造出一支坚强的、有凝聚力的客户服务团队。

（2）列出衡量个人以及小组客户服务表现的方法。必须连续不断地向所有从事客户服务的员工提供有关他们业绩的反馈，形成客户服务成绩表。客户服务成绩表包括但不限于以下信息：客户的总人数、感谢信的数量、客户投诉次数、客户满意度调查、服务审核分数、服务速度与效率评估。

三、客户反馈系统

1. 客户反馈系统的含义

客户反馈系统是企业采取一定的方法和手段，以了解客户对服务人员服务质量评价的系统。

物业服务企业的客户反馈系统必须精心计划、周密组织，以使物业服务企业能够获取足够的业主反馈信息。所以物业服务企业必须建立通畅的业主反馈渠道，可以采取以下措施：

（1）走出去与业主进行面对面的交谈，如主动上门拜访业主；

（2）组织专门的小组共同讨论问题，如邀请一些业主参与公开的交流会，或直接找业主委员会组织这样的交流会，与业主一起探讨物业管理服务的一些问题；

（3）定期进行业主满意度调查，也可以通过上门访问或电话访问进行；

（4）在业主经常出入的地方设立意见箱和反馈表；

（5）重视每次业主报修后的回访工作，在回访中可以了解业主对本次维修工作的意见，也可以借此机会了解更多的业主诉求；

（6）妥善处理业主的投诉，对于一些重要的业主投诉，可以让较高级别的员工处理。

2. 客户信息反馈的障碍

在服务行业普遍存在的现象是许多客户往往不提出反馈，这并不是因为他们没有意见，而是存在着两个障碍：①客户不相信反馈会起作用，也就不愿意将自己的精力和时间浪费在反馈上。②客户通常不容易接近有决定权的人。

为了解除客户信息反馈的障碍，物业服务企业应该从中吸取经验教训：各级管理层都应重视客户反馈系统的作用；保障各条反馈渠道的畅通；收到反馈信息尽快给予答复；收到抱怨、投诉时要立刻反应，及时处理；把获得业主反馈信息的能力作为考核和评估管理人员年度工作的指标之一。

物业客服小专家

北京市质量技术监督局、北京市住房和城乡建设委员会联合发布了《住宅物业服务标准》（以下简称《标准》），将物业服务标准体系分为5级。据悉，以地方标准形式发布物业服务等级标准，这在全国尚属首例。

北京市住建委相关负责人表示，《标准》在结构和内容设置上强化了物业共用部位和共用设施设备的运行、维修养护管理，包括房屋结构、建筑部件、空调系统、二次供水设施、排水系统、照明和电气设备、安全防范系统、电梯、水景、消防设施设备等的日常运行和维修养护，占《标准》全部内容的50%以上；《标准》要求每个物业项目配备房屋建筑安全管理员，三级标准以上的还要求每年组织业主参观共用设施设备机房。

《标准》对物业服务事项予以细化，将服务划分为5个等级。其中，最高一级的服务标准规定，遇水、电急迫性报修，物业须在15分钟内到达现场，其他报修30分钟内到达现场；业主或使用人提出的意见、建议、投诉，要在1个工作日内回复；物业每日清运1次生活垃圾，清洁1次楼道、楼梯地面；雨后4小时道路无成片积水，雨后天晴1日内恢复道路清洁水平；降雪时及时清扫积雪，铲除结冰，夜间降雪的，主要道路的冰雪在次日9时前清扫干净等。最低一级服务标准中规定，每周清洁1次楼道、楼梯地面；每日清扫1次楼外道路；降雪时应及时清扫积雪，铲除结冰等。

《标准》"将物业服务标准分为5级，满足了不同层次物业服务的需要，构成了物业服务标准体系，几乎每项服务内容均设立了量化的维修养护、检查要求，改变了物业服务质量不可追溯、价格难以评估的现状，可以作为评估物业服务质量、测算物业费的依据和基础，为业主和物业服务企业的物业服务质量和服务价格争议提供了解决途径。"北京市住建委相关负责人表示。

建设单位在销售房屋前或者全体业主在确定物业管理方式前，可以根据住宅物业项目实际情况以及业主的需求选定相应的物业服务标准，并委托第三方评估监理机构参照北京物业管理行业协会按季度发布的物业服务成本信息测算出服务价格，这为逐步建立质价相符的物业服务市场机制奠定了基础。

任务四　物业客户服务质量管理技能训练

理论测试

一、填空题

1. 服务质量是服务能够满足＿＿＿＿和＿＿＿＿的特征和特性的总和，是服务工作能够满足被服务者需求的程度，是企业为使目标客户满意而提供的＿＿＿＿服务水平，也是企业保持这一预定服务水平的连贯性程度。

2. 服务硬件是指企业开展客户服务所必需的各种＿＿＿＿条件。服务硬件一般包括＿＿＿＿、＿＿＿＿、＿＿＿＿几个方面。

3. ＿＿＿＿是企业定期考核服务系统运行的情况组织形式，该系统采用一定的方法和手段来测定服务系统完善与否。

4. _____是企业管理者对员工的工作表现加以观察，并与员工进行信息分享的系统。利用这一系统，管理者和员工可共同对客户服务质量加以检查。

5. _____是企业采取一定的方法和手段，以了解客户对服务人员服务质量评价的系统。

二、选择题

1. 服务质量的内容包括（　　）。

A. 技术质量　　　　　B. 企业形象　　　　　C. 服务结果　　　　　D. 功能质量

2. 属于服务软件的有（　　）。

A. 服务人员　　　　　B. 弹性　　　　　C. 沟通渠道　　　　　D. 时间性

3. 属于服务软件预见性的是（　　）。

A. 一般情况下，在接到报修电话后 30 分钟内到达现场，急修保证在 15 分钟内赶到现场

B. 业主一般是到客服中心缴纳物业费，但当业主行动不方便时，根据业主需要，可以安排物业服务人员上门收取

C. 每日巡查 1 次小区房屋单元门、楼梯通道以及其他共用部位的门窗、玻璃等，做好巡查记录，并及时维修养护

D. 设有服务接待中心，提供 24 小时电话报修服务

4. 物业客户服务中心"便捷性感觉"的接待服务标准有（　　）。

A. 客服人员着装整齐，礼貌周到地接待每一位业主的来电来访

B. 客户服务中心每天接待业主来访，受理业主咨询、报修、投诉、缴费等业务

C. 全天 24 小时开放客户热线、维修服务，随时随地满足客户需求

D. 如业主需要，可安排客服人员上门收取物业服务费

三、简答题

1. 制定物业企业优质客户服务标准时要坚持哪些原则？

2. 简述客户服务标准的三大要素及其相互关系。

3. 制定服务标准时要注意避免的误区有哪些？

4. 简述服务质量的定义及其包含的内容。

技能训练

[实训项目] 制定某物业服务企业的优质客户服务标准。

[实训目标] 通过实训，让学生了解制定物业服务标准的重要性，掌握物业服务企业优质客户服务标准制定步骤，认识到自身行为与物业服务企业优质客户服务标准的差距，能够在今后的学习与工作中严格要求自身行为。

[实训内容] 选择某物业服务企业为研究对象，组织学生实地调查，讨论并制定某物业服务企业的优质客户服务标准。

[**实训组织**] ①以项目团队为学习小组，小组规模一般是 3～4 人，以组内异质、组间同质为分组指导原则，小组的各项工作由小组长负责指挥协调；②建立沟通协调机制，团队成员共同参与，协作完成任务；③各项目团队根据实训内容互相交流、讨论并点评。

[**实训考核**] 各项目团队提交实训报告，并根据报告进行评估。

某物业服务企业优质客户服务标准设计评分表

被考评人		考评地点			
考评内容		考评标准	分值/分	自我评价/分	小组评议/分	实际得分/分
专业知识技能掌握	物业客户服务标准的重要性	了解	10			
	物业客户服务标准的制定	掌握	20			
	物业客户服务标准的可行性分析	掌握	20			
	报告完成情况	完成	10			
通用能力培养	具有标准化意识	报告完成规范，操作规范	10			
	学习态度	积极主动，不怕困难，勇于探索，态度认真	5			
	运用知识的能力	能够熟练自如地运用所学知识进行分析	15			
	团队分工合作	能融入集体，愿意接受任务并积极完成	10			
合计			100			

注：1. 实际得分 = 自我评价×40% + 小组评价×60%。

2. 考评满分为100分，60分以下为不及格，60～74分为及格，75～84分为良好，85分及以上为优秀。

思政园地

一、思政目标

培养学生的创新思维和全心全意服务的意识。

二、知识点

物业客户服务质量。

三、思政元素

为人民服务是社会主义道德的核心。

四、融入途径

1. 案例导入：服务品质就是华润物业的品牌——全方位服务是制胜法宝。

2. 观点讨论：对比中美两国政府在新冠肺炎疫情大爆发中的所作所为。

3. 个人练习：说说在你将来步入社会后你能为社会提供什么服务。

项目五　物业服务礼仪

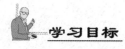

学习目标

知识目标：1. 了解物业服务礼仪的相关知识。

　　　　　2. 理解并遵守物业服务礼仪。

　　　　　3. 掌握物业服务礼仪。

能力目标：1. 注重形象礼仪，掌握物业服务形象打造技巧。

　　　　　2. 掌握站、立、行等仪态礼仪基本规范。

　　　　　3. 掌握称呼礼、介绍礼、握手礼等基本日常服务礼仪规范并熟练运用。

素质目标：1. 通过学习，使学生注重礼仪。

　　　　　2. 提升职业礼仪素质。

思政目标：培养学生知礼自立、明德修身的品质。

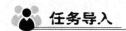

任务导入

办了好事被误解怎么办①

　　某物业项目楼管员小马巡查到某楼3单元时，忽然发现303室的防盗门上插着一串钥匙，这一定是业主一时疏忽，开门后忘记把钥匙取下来了，楼上还有好几家正在装修，万一被进进出出的人拿走……想到这，小马走过去按响了303室的门铃，由于无人应答，且事情紧急，小马就多按了几下。最后一次铃声还没有响完，小马就听到里面有人大声问道："谁啊？大清早的干什么？"业主有些急了，但还是打开了房门。小马简单说明情况后，把钥匙双手递给业主。或许业主还没有摆脱被惊扰的不快，冷冷地说声"谢谢"就回房间去了。小马心里很不是滋味。

　　第二天巡楼时，小马与这位业主不期而遇。"您早，先生！"小马想打个招呼就离开。这位业主却快速走了过来对小马说："昨天还没醒过神来，没有好好感谢你，不好意思，

---

　　① 来源于网络，有改动。

这是我的一点心意，别嫌少，以后请多关照。"业主说话的同时，还将一沓纸币塞到小马手中。小马谢绝了他的"心意"，说道："谢谢您，请别客气，关注和保障您的安全，是我们应该做的。"

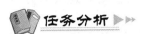

任务分析 ▶▶

办了好事后一时受到怠慢甚至误解，在现实中是经常有的。这时，我们要多想这是自己应该做的，依然礼貌周全地面对业主，宽容对待来自业主的冤枉或误解，最终一定会赢得业主的尊重和认可。

物业客户服务工作是一项与人打交道的工作，掌握沟通技巧是物业客服人员的基本功，沟通技能包括倾听、微笑、语言沟通和肢体语言的沟通，这些最基本的客户服务技巧可以帮助客户服务人员很好地与客户进行沟通，减少与客户的纠纷。

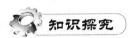

任务一　物业服务礼仪基础知识

一、礼仪的含义

一般而言，"礼"即礼貌、礼仪、礼节。

礼貌，指在人际交往中通过言语、动作向交往对象表示谦虚和恭敬，礼貌侧重于表现人的品质和素养。

礼节，指人们在交际场合相互间表示尊重、友好的惯用形式，是礼貌的具体表现方式。没有礼节就无所谓礼貌，有了礼貌必然有礼节，礼貌是礼仪的基础，礼节是礼仪的基本组成部分。

礼仪，在层次上要高于礼貌、礼节，其内涵更深、更广。礼仪是指人们在社会交往中，由于受历史传统、风俗习惯、宗教信仰、时代潮流等因素的影响而形成的既为人们所认同又为人们所遵守，以建立和谐关系为目的的各种符合时代精神及要求的行为准则或规范的总和。

二、礼仪基本原则

（1）遵守的原则。在人际交往中，每一位参与者都必须自觉自愿地遵守礼仪，用礼仪去规范自己的言行举止，每个人都有自觉遵守礼仪的义务。

（2）自律的原则。

（3）尊重的原则。我们在服务过程中，要将对客人的尊重放在第一位，这是礼仪的重点与核心。

（4）真诚的原则。我们在服务过程中，必须待人以诚，这样才会更好地被对方所理解。

（5）宽容的原则。在服务过程中，既要严于律己，更要宽以待人，要多体谅他人，多理解他人，学会换位思考，千万不要求全责备、咄咄逼人。

（6）平等的原则。在人际交往中，对任何交往对象都必须一视同仁，给予其同等程度的礼遇，不允许因为交往对象年龄、性别、种族、文化、职业、身份、地位、财富以及与自己关系亲疏远近等方面的不同而厚此薄彼、区别对待。

（7）从俗的原则。由于国情、民族、文化背景不同，在人际交往中实际上存在着"十里不同风，百里不同俗"的情况。这就要求工作人员在工作中对本国或各国的礼仪文化、礼仪风俗以及宗教禁忌有全面、准确的了解，这样才能够在服务过程中得心应手，避免出现差错。

（8）适度的原则。应用礼仪时，必须注意技巧，合乎规范，特别要注意做到把握分寸、认真得体。

三、服务礼仪

服务礼仪就是服务人员在工作岗位上，通过言谈、举止等，对客户表示尊重和友好的行为规范和惯例。简单地说，就是服务人员在自己的工作岗位上所应遵守的行为规范。

服务礼仪（SERVICE）的内容包括：

S——Smile（微笑）：服务人员应该为每一位客户提供微笑服务。

E——Excellent（出色）：服务人员应将每一个服务程序、每一个微小的服务工作都做得很出色。

R——Ready（准备好）：服务人员应该随时准备好为客户服务。

V——Viewing（看待）：每一位服务人员都应该将每一位客户看作需要提供优质服务的贵宾。

I——Inviting（邀请）：服务人员在每一次接待服务结束时都应该显示出诚意和敬意，主动邀请客户再次光临。

C——Creating（创造）：每一位服务人员都应该想方设法精心创造出使客户能享受其热情服务的氛围。

E——Eye（眼光）：每一位服务人员都应该始终以热情、友好的眼光关注客户，适应客户心理，预测客户要求，及时为其提供有效的服务，使客户时刻感受到服务人员在关心自己。

任务二 仪表礼仪

仪表是一个人精神面貌和内在素质的外在表现，反映了一个人的性格气质、审美情趣和道德修养。作为物业服务人员，应当养成整洁、大方、自然、专业的整体形象。男人应体现出阳刚之美，表现为自然洒脱、端庄稳健、刚健挺拔；女人应体现柔和之美，表现为柔美大方、端庄优雅、装扮得体。

一、仪容礼仪

仪容是一个人的外观容貌，是礼仪形象的基本要素。物业客户服务人员注重仪容不仅是自尊、自重、自爱的表现，也是对客户的尊重，良好的仪容不仅会给客户留下良好的第一印象，还有利于与客户沟通的顺利进行，对客户服务工作的拓展也有重要的促进作用。

1. 发部

保持头发整洁，要做到及时理发，经常梳洗头发，做到无头屑、无油垢、不凌乱。

男员工不得留长发，前发不过眉，侧发不盖耳，后发不触及衣领，头发长度以 5~7厘米为宜；禁止剃光头、烫发、漂染彩发，否则容易给人留下性格粗鲁、不成熟的印象。

女员工的发型要求简洁、端庄、秀丽。如留长发，不要让长发披肩，容易给人留下不整洁的印象，最好是用黑色发网把头发盘起来，或梳成长短适宜的马尾辫。要注意，不要漂染夸张颜色。

2. 颈部

颈部与头部相连，属于面容的自然延展部分，物业客户服务人员应重视修饰颈部，保持颈部的清洁卫生。

3. 手部

物业客户服务人员要保持双手的清洁，养成勤洗手的好习惯，要经常修剪指甲，不留长指甲，指缝里不能藏有污垢，天气干燥的时候适当使用护手霜。不能在工作时间修剪指甲或用牙齿啃指甲，只允许使用无色的指甲油。

4. 面部

面部是别人注视的焦点，所以除应勤洗脸以外，物业客户服务人员还要注重面部的美观整洁，做到无异物、无异味、无异响。

（1）无异物

眼：注意眼部的清洁，及时清除眼角分泌物，不能在他人面前用手绢、纸巾擦拭或用手抠除，要保持睡眠充足，减少眼部充血、黑眼圈等现象。与人交流时眼神端正，在室内不戴墨镜或有色眼镜。

鼻：养成每天洗脸时清洁鼻腔的好习惯，若鼻毛较多，应及时修剪。保持鼻孔干净，不当众挖鼻孔或擤鼻涕。

耳：要做到耳朵内外干净，无耳屎。若耳毛外露，应定期修剪。

嘴：吃完东西后应马上擦嘴，及时清除牙缝中残存的食物，不能当众剔牙、嗍牙。保护嘴唇，防止嘴唇干裂或起皮，必要的时候可以涂唇膏养护。

胡须：男员工应每天剃胡须。

（2）无异味

应保证口气清新无异味，养成早晚刷牙、饭后漱口的习惯。口中不能有烟酒、葱蒜、韭菜等刺激性气味，与人接触前可用口香糖、漱口水、口气清新剂等物品来清除口中异味。因牙病或其他疾病导致有异味时，应及时治疗，做好牙齿保健及护理。需要注意的是，口香糖不要当众咀嚼，嚼完后要吐到纸上，用纸包好扔到垃圾桶里。

（3）无异响

避免异常响声，如打哈欠、吐痰、清嗓、吸鼻、打嗝等不雅的异响，在客户面前要忍住，如果实在忍不住的话，要用手绢或手捂住嘴巴，并向对方道歉。

5. 面部修饰——化妆

仪容礼仪还包括面部修饰，即化妆。物业服务企业一般要求女员工上班化淡妆，而不得浓妆艳抹。男员工除特殊要求外不必化妆。

化淡妆只需简单打底并修饰眼睛、眉毛和嘴唇即可，以使妆容清新淡雅，既显得楚楚动人，又不留人工雕琢的痕迹，达到"清水出芙蓉，天然去修饰"的效果。

化妆礼仪的注意事项：①修饰避人，在公共场合或同事面前化妆或补妆是非常失礼的；②不随意评价和指点别人的妆容，也绝不可以动用或询问他人的化妆品；③要尽量避免使用浓香味化妆品，香水也要使用香味淡一些的，切忌在众目睽睽之下喷香水。

二、服饰礼仪

服饰礼仪要求，一个人穿着打扮应与其自身的具体条件相适应，如形体、肤色、年龄、职业等，做到自身和谐。同时，还要与所处的具体环境相适应，遵守"TOP原则"，即要考虑到时间（Time）、场合（Occasion）和地点（Place），做到自身与环境的和谐。

1. 着装要求

物业服务企业会要求员工统一穿着制服，但是在制服的样式和选择上，要注意季节、穿着人员的岗位需求，以及制服的颜色、款式等是否符合企业品牌形象、所管理项目的品质等。

物业客服小专家

服装搭配原则和规律

1. TOP 原则

"TOP 原则"，即时间（Time）、场合（Occasion）和地点（Place）。

首先，我们要根据时间、季节来着装。

其次，着装一定要考虑地点，运动场上应着运动装，在职场应穿职业装。

最后，着装一定要与场合相称。场合主要分为三大类：公务场合、社交场合、休闲场合。公务场合一定要着正装，男士要穿西服套装，女士要着裙装，此处需要注意的是，女士最正规的套装不是裤装而是裙装；社交场合着装不妨充分彰显个人的魅力，可以穿一些比较时尚的衣服；休闲场合则以方便、舒适为目的，可以自由选择。

2. 色彩搭配原则

一般来讲，暖色调给人温暖、热烈的感觉，而冷色调给人沉稳、冷静的感觉，前者以红、黄为代表，后者以蓝、绿为代表。另外，我们应了解背景色，背景色就是一些不显眼的颜色，穿着这种颜色的服装不容易引起别人的注意。背景色有灰色、黑色、深蓝色、米白色、咖啡色等，比如，我们很难回忆起身边某个男士今天穿什么颜色的衣服，就是因为男士的服装多以背景色为主。所以说穿衣时，你要想突出自己的哪一部分，就可以让哪一部分变得鲜艳一点。

3. 颜色基本搭配规律

公式一：背景色+一种颜色=引人注目（如白+黄，灰+粉色，浅杏色+绿）

公式二：背景色+背景色=被人忽视（如白+浅杏色，灰+黑，白+深蓝色）

公式三：背景色+一种花色=令人印象深刻（大对比，如格子+背景色，花朵+背景色，其他图案+背景色）

注意：全身只宜穿一种花色，千万不要上身穿格子，下身穿斜纹。

物业服务人员着装要求：

（1）上班时间除特殊规定以外，必须着制服。

（2）制服必须整洁平整，按制服设计要求系上纽扣，并无松脱和掉扣现象。

（3）不可擅自改变工装的穿着形式，不允许敞开外衣、卷起裤腿和衣袖。

（4）工装外不得显露个人物品，衣裤口袋整理平整，无明显鼓起。

（5）爱护制服，保持制服干净、无污迹、无破损及补丁。

（6）保持皮鞋干净、明亮。

（7）在工作场所工作期间，应将洁净的工牌端正地佩戴在左胸前。

（8）在公司或管理处等工作范围内，应按规定穿鞋。特殊情况需穿非工作鞋时应穿着和制服颜色相衬的皮鞋，不得穿凉鞋、拖鞋或赤脚上班。鞋子应处理一下鞋跟，防止走路时鞋跟太响。

此外，女员工还要注意袜子的选择。穿裙装时，一定要穿无破损的丝袜。丝袜是用来衬托裙装的，肉色丝袜为首选，千万不要穿带网眼、亮片或图案的袜子。穿袜子最忌露"三截腿"，即袜口低于裙摆，暴露在别人的视线内。

夏季男员工穿衬衫、西裤时，衬衫下摆应扎入西裤，腰带末端要收好。冬季穿西装、衬衫时，西装必须扣上纽扣，内穿"V"领毛衣，要求露出领带。不能穿白色袜子，白色袜子是运动袜的标志，适合搭配运动鞋。另外，要注意一双袜子只能穿一天，每天都要及时换袜子。

2. 配饰要求

配饰是一种无声的语言，它反映出一个人的兴趣爱好、文化修养和婚姻状况。在工作场合，配饰应以保守为佳，不宜超过 3 个，不戴也可以。尽量佩戴有质感的配饰，如果同时佩戴多个配饰，其质地一定要统一，否则会显得凌乱、俗气。配饰的样式要简单大方，不要戴晃来晃去或叮当作响的配饰，式样和颜色不可夸张。配饰要与服装相协调，要方便工作。男员工可佩戴手表，要选用朴素大方的款式，不可佩戴运动手表。手表的正确佩戴方法是佩戴在左手手腕，表面朝上。不可选用带有奇形怪状腰带扣的腰带。腰带要保持在肚脐或肚脐稍上的位置，低于肚脐则给人以太随便的感觉。笔应当插在衬衫左胸或西装内侧口袋。

任务三　仪态礼仪

仪态是指人的姿态和风度，包括人们的体态、姿势、神色、表情和动作等。仪态是一个人的气质、文化、教养等多重因素共同作用的结果，它要求我们在工作、生活中努力提高文化修养，刻意训练自己的站姿、坐姿、手势等。

物业客户服务人员在工作过程中应该做到举止大方、不卑不亢、优雅自然。在提升文化素质、专业技能的同时，也应该注意形体训练，做到体态端正、庄重。

一、站姿

站立是人类最基本的姿态，是一种静态的形象，优美的站姿是仪态礼仪的起点，是其他动态美的基础。站姿的要领是挺胸、收腹、收颔、抬头，双肩放松，身体端正，目光平视前方，表情平和，双臂自然下垂或在体前交叉，右手放在左手上，要给人以站立端正、身姿挺拔、体态优美的良好印象。

站立时双臂不可交叉在胸前，否则会给人以气势汹汹的感觉。站立时与人交谈，可随谈话的内容适当地做些手势。与业主交谈时，不可双臂交叉在胸前或将手插在口袋里，更

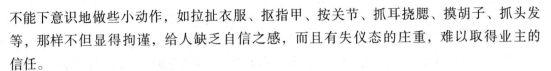

不能下意识地做些小动作，如拉扯衣服、抠指甲、按关节、抓耳挠腮、摸胡子、抓头发等，那样不但显得拘谨，给人缺乏自信之感，而且有失仪态的庄重，难以取得业主的信任。

1. 女士规范站姿

标准站姿——双腿并拢，两只脚尖距离 10 厘米左右，其夹角约为 30°，呈"V"字状，亦可双脚并拢，双膝挺直并靠拢。双手自然垂于两侧，中指贴于裤缝或裙缝，整个身姿端庄挺拔，胸部应略向前挺起，同时收腹，微微内收下颌的同时脖颈要挺直，双目则应自然平视前方。

丁字步站姿——两只脚一前一后，前一只脚的脚跟轻轻靠拢后一只脚的脚弓，呈正丁字站姿。也可将一只脚的脚跟靠在另一只脚的大拇指处，呈小丁字站姿。身体重心可放在双脚上，也可放在其中一只脚上，可通过身体重心的转移缓解疲劳。

腹前握指式（叉手）站姿——两膝并拢挺直，两脚尖分开成 30° 左右，左手在下，右手在上，在腹前交叉。也可双脚并拢，或采取丁字步，双手在腹前交叉，这种站姿最能表现女士的端庄柔美，在站立中身体重心还可以在两脚间转换，以减轻疲劳，这是一种最常用的接待站姿。

2. 男士规范站姿

标准站姿（立正站姿）——站立时双脚可呈"V"字形，也可以双脚打开，与肩同宽，但应注意不能宽于肩膀。双手自然垂直，中指贴于两侧裤缝，挺胸，收腹，微收下颌，头正，肩平，双眼目视前方，整个身姿端庄挺拔。

双臂后背式站姿——双手在身后轻握，贴在腰部中间，两脚可分开，也可脚跟并拢。两脚尖分开成 40° 到 60°，不要超过肩宽，挺胸，立腰，收颌，收腹，双目平视，站立中重心可转换。这种站姿优雅中略带威严，易产生距离感，所以一般用于门卫或保卫人员，如果两脚改为并立，则突出尊重的意味。

叉手站姿——两手在腹前交叉，身体直立的姿势。除保持正确的站姿外，两脚可分开，两脚间距略比肩窄，右手自然握住左手，放于腹前。这种站姿端正中略显放松，郑重中略带轻松。在站立中身体重心还可以在两脚间转换，以减轻疲劳，是一种常用的接待站姿。

注意，在站立时不得东倒西歪，不要歪脖、斜颈、弓背等，也不得靠墙或斜倚在其他支撑物上。

二、坐姿

坐是一种静态姿势。端正优雅的坐姿给人以沉着、文雅、自然大方的美感，反之则会给人慵懒无礼、缺乏教养的印象。

1. 女士规范坐姿

双腿垂直式坐姿——头正、颈直、肩放松，挺胸，收腹，下颌微收，目光平视。小腿垂直于地面，双腿并拢，双手可自然分放在大腿上，也可自然交叠后放在大腿中间或一侧大腿上，这是正式场合最基本的坐姿，给人以诚恳、认真的印象。

双脚点地式坐姿——分为左脚点地式坐姿和右脚点地式坐姿两种。左脚点地式坐姿是在基本坐姿的基础上，左脚向左平移一步，左脚掌内侧点地，右脚向左平移，右脚内侧中部靠于左脚，脚跟提起，双腿靠拢斜放，大腿与小腿成90°，小腿不弯曲，以充分彰显小腿的长度。注意，两腿、两脚、两膝应尽量靠拢。未着地的脚掌内外侧不得上翘。若旁边有人，应将膝部而不是脚部朝向他人。右脚点地式坐姿可参照左脚点地式坐姿，只不过方向相反。

双脚交叉式坐姿——分为左斜放交叉式和右斜放交叉式两种。左斜放交叉式是在基本坐姿的基础上，左脚向左平移，左脚掌及脚跟内侧着地，右脚在上与左脚相交，右脚掌外侧着地，脚跟提起，两脚交叉于踝关节处，双腿斜放，两腿靠拢。右斜放交叉式，可参照左斜放交叉式，方向相反。注意，双脚不能伸得太远，以上两种坐姿适合坐在较低矮的座椅上时使用。

坐姿中手臂可自然弯曲内收，两手呈握指式放在一条腿上，若椅子有扶手，可将两臂肘部放在扶手上，两手交叠或呈握指式放于腹前。也可将一只手臂放在扶手上，掌心向下，另一只手横放于双腿上。注意，女士不能把双手放在椅子的扶手上。

2. 男士规范坐姿

男士坐姿的基本要领与女士基本相同，但坐定之后腿与脚的部位与女士有所不同。男士通常是双腿垂直，脚跟、双膝和双腿保持适当距离，或双腿叠放，但脚尖不能高翘，也不能晃动，不能把手放在两腿之间或双手抱膝等。男士的双腿垂直式坐姿与女士的相同。

开膝抬手式坐姿——在基本坐姿的基础上，双脚向外平移，两脚尖距离不要超过肩宽，两小腿垂直于地面，两膝分开，双手合握于腹前或放在双腿上。

男士坐姿中手臂的摆放：两臂可自然弯曲内收，两手合握于腹前或放在两腿上，若椅子有扶手，男士可将两手放在扶手上，手心要向下。

坐姿的注意事项：

（1）一般应从座位左侧入座。入座时，人走到座位前，背对座位，右腿后撤半步，摸到座椅，再慢慢坐下，然后双足足跟并拢，两脚并排，避免两脚呈内、外八字。穿裙装的女士入座时，一定要用手把裙子拢一下再坐；起立时，右脚先向后收半步，站起，从背后拉一下裙子，向前走一步，再转身走出去。

（2）与人交谈时身体可适当前倾，坐沙发时要注意两脚的姿势，双脚侧放或稍加叠放比较合适，避免双腿一直前伸，不要实实地靠在沙发靠背上，这样会把小腹突出来，既显得放肆，也很不雅观。

（3）两腿交叠而坐时，悬空的小腿要向内回收，并且脚尖要向下，这样会给人端庄大方的感觉，双腿千万不可上下抖动。

（4）入座时动作要轻柔和缓，起立时要端庄稳重，不可猛起猛坐，弄得桌椅乱响，甚至打翻桌上的物品，那样显得极尴尬又被动。

（5）坐时要注意臀部位置，无论哪种坐姿都不要满座，一般来说臀部占椅子的 2/3 即可。特别是坐沙发时，不要让小腿紧贴沙发边缘，这样会使腿的形态扭曲，缺乏美感。

总之，良好的坐姿应当是端庄优雅、舒适自然的，其基本要求是入座轻稳，动作协调，腰背挺直，双肩放松，双臂放松，不东张西望，女性一定要双腿并拢。不论何种坐姿，上身都应端正，做到"坐如钟"。

三、走姿

走姿是以优雅端庄的站姿为基础的。走姿的要领：动作协调，姿态优雅；步位准确，步幅适度；步速均匀，步伐从容。

1. 动作协调，姿态优雅

上身保持基本站姿，掌心向内，手关节自然弯曲，两臂以身体为中心，前后自然摆动。起步时身体稍向前倾，若穿平跟鞋，应使脚跟首先着地，但若穿的是高跟鞋，应是脚掌先着地。

2. 步位准确，步幅适度

最基本的走姿应当是走路时使用腰力，身体重心稍向前倾，膝盖伸直，两臂与身体的夹角一般为 10°~15°，由大臂带动小臂前后自然、协调摆动，肘关节只可微曲。女士穿高跟鞋或裙装时步幅不宜过大，频率可适当加快，男士跨步要均匀，步幅以约一只脚到一只半脚的距离为宜。

3. 步速均匀，步伐从容

讲究步幅的同时还要注意行走速度，应不紧不慢，保持节奏感，每分钟行走 120 步左右是最合适的。行走时前进的方向也应该保持一定，不可忽左忽右、左摇右晃。

另外，女士走姿最好轻盈优美，穿裙子或旗袍时要走一条直线，且步幅要小，以使裙子或旗袍的下摆与脚的动作协调，呈现优美的韵律感；穿裤装时，要走成两条平行的直线，步幅可略大。男士也宜走成两条平行线，避免"内八字"或"外八字"。上下楼梯时，应保持上身挺直，脚步轻盈平稳，尽量少用眼睛看楼梯，最好不要手扶栏杆。两人同行时，关系密切者可以并肩而行，地位有差别者应拉开一步的距离。

四、蹲姿

取低处物品时，应采取正确的蹲姿。如果前俯后撅，对于周围的人来说不够尊重；双腿敞开而蹲，则不雅。文明得体的蹲姿，可以展现人们的良好修养。

高低式蹲姿——这是最常见的蹲姿。下蹲时上身挺直，臀部自然向下，左脚在前，全脚掌着地，左小腿基本垂直于地面，右脚在后（右脚尖着地，脚跟提起），左膝高、右膝低，右腿支撑身体，膝部以上并拢（男士两膝之间可适当留有空隙）。也可使左膝低于右膝，左膝内侧靠于右小腿内侧，形成右膝高、左膝低的姿态，基本上以左腿支撑身体。

交叉式蹲姿——交叉式蹲姿一般只适于女性，下蹲时右脚在前，左脚在后，右小腿垂直于地面，全脚着地，左腿在后与右腿交叉，左膝从右腿下面向右侧伸出，左脚在右脚后面，用脚尖着地，两条大腿紧紧并拢并全力支撑身体，上身略向前倾，臀部自然下垂。

蹲姿的要点：①下蹲取物时，应自然、得体、大方，不遮遮掩掩；②下蹲时，两腿合力支撑身体，避免滑倒；③下蹲时，应使头、胸、膝关节在一个角度，以使蹲姿优美；④女士无论采用哪种蹲姿，都要将双腿靠紧，使臀部向下。

五、手势

在客户服务工作中，手势运用得自然、大方、得体，会给业主留下彬彬有礼的好印象。以下列举几种常用手势：

1. 递、接物品的手势

客户服务人员在递、接客户的物品时，要用双手，以示尊敬。递送物品给别人时，要充分为对方着想。例如，递名片时，要将名字的那一面正对着对方；递文件时，要使文件名朝向对方，以便对方看清楚；而递送笔、剪刀之类的尖锐物品时，切忌将尖锐的头朝向对方，而应使之朝向自己。

2. 指示的手势

在物业客服中心工作，经常需要帮人指示方向。正确的手势是拇指自然伸直，掌心向上，肘关节可伸直，也可略弯曲。用手势示意或招呼别人时，应该用手掌而不是手指，尤其不能在众目睽睽之下用食指指人，这样有挑衅之嫌。

用来示意别人的手势有：

"请这边走"——指示行进方向。动作是手臂抬至齐胸高度，以肘关节为轴，向外侧横向摆出，手指五指自然并拢，手掌伸开，指尖指向行进方向，同时微笑着看向对方，并点头示意。

"在这里"——指示目标或物品的方位。指示目标方位，动作也是手臂或者抬至齐肩高或者放在身体一侧，稍稍离开身体一段距离，向外侧横向摆动，指尖指向前方。指示物品方位，是伸出手掌，指尖指向物品。

"请进"——请人进门。动作是站在客人侧前方，肘部弯曲，小臂与手掌成一条直线，向外横摆，指向行进方向，手臂高度在胸以下。如走在客人前方，可回身伸出手臂，由体侧向体前推，手与地面成45°作示意。

"请坐"——请人就座。动作是手臂由上向下倾斜伸出，指示座位。手掌可以先下后上地稍微停顿一下。也可以以肘关节为轴，手由上而下摆动，指向斜下方座位处。

以上4种手势只用一只手，另一只手臂可以自然垂于身体一侧，或者背在身后。

3. 举手致意

在工作场合，有时需要举手向他人表示问候、致敬、致谢。如在相距较远又不能高声应答的情况下，悄然无声地举手示意，可以将自己对他人的友好和礼貌传达出去。当然，在近距离相遇，举手示意时也可以同时说一些表示友好和问候的话语。

举手示意时手臂不能胡乱摆动，正确的做法是全身直立，面向对方，至少上身与头部要朝向对方，面带笑容，目视对方，右手手臂由下而上向侧上方伸至肩以上，手臂既可曲亦可直，掌心朝向对方，指尖朝上，轻轻摆动几下。

在举手致意时，还要遵循一定的礼仪次序，即幼者、下级、男士先向长者、上级、女士致意，对方再以同样的方式回敬。

4. 握手姿势

握手时，双方距离一步远，两足立正，上身稍向前倾，伸出右手，且四指要并齐，拇指张开，与对方相握，并微微摆动 3～4 次，然后与对方的手松开，恢复原状。

握手必须使用右手，如果恰好右手正在做事，一时抽不出来，或者右手很脏、很湿，应向对方说明，摊开手表示歉意，或立即洗干净右手，再与对方热情相握；如果戴着手套，则应取下后再与对方相握，否则是不礼貌的。

握手时，双目要注视着对方的眼睛，微笑致意，并且说一些问候语。握手时切忌左顾右盼，心不在焉。

握手要注意力度，既不能有气无力，也不能握得太紧。不能只接触到对方的指尖而不握住整只手，否则对方会感觉你傲慢和缺乏诚意。此外，男士握女士的手时应轻一些，不应握满全手，只握其手指部位即可。

此外，握手的次序也是很有讲究的，位高者先出手，即长者优先、女士优先、职位高者优先。

5. 鼓掌姿势

正确的鼓掌姿势是用并拢的右手四指拍打左手掌心。注意，用力不要太大，鼓掌时间也不要太长。

6. 谈及自己时的手势

自我介绍或与他人交谈谈及自己时，可用右手的手掌轻按自己的左胸，这样会显得端庄大方，切不可用手指指向自己，尤其是大拇指，这样带有挑衅的意味。

7. 挥手告别、向熟人问候的手势

挥手告别时，一般是举起右手，手掌向前，后臂不动，前臂和手一起左右摆动。这种手势也可以用于朋友或同事之间的见面招呼，注意，作为打招呼的手势，手的高度以在肩部上下为宜。

任务四　日常物业服务礼仪

物业服务人员出于对业主或非业主使用人的尊重与友好，在服务中要注重仪表、仪容、仪态和语言、操作的规范；热情服务则要求服务人员发自内心地向客户提供主动、周

到的服务，从而表现出服务人员良好的风度与职业素养。因此，我们在日常的物业服务中要注重服务礼仪，包括称呼礼仪、介绍礼仪、接待礼仪、拜访礼仪和不同物业客户服务岗位的服务礼仪规范。

一、称呼礼仪

称呼是人们在交往过程中彼此打招呼时使用的名称。称呼是一个复杂的概念，不但与礼仪习俗、人伦道德相联系，而且有明显的民族性和社会性，是社会角色的符号。如何称呼对方，这直接关系到双方之间的亲疏、了解程度、尊重与否及个人修养等。一个得体的称呼会令对方如沐春风，为以后交往打下良好的基础，否则会令对方心生不悦，甚至影响到彼此的关系。

在工作岗位上，人们彼此之间的称呼是有其特殊性的，总的要求是庄重、正式和规范。

1. 职务性称呼

职务性称呼用以显示身份有别，要就高不就低，这种称呼具体来说分为以下三种情况：

（1）称呼职称职务，如董事长、总经理等。

（2）职务前加姓氏称呼，如李总经理、张主任等，在非正式场合下有时可以缩略职务称呼，如李总、张处等。

（3）职务前加姓名称呼，适用于极为正式的场合。

2. 职称性称呼

对于有专业技术职称的人，可使用职称性称呼。

（1）仅称呼职称，如教授、工程师等。

（2）在职称前加姓氏称呼，如李教授、马工程师等。

（3）在职称前加姓名称呼，这种方式适用于正式的场合。

3. 学衔性称呼

（1）仅称呼学衔，如博士等。

（2）在学衔前加姓氏称呼，如李博士等。

（3）将学衔具体化，说明其所属学科并在后面加姓名称呼，如文学博士王芳，这种称呼最正式。

4. 职业性称呼

在工作中可以直接以职业称呼，如老师、教练、会计、医生等，一般情况下，这类称呼前均可以加姓氏或姓名，如李老师、王医生、张会计等。

在不确定对方具体职位、职称的情况下，一般采取"就高不就低"的原则。例如，不确定对方到底是副总经理还是总经理，可统称为"总经理"；不明确对方是副教授还是教授，可直接称其为"教授"。

5. 泛尊称

这种称呼对社会各界人士都适用，如小姐、女士、夫人、太太等。对未婚者称"×小姐"，对不清楚其婚姻状况的人称"×女士"，对已婚者称"×夫人"或"×太太"，此时"×"往往为夫姓。男士一般称"先生"。

6. 对朋友、熟人的称呼

（1）敬称。对任何朋友、熟人，都可以人称代词"你""您"相称。对长辈、平辈可称其为"您"，对晚辈可称其为"你"。对在所从事的领域有突出成就的人，应称"先生"（不分男女，如冰心先生）；对在文艺界、教育界等领域有一定资历、地位的人，称"老师"；对德高望重的人或地位较高的年长者，称"公"或"老"，如称季羡林为"季老"。

（2）姓名的称呼。平辈的朋友、熟人彼此之间可直接称呼姓名，如李湘、王纯等。长辈对晚辈也可以称呼姓名，但晚辈对长辈却不能这样。为表示亲切，可以在被称呼者的姓前加上"老""大"或"小"字相称，如"老李""大胡""小张"。对关系极为密切的同性朋友或熟人，可不称其姓而直呼其名。

（3）亲近的称呼。对于邻居等亲近的人，可用令人感到信任、亲切的称呼，如"爷爷""奶奶""大爷""大妈""叔叔""阿姨"等类似血缘关系的称呼，也可以在这类称呼前加上姓氏，如"李爷爷"。

在生活、工作中，我们要使用合适的称呼，要遵守称呼的原则，即称呼要看对象、看场合。称呼要看对象原则告诉我们对于性别不同、亲密关系不同、国家或地区礼仪习惯不同的情况要区分清楚，采用合适的称呼。称呼还要看场合，在一般场合，人们使用的都是与环境相对应的正式称谓，在不同场合对同一人的称呼会有所改变，例如，一位姓陈的先生，下级向他汇报工作时可称其为"陈经理"，这是他的职务称呼，朋友和他交往时可能称其为"老陈"。

在物业客户服务工作中，我们也要遵守看对象、看场合的称呼原则。比如，在写字楼项目，我们更多使用职务性、职业性称呼，在住宅物业项目中，我们可以对经常来客服中心咨询、办事的老年人，称其为大爷、大妈、叔叔、阿姨，也可在称呼前加姓氏，以示亲切，也方便沟通。

二、介绍礼仪

介绍可分为两类，即自我介绍和为他人做介绍，前者是说明个人情况，后者是作为第三方出面为不相识的双方做介绍。

在做自我介绍时，要实事求是，举止庄重大方，态度坦诚亲切，充满自信，还要注意做介绍时的顺序。介绍的标准顺序就是地位低的人先做自我介绍，如主人应首先向客人做自我介绍；长辈和晚辈在一起时，晚辈先做介绍；女士和男士在一起时，男士先做介绍。可以根据场合介绍自己的姓名、籍贯、职业特征、兴趣爱好、当前的热点话题等，然后引起对方的共鸣，进而与对方深入沟通。

　　在为他人做介绍时，谁先谁后是一个比较敏感的礼仪问题。根据礼仪规范，为他人做介绍必须遵守"尊者优先了解情况"的原则。也就是在为他人做介绍前，先要确定双方地位的高低，然后先介绍地位低的人后介绍地位高的人，使地位高的人先了解地位低的人的情况。根据这个规则，为他人做介绍时的礼仪顺序有以下几种：

　　（1）将级别低的介绍给级别高的。

　　（2）将年轻者介绍给年长者。

　　（3）将未婚者介绍给已婚者。

　　（4）将男性介绍给女性。

　　（5）将主人介绍给客人。

　　（6）将本国人介绍给外国人。

　　（7）将同事介绍给客户。

　　（8）将后来者介绍给先来者。

　　在一般的工作场合，我们可以介绍双方的姓名、单位、职务等。如果在介绍时不知道或忘记了被介绍者的姓名，应该立即承认。若某人忘记介绍自己，也应该主动迅速报上自己的姓名。若是介绍人介绍错了你的名字，或者提供的信息不太确切，应礼貌地加以纠正，并尽量避免使对方难堪。

三、接待礼仪

　　接待是指个人或单位以主人的身份招待有关人员，以达到某种目的的社会交往方式。无论是单位还是个人，在接待客人来访时都希望客人能乘兴而来，满意而归。在接待工作中，不论对方地位如何，都应一视同仁，热情友善，以礼相待。

　　在物业客户服务工作中，接待业主的来访、相关社会组织人员的来访是很重要的接待工作。

（一）接待原则

　　（1）注意平衡。在接待多位客人时，要一视同仁、平等对待，不要厚此薄彼，让任何一方觉得自己受到了轻视。比如，在前台接待中，有三位业主同时来，应该说"三位，早上好"或逐一打招呼。若三位业主来的时间有先后，就应该在热情接待第一位业主的同时，对第二位业主说"对不起，请您稍等一下"，还要兼顾第三位，对他微笑点头示意，总之要让每一位业主都感觉到自己受到了充分的尊重。

　　（2）遵守惯例。要遵守约定俗成的做事方式，即接待时要讲究接待礼仪，按规矩行事，如乘车座次的安排、引导时的位次、送别礼仪等，都应遵循惯例。

　　（3）规格对等。接待人员与客人的职务、级别等身份应大体一致。来的客人是什么级别，本单位也应该派出什么级别的人员陪同。当然，如果为了充分显示对对方的尊重，也有接待人员比来客职务高的接待情况。

（4）主随客便。尊重客人就是尊重客人的选择，所以在拟定行程、确认菜单、安排来访等各个环节时一定要征求客人的意见，征得客人同意后方可进行。

（5）节俭务实，避免铺张浪费。

（二）迎客准备

1. 了解客人

接待人员应事先"做功课"。对所接待客人的姓名、职位、性别、年龄、籍贯、所在单位、专业特长、联系方式等都应该有所了解，这样一方面便于和客人沟通，另一方面可以避免不必要的冲突。

2. 确定接待日程

接待日程就是接待来宾的具体日期安排，其基本内容包括迎送、会见、谈判、参观、游览、宴请等。在一般情况下，接待日程的具体安排应完整周全、疏密有致。它的制定通常应由接待方负责，但也需宾主双方前期有所沟通，并对来宾一方的要求给予充分考虑，接待日程一旦确定应立即通报给来宾。

3. 布置接待场所

接待场所就是我们通常说的会客室，在客人到达前要根据具体情况把会客室精心收拾一番，比如，打扫一下卫生，适当准备一些水果、饮料、茶具。如果是商业或公务会谈，还需准备一些文具用品和可能用得上的相关资料、设备，以便查询和使用。具体应做到：

（1）安静、卫生。为了使主客的正式会谈不受打扰，环境安静至关重要。除了其具体地点的选择有一定规定外，在进行室内布置时，可以采取如下措施：地上可铺放地毯，以减除走动的声音；窗户上可安装双层玻璃，以便隔音；茶几上可摆放杯垫，以防放置茶杯时发出声音；门轴上可涂抹润滑油，以免关门或开门时噪声不断。在会客室内一定要保持空气清新、地面整洁、墙壁无尘、窗明几净、用具干净。

（2）湿度、温度舒适。有条件的话要对用于接待客人的房间内的室温加以调控，室温以 23℃ 左右为宜。同时，还需要注意室外气温较高时室内外温差不宜超过 10℃。一般认为相对湿度在 50% 左右较为理想。

（3）光线、色彩协调。招待来宾一般宜在室内进行，室内的光照应以自然光源为主，房间最好朝南，如担心阳光直射可设置百叶窗或窗帘予以调节。接待场所通常应当布置得既庄重又大方，将色彩控制在两种之内，最好不要超过 3 种，以乳白、淡蓝、浅绿色最为合适。

（4）室内摆设。会客室的布置应本着整洁、美观、方便的原则。一般来说，在会客室放置必要的桌椅和音响设备即可，必要时还可放置一些盆栽等。

（三）接待中的引导

一般情况下，负责引导来宾的人多为专门的接待人员、礼宾人员，或接待方与来宾对口单位的办公室人员、秘书人员等。

在接待中有可能要给对方指示方向，此时规范而优美的引导姿势就很重要了。引导手势最好统一用右手，正确做法是：手心向上，五指自然并拢，以肘关节为轴，前臂自然上抬、伸直，上体稍向前倾，面带微笑，自己的眼睛看着目标方向，兼顾对方。

1. 迎接

当客人走近时应主动向前迎接，在距离客人 1.5 米处停下，面带微笑，平视对方，欠身向客人问候，如"您好，欢迎光临"或"您好，请走这边"。若需带路，应抬手指示引导方向。

2. 引导

适用于接待人员身份低于对方的情况，单纯引导客人时，应位于客人左前方 1.5 米处引导，抬手指示引导方向。这时要注意，不要在前面自顾自地向前走，要以客人的步速为准，应不时侧身，注意和客人保持眼神、语言上的交流，如需拐弯或上下楼梯，要提示对方"请这边走"或"请注意楼梯""小心脚下"等。

3. 陪同

接待人员若和来客身份相仿，则应位于客人左侧后方 0.5 米处陪同来客，以来客步速为准。在主客双方并排行进时，引导者应主动在外侧行走，请客人行走于内侧。若三人并行，通常中间的位次最高，内侧的位次次之，外侧的位次最低。

在引导来宾时，需要注意：主客并排行进，右侧为尊，三人并行，中间为尊；在不宜并行时，一定要自觉遵守交通规则，应由引导者行走在前，使客人行走在后，以便由前者为后者带路；出入房门时，引导者需主动替客人开门或关门，此刻引导者可先行一步开门，待客人通过，再轻掩房门，赶上客人；出入无人控制的电梯时，引导者需"先入后出"，以控制电梯，出入有人控制的电梯时，引导者应"后入后出"，这样做主要是为了表示对客人的尊重；出入轿车时，如果引导者与客人同车出行，引导者后上车、先下车，客人先上车、后下车，若主客不同车，一般情况是引导者的车在前，客人的车在后。

此外，在引导客人时，除了应与客人进行正常的交谈之外，引导者往往还需就某些必要的情况向客人进行介绍或说明。比如，引导客人前去会晤某人，而主客双方此前并未见过面的话，应提前告知客人，以便让他在思想上有所准备；引导客人上下楼梯、出入电梯、进出房间时，必须提醒客人"请这边走"；引导客人经过拥挤、危险路径时，必须叮嘱对方"请留神"或"请注意脚下"。

（四）接待要点

"出迎三步，身送七步"，接待客人的礼仪要从一举一动中自然流露出来，才能显示出待客的真诚。如客人能够在约定时间按时到达，需提前去迎接。见到客人，要热情打招呼，主动伸出手相握，以示欢迎，同时要说"您好""您一路辛苦了"等寒暄语。如客人提有重物，应主动接过来，但不要帮拿女性的手包、客人的手提包或公文包，对长者或身体不太好的客人应上前搀扶，以示关心。

起身相迎后，应进行介绍、让座、敬茶等接待礼仪。来访者如果是长辈、上级或平辈应请其坐上位，如果是晚辈或下属应请其随便坐，如果客人是第一次来访，应介绍一下并互致问候，当客人坐定后应询问客人的来意，客人在被询问后一般会马上递上名片做自我介绍并说明来意。

在待客中，为客人上茶是待客的重要内容。待客人坐定，应尽量在客人视线之内把茶杯洗净，即使是平时备用的洁净茶杯，也要再用开水烫洗一下，以使客人觉得你很讲究卫生，避免出现因茶杯不洁客人不愿意用的尴尬局面。注意，不要直接用手取茶叶，斟茶动作要轻、要缓，同时不要一次性斟得太满，七八分满即可。续茶应适时，双方交谈热烈时不要频频斟茶。客人停留时间较长，茶水变淡，要重新添加茶叶冲泡，冲泡时最好用同一种茶叶，不要随意更换品种。茶杯要轻放，以免茶水洒出来。端茶也应该注重礼节，应用双手给客人端茶，有杯耳的杯子，通常用一只手握住杯耳，另一只手托住杯底。注意，高度应该在自己的胸部和腰部之间，不要举得太高。高于胸部会离自己的呼吸器官太近，显得不卫生；低于腰部则显得敬意不够。把茶水送给客人时，应说"请您用茶"或"请喝茶"。切忌用五指捏住茶杯口边缘往客人的面前递送，也不要用手指握住杯子的上端，这样上茶既不卫生，也不礼貌，而应握在茶杯自底端向上2/3以下处。

上茶的礼节：

（1）应站在客人右边倒茶。

（2）应注意茶叶不要太多或太少。

（3）泡茶时第一遍可以只冲一点水，第二遍再倒七八成满。

（4）倒水时不要让茶水洒出来，如果不小心碰洒茶水，应及时用抹布擦去，一般上茶时左手端的茶杯垫布可以用来擦水。

（5）茶盖揭下来，应倒放在桌子上，以免弄脏。

（6）茶泡好后，盖好茶盖，应把茶杯放在客人右前方，茶杯把手向右，以便于客人拿取。

（7）如果有一桌客人，应从主人的右边即第一主宾处倒起，顺时针转动。

在物业客户服务工作中，客户服务人员迎客待客时也需要注意：客户进来时，客服人员应马上放下手头的工作，面带微笑，起身相迎，并招呼客户就座。如果客人进来时客服人员正在通电话，其也应马上站起来，先跟通话一方说声"对不起，请稍停一下，我这儿来了客户"，然后捂住话筒招待客户入座，并请客户稍等，再尽快结束通话。如果客服人员手头工作无法在短时间内完成，应介绍其他人员负责接待。

（五）送客礼仪

送客是接待的最后一个环节，如果处理不好，将影响到整个接待工作的效果。

1. 婉言相留

无论是接待什么样的客人，当客人准备告辞时，一般都应婉言相留，这虽是客套辞令，但也必不可少。客人告辞时，应在客人起身后再起身，将客人送出门，与客人分手时应热情地使用"慢走""走好""再见""欢迎再来""常联系"等话语。

2. 送客有道

对于附近的客人，一般应陪同送行至楼下或大门口，待客人远去后再回办公室。在办公室送客时，送毕返身进屋后，应将房门轻轻关上，不要使其发出声响。如果是乘车离去的客人，一般应走至车前，帮客人拉开车门，待客人上车后轻轻关门，挥手告别，目送车远去后再离开。

四、拜访礼仪

在物业服务企业，客户服务人员常常需要到业主或非业主使用人家里登门拜访，物业服务人员要注意拜访时间的选择和言行举止方面的礼仪。

1. 拜访前的准备

（1）事先预约

拜访前，要打电话或发送邮件进行预约。突然拜访容易给人造成麻烦。拜访的日期和时间要根据对方的情况来确定，如果需要临时拜访，最好在 5～10 分钟之前打电话预约。

（2）选择恰当的时间

在时间的选择上，最好是选对方比较空闲的时间。去写字楼拜访，最好不要选择星期一；如果是到家中拜访，最好选择节假日前夕。由于中国人普遍有午休的习惯，登门时间最好不要安排在中午，当然，更不要选择用餐时间。

（3）拜访礼物及其他相关准备

若需要准备礼物，应注意以下几点：首先，置办礼物前，要搞清楚拜访对象是单位还是个人、和己方是什么关系。其次，要对送礼的性质有清楚的认识。掌握一些有关礼品的知识，不要犯某些忌讳。所赠送礼品要精心包装，这样既可以体现出诚意，还可以提高礼品的艺术性。最后，礼品选好后，应检查一下是否有价签，如果你不想让受礼者知道价格，就应当取下价签。例如，某家物业服务企业在进行客户满意度调查时，选择的礼品是物业服务费的抵用券，这样一方面可以提高业主对客户满意度调查的配合度，另一方面可以促进业主缴费，提高物业服务费缴费率。

此外，还要提前熟悉路线、到达的途径，估算路上需要花费的时间，为准时到达做准备；做好拜访事项的准备，如之前提到的物业服务企业的客户满意度调查，需要在入门之前把问卷取出并整理好，组织好语言，以便达到拜访目的。

这里需要注意的是，拜访必须守时。如因故不能及时到达，应尽早通知对方，并讲明原因。登门太早、无故迟到或失约都是不礼貌的。

2. 拜访着装

出门拜访前应根据拜访对象、拜访目的等选择合适的着装，并整理好仪容仪表。

作为物业服务企业员工，在拜访业主时，要穿制服前往，以传递出"我很重视这次拜访"的友好信息，而制服作为物业服务企业的公关标识，也是你身份的标识，能够让被访者感受到良好的企业文化，进而对企业留下良好的印象，并愿意给予更多的支持与配合。

3. 拜访过程中的举止要求

（1）进门前。若逢下雨天，须在楼门外蹭干净脚底的泥水，甩掉雨伞上的水。进门前，应先轻声敲门或按门铃。需讲究敲门的艺术，正确的做法是：弯曲食指，用食指关节敲门，力度适中，间隔有序地敲三下，等待回应，如无应声可稍加力度再敲三下，如有应声则侧身立于右门框一侧，待门开时再向前迈半步，与主人相对。不能不停地转动门把手或使劲敲门，如果主人询问你的身份，应通报自己的姓名或单位加姓名。

（2）进门时。主人开门，请你进屋，应礼貌地询问主人是否需要换拖鞋，并询问鞋放置的位置（有的家庭是放在门外，而不是地垫上）。夏天，进屋后再热也不应该脱掉衬衫、长裤；冬天，进屋再冷也应脱下帽子、手套，有时还应脱下大衣和围巾，并摆放在主人指定的位置。雨天携带雨具拜访时，进屋前就应向主人询问雨具应该放在什么位置。

（3）进门后。拜访者随身带来的外套、雨具等物品，应该放在主人指定的地方，不可任意乱放。进屋以后，应主动向所有人打招呼或适当寒暄，对陌生人也应点头致意。如果你带其他人来，要主动介绍给主人。就座时按主人指点的座位入座，不可见座位就坐上去。如果主人是年长者或上级，应等主人就座后再坐下，主人让座之后要道谢，并注意坐姿。拜访时一定要"客随主便"，不可乱翻、乱动，乱翻、乱动是对主人很不尊重的表现。总之，我们去别人住所拜访时，一定要自律，尽量不给主人添麻烦。

（4）适度赞美。如果是第一次拜访主人家，应对主人适度夸赞。例如，"您家布置得很典雅，很别致"。听到你真诚、恰当的赞美，主人一定会对你产生进一步的好感。如果接待你的是女主人，一定不要忘了对女主人的能力、审美、气质等方面给予恰当的赞美。特别需要注意的是，无论是对人还是物的赞美，都应当遵循客观、适度的原则。

（5）活动区域有度。客人的活动区域一般限定在客厅，如果主人没有邀请你参观他们的其他房间或设施，不应主动提出参观，更不能未经主人许可进入。一般不要借用主人家的卫生间，实在要借用时，也要注意去客用卫生间。

（6）注意把握时间。和主人交谈时应注意掌握时间，有事必须要与主人商量或向对方请教时，应尽快表明来意，不要东拉西扯，浪费时间，一般情况下拜访时间要控制在30分钟之内或者办完事情后马上告辞。

（7）礼貌告辞。告别前，应对主人的友好热情等表示感谢，并说一些客套话。如果是家访，还不应忘了向主人家里的其他成员说再见。起身告辞时，要向主人表示打扰之歉意，主人送你出门时，应劝主人留步，并主动伸手握别，说"请留步"，待主人留步后，走几步再回首挥手致意。

五、不同物业客户服务岗位的服务礼仪规范

进入工作岗位前，必须整理好着装，正确佩戴工牌，进入工作岗位后应迅速备齐办公用品、资料，回顾岗位工作标准要求及各种流程，以积极的精神面貌迎接业主。在迎接业主时，必须保持规范的礼仪姿态，使用文明用语，工作过程中态度不卑不亢、不急不躁，举止文明，体现专业素养。

1. 客服前台

当业主来访时，应面带微笑，起身主动问候，当业主携带行李、购物袋或笨重的物件时，应主动上前协助或替业主开门。

在接待业主投诉时，应耐心倾听，委婉地探求对方的目的，并做出相应记录，根据业主要求及时联系相关部门处理并跟进处理结果，第一时间反馈给业主。当遇到情绪较为激烈的业主投诉时，如有必要应将其引至其他办公室，了解其投诉事宜。如果无法满足业主提出的要求，不可当场回绝，可以委婉地答复："关于这件事我还需要请示，请您留下联系电话，我请示后马上回复您。"

有业主在场时，不能接听私人电话或旁若无人地大声通电话。确有紧急电话时，应先向客人道歉，然后迅速小声地接听电话，通话结束后再向客人致歉。

业主办完事离开时应主动起身，微笑示意并欠身行礼送行。

接听业主来电时，第一声铃响后才能接起电话，接听之前铃响不得超过三声。接通电话后要耐心听业主说话，并记录电话内容，复述要点，核对记录是否准确，不能打断对方说话。

如有不能马上办理的事宜，应先记录，再向对方说明："非常抱歉，关于这件事我还需要查询，请您留下联系方式，我咨询后马上给您回复。"

通话结束之前说"感谢您的来电"，并等待对方先挂电话，之后方可挂断电话。

2. 客服专员

若要拜访业主，应提前与业主预约，征得业主同意后，方可登门拜访。拜访之前，应检查仪容仪表、服饰着装是否规范，是否带齐需要使用的各种物品，如给业主的礼物、文件、工具等。

到达业主门前应先按门铃，业主回应时应主动礼貌地介绍自己："您好，我是客户服务中心的××，这是我的工牌，刚与您预约好来拜访您。"

得到业主允许进入时，应礼貌致意"不好意思，打扰您了"。穿好干净的鞋套或者拖鞋后方可进入。

进门后不可东张西望，经过业主示意后方可落座，保持标准坐姿，身体应朝向业主，目视对方，面带微笑地说明来意。

出门时应答谢业主，如"谢谢您的支持，请留步"。

3. 销售大厅接待员

应面带微笑，以标准站姿迎接业主，并关注销售大厅的情况，随时为业主提供服务。

及时为业主送上茶水，根据天气情况适当调节茶水温度，按照先长后幼、先女后男的顺序递送茶水，如业主人数较多，直接从最长者处按顺时针顺序递送。

上茶水时，左手拿好托盘，右手拿距杯子底部1/3处，将杯子放置在业主前面的茶几上，注意要轻拿轻放。

如果茶几较矮，服务员应采用蹲式服务。

在服务过程中，托盘应一直置于手上，不可置于桌上或者拿着玩耍。

每隔8～10分钟巡视一遍，观察业主有无需求（如换、加茶水等），注意及时清理茶几上的果壳、纸屑等残留物。

4. 样板房接待员

接待业主时应始终面带微笑，热情耐心地回答业主的问题，语言要亲切柔和，切不可生硬。

站立于门口右侧，距离业主两米时，向业主行躬身礼并问好。

如发现业主拍照，应礼貌地告知对方不能拍照，如："您好，非常抱歉，样板间谢绝拍照，谢谢您的理解和配合。"

如业主使用样板房物品时，可委婉制止，如："您好，如果您感到疲惫，可以到销售大厅稍作休息，那里已备好茶水供您享用。"语言要委婉、柔和，切不可态度粗暴。

参观业主离开时，要鞠躬告别："谢谢光临，请慢走，再见。"

物业客服小专家

物业客户服务人员礼仪注意事项

在工作岗位上，赢得服务对象的尊重是取得成功的重要步骤。要做到这一点，就必须勤勤恳恳，严于律己，维护好个人形象。因为个人在工作岗位上的仪表和言行，不但关系到自己的形象，而且被视为单位形象的具体化身。

维护好个人形象，除了要注意自己的仪表、举止、着装，还要做到"六不"和"四要"。

"六不"就是：不对他人评头论足，不谈论个人薪金，不诬过给同事，不干私活，不接私人电话，不打听、探究别人隐私。

"四要"就是：卫生要主动搞，个人桌面要整洁，同事见面要问好，办公室来人要接待。

同时，物业客户服务人员必须高度重视各种人际关系的协调，应注意以下几个方面：

（1）和客户的关系。对客户要热忱接待、一视同仁。要注意你所处的特殊位置，明确你的形象就是单位的形象，你的态度就是单位的态度。所以，一定要协调好和客户的关系。即使和客户产生冲突，只要没损害到原则，都应该站在体谅客户的角度，退一步进行处理。

（2）和上级的关系。要服从上级的安排，支持上级的工作，并要维护上级的威信。上级需要把握的是大局，不管自己和上级关系怎么样或对他们的看法怎么样，都要以实际行动维护、配合上级的工作。

（3）和下级的关系。要处处尊重，时时体谅，不徇私情，善解人意。当下级提出不同工作意见时，作为上级应该持欢迎和感谢的态度。要利用整个办公室的力量来商讨、解决事情，而不要只顾面子，不懂装懂。如果下属的意见说得太刺耳，甚至是不合实际的人身攻击，只要不妨碍工作，都没有必要耿耿于怀。对于有较强才干、能独当一面的下属，应该积极地提拔。

（4）和平级同事的关系。处理好和平级同事的关系，对于团队精神的体现非常重要。一要相互配合、互相勉励；二要不即不离，保持同事间交往的适当距离；三要诚信待人，互相团结。

任务五　物业服务礼仪应用技能训练

理论测试

一、填空题

1. _____是指人们在社会交往中，由于受历史传统、风俗习惯、宗教信仰、时代潮流等因素的影响而形成的既为人们所认同又为人们所遵守，以建立和谐关系为目的的各种符合时代精神及要求的行为准则或规范的总和。

2. 仪表是一个人_____和_____的外在表现，反映了一个人的性格气质、审美情趣和道德修养。

3. 物业客户服务人员进入工作岗位前，必须_____，正确佩戴工牌，进入工作岗位后迅速备齐办公用品、资料，回顾岗位工作标准要求及各种流程，以积极的精神面貌迎接业主。在迎接业主时，必须保持规范的_____，使用_____，工作过程中态度不卑不亢，不急不躁，举止文明，体现专业素养。

二、选择题

1. 仪容主要包括（　　）。

A. 面部　　　　B. 颈部　　　　C. 手部　　　　D. 发部

2. 拜访私人住宅时要注意（　　）。

A. 不能轻易爽约

B. 进屋时应礼貌地询问主人是否要换拖鞋

C. 客随主便，不要乱翻、乱动

D. 活动区域有限，一般限定于客厅

3. 陪尊贵的客人同行，标准的做法是陪同人员可位于客人的（　　）。

A. 左侧　　　　　B. 右侧　　　　　C. 左后侧　　　　　D. 右后侧

4. 如果是出入无人控制的电梯，陪同人员应（　　）进（　　）出。

A. 后、后　　　　B. 先、后　　　　C. 先、先　　　　D. 后、先

5. 接受礼品时下列哪项礼仪规范是正确的？（　　）

A. 接过礼品后，不能当着送礼人的面打开欣赏，以免让对方感觉没有礼貌。

B. 接受礼品前应推辞再三再接受。

C. 一般情况下，对他人诚心赠送的礼品，只要不违法违规，应该大方接受。

D. 在赠送者对礼品做介绍说明时，不可以对礼品表示任何态度。

6. 为他人作介绍时，方法不正确的是（　　）。

A. 先把男士介绍给女士

B. 先把长辈介绍给晚辈

C. 先把晚到的客人介绍给先到的客人

D. 先把同事介绍给合作方

7. 下楼梯时，一般情况下，陪同人员应走在（　　）面。

A. 前　　　　　B. 后　　　　　C. 左　　　　　D. 右

8. 接电话要及时，一般应在铃响（　　）次之内接起。

A. 1　　　　　B. 2　　　　　C. 3　　　　　D. 4

三、简答题

1. 礼仪的基本原则有哪些？

2. 服务礼仪的内涵是什么？"SERVICE"都包括什么？

3. 各个客户服务岗位的服务人员应该遵守哪些服务礼仪？

技能训练

[实训项目] 物业服务礼仪情景模拟练习。

[实训目标] 通过物业服务礼仪情景模拟练习，让学生能够在不同岗位的物业服务工作中规范服务礼仪。

[实训内容] 根据设定的模拟情景，进行模拟演练，在情景展示过程中，运用各种客户服务礼仪，完成情景模拟实训报告。

[实训组织] ①组成学习小组，小组规模以情景需要为准，分组时以组内异质、组间同质的原则为指导，小组的各项工作由小组长负责指挥协调；②为每个小组成员设定适宜的角色，小组成员共同参与情景设计、讨论工作，共同协作完成情景模拟；③各项目团队

根据实训内容互相交流、讨论并点评。

[**实训考核**] 各项目团队提交实训报告，并根据报告进行评估。

物业服务礼仪情景模拟练习评分表

被考评人		考评地点			
考评内容	考评标准	分值/分	自我 评价/分	小组 评议/分	实际 得分/分
专业知识 技能掌握	了解礼仪的重要性和相关知识	了解	10			
	掌握物业服务仪态礼仪	掌握	20			
	掌握不同岗位物业客户服务礼仪标准	掌握	20			
	报告完成情况	完成	10			
通用能力培养	注重礼仪	注重着装、仪表、礼仪规范、文明用语等客户服务礼仪	20			
	学习态度	积极主动，不怕困难，勇于探索，态度认真	5			
	运用知识的能力	能够熟练自如地运用所学知识	5			
	团队分工合作	能融入集体，愿意接受任务并积极完成	10			
合计			100			

注：1. 实际得分 = 自我评价 ×40% + 小组评价 ×60%。

2. 考评满分100分，60分以下为不及格，60～74分为及格，75～84分为良好，85分及以上为优秀。

思政园地

一、思政目标

培养学生知礼自立、明德修身的品质。

二、知识点

物业服务礼仪。

三、思政元素

立德树人是教育的根本任务。

四、融入途径

1. 案例导入：办了好事被误解怎么办——以"礼"服人。

2. 观点讨论："卑鄙是卑鄙者的通行证，高尚是高尚者的墓志铭"观点讨论。

3. 个人练习：说说服务礼仪常识。

项目六　物业客户服务基本技能

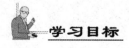

学习目标

知识目标：1. 通过学习本章，学生能了解倾听和微笑在客户服务中的作用，并熟练掌握倾听、微笑的服务技巧。

2. 熟练掌握语言表达和肢体语言运用的服务技巧。

3. 熟练掌握接打电话的服务技巧。

能力目标：1. 能够熟练运用各种客户服务基本技巧，为业主提供接待服务。

2. 能够为业主提供电话咨询服务。

素质目标：1. 培养学生的服务意识。

2. 提升学生的服务热情。

3. 能够换位思考，培养学生解决问题的能力。

思政目标：培养学生尊重他人、理解他人、宽容、诚信等美好品德。

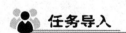

物业客户服务小技巧解决大麻烦[①]

一天下午就要下班时，某小区物业客户服务中心来了两位女士，一位是韩国女士，一位是她的翻译。

那位年轻一点的翻译小姐上来就发脾气："你们通知 8 月中旬通天然气，怎么又说要推迟，中国人办事就是拖拖拉拉。"负责接待的工作人员先请两位女士坐下，倒了两杯水（问好、请坐、敬茶，使用标准的接待程序，表现出我们的待客之道及对来访业主的重视，以便更好地与来访者沟通），然后微笑（微笑也是缓和气氛的法宝之一）着解释："很对不起，我们原来接到燃气公司的通知是 8 月中旬通气，现在他们又发来了延期的通知。"翻译小姐仍一脸的不高兴："这位可是外国朋友，耽误了她的时间简直太不像话了！"

---

① 来源于网络，有改动。

在旁观察了一会儿的客服中心主管这时走过来，示意接待人员暂停解释，先对韩国女士点头致意，然后看着翻译小姐说："小姐，您也是中国人吧?"（这句问话很有艺术性，不卑不亢，不轻不重，明是无心，实是有意）翻译小姐脸腾地红了，低下头。主管接着说："由于不可预见的因素而导致事情拖延的情况在中国有，在国外也有。现在的事实是天然气确实通不了，这肯定会给大家的生活带来不便。如果您需要用罐装液化气过渡，我们物业公司会尽全力给你们提供帮助的。"（不掩饰和回避问题，主动提出解决方案，表现了全心全意为客户服务的精神）翻译小姐怔了一下，回头用韩语对韩国女士复述。

韩国女士脸上的神情稍稍变得轻松一些，她和翻译交流时，韩语中偶尔夹杂着几句英语。主管见机主动用英语与她对话"十分抱歉给您带来不便，当您需要时，我们会尽可能地帮助您"，说着还将物业公司的联系电话写在纸条上递给她，"请您理解我们工作的难处，我想我们今后一定会在一起愉快地共处"。韩国女士惊讶中露出愉快的神情，也用英语回答："很抱歉错怪你们，希望您理解我的心情。我担心我丈夫吃不上可口的饭菜，所以十分着急……"说着大家都笑了起来。

第二天上午，那位韩国女士又给客户服务中心打来一个致歉的电话，电话中双方谈得非常愉快。

物业客户服务工作是一项与人打交道的工作，掌握沟通技巧是物业客服人员的基本功，沟通技能包括倾听、微笑、语言沟通和肢体语言的沟通，这些最基本的客户服务技巧，可以帮助客户服务人员很好地与客户进行沟通，减少与业主的纠纷。

知识探究

任务一　倾听的技巧

一、倾听的含义与作用

（一）倾听的基本概念

倾听是接收口头及非语言信息、确定其含义和对此做出反应的过程。由此可见，倾听不仅仅是拿耳朵去听，还包含理解和在理解的基础上所做出反应的过程。此外，真正的倾听者还能敏锐地察觉言语背后的真正含义，能从客户的肢体语言中看出客户的真实心理。

倾听过程包括四个阶段：接收信息、予以注意、赋予含义、记住它们。因此，倾听不但是耳朵听到相应声音的过程，而且是一种情感活动，需要通过面部表情、肢体语言和话语的回应向对方传递一种信息：我很想听你说话，我尊重和关心你。

听一般分为五个层次（见图6－1）：

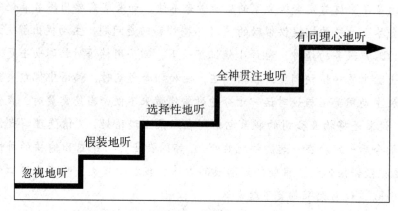

图6－1　听的层次

1. 第一层次：忽视地听

这是最低层次的听，即听而不闻，心不在焉。这种情况下，客服人员把客户的话当成耳边风，根本没有往心里去，也即平常所说的"充耳不闻"。

2. 第二层次：假装地听

这是听的第二层次，属于敷衍了事，也就是我们常说的"左耳进，右耳出"。在这个层次上，客服人员完全没有注意客户所说的话，而是考虑其他无关的事情，或正想着如何辩驳。他们更感兴趣的不是听，而是说。这种听，会导致客服人员和客户关系的破裂，乃至冲突的出现。

3. 第三层次：选择性地听

只听自己感兴趣的话题并把它们记在心上，而对自己不认可或不感兴趣的部分不予理会。在这个层次上，客服人员有选择地听取他们想要听取的信息，把注意力都放在了他们的策略上。所以，他们总是会错过客户通过语调、身体姿势、面部表情所表达出的意思，最终导致误解、错误的举动、时间的浪费和对情感的忽略。另外，客服人员通过点头来表示正在倾听，而不反馈、印证问题，会使客户误以为自己所说的话完全被听懂了。

4. 第四层次：全神贯注地听

客服人员能够集中精神、主动地听客户讲话，并复述对方的话表示确实听到，但是即使每句话都听进去了，对于客户的本意却不一定能够很好地把握。另外，客服人员以语言或非语言的方法向客户确认已听到了其所说的内容，用表情或声音对客户的话做出积极的回应，以鼓励客户继续发表意见。

5. 第五层次：有同理心地听

这是听的最高层次，即真正用心倾听。不仅听客户所说的话，还能设身处地地理解客户的感受，听取客户的想法和意见，协助客户分析和解决问题。处于这一倾听层次的客服人员能够更好地避免对客户做出武断的评价，避免受到过激言语的影响，其总体宗旨是带着理解和尊重去倾听。站在客户的角度，了解对方的需求，只有这样才会赢得客户的信任。

良好的倾听技巧可以帮助客服人员解决与客户沟通过程中的许多实际问题。可以说，在一场成功的客户沟通过程当中，有效倾听所发挥的作用绝不亚于陈述和提问。

（二）倾听的作用

倾听是沟通的重要组成部分。它让我们能够与周围的人保持接触，一般来讲，我们很少只为消遣而倾听，而是为了"四个目的"倾听：①获得事实、数据或了解别人的想法；②理解他人的思想、情感和信仰；③对听到的内容进行选择；④肯定说话人的价值。

对于客服人员来讲，学会倾听更为重要。倾听不但可以帮助其了解客户的内心世界、处境情况，而且可以显示其对客户的重视，从而使客户对其产生信赖感。

与客户沟通的过程是一个双向的、互动的过程。从客服人员一方来说，他们需要通过陈述向客户传递相关信息，以达到说服客户的目的。同时，客服人员也需要通过提问和倾听来接收来自客户的信息，如果不能从客户那里获得必要的信息，那么客服人员的工作都将事倍功半。对于物业客服人员来说，有效倾听在实际沟通过程中的具体作用如下：

1. 体现对业主的尊重和关心

当物业客服人员认认真真地倾听业主谈话时，业主才可以畅所欲言，提出自己的意见和要求，甚至发泄不满，从而使其在倾诉和被倾听中获得尊重和关心。如果此时的物业客服人员只是简单地、忽视地去听，则很难让业主获得尊重感、满足感，反而会激化业主与物业人员之间的矛盾。只有通过有效的倾听，向业主表明自己十分重视他们的需求，并且正在努力满足他们的需求，才能拉近物业客服人员与业主之间的距离。

2. 获得相关信息

有效的倾听可以使客服人员直接从客户口中获得相关信息。在传递信息的过程中，总会有或多或少的信息损耗和失真，经历的环节越多，传递的渠道越复杂，信息的损耗和失真程度就越大。所以，经历的环节越少，信息传递的渠道越直接，人们获得的信息就越充分、越准确。越早了解业主的真实意图，就可以越早地帮业主解决问题，少走弯路。

3. 解决业主的问题，提高业主满意度

物业客服人员是为了解决业主问题而倾听，而不是为了倾听而倾听。在倾听的过程中，物业客服人员可以通过业主传达出的相关信息判断业主关注的重点问题和业主的真正需求，了解到他们咨询的问题究竟是什么，重点是什么，他们提出的问题和意见是怎样的。然后，物业客服人员就可以针对这些问题和需求，寻找答案和解决的办法，为业主提供优质、满意的服务，进而提高整体的物业服务水平，最终令业主满意。

☀ **小故事大道理**

三座金像

从前，有个国王，收到了邻国送来的三座黄金塑造的人像。这三座塑像不但外表一模一样，连重量也完全相同。邻国的国王让他判定哪一座金像更有价值。

大家左看右看，怎么也看不出这三座金像有什么不同。正当大家都一筹莫展的时候，一位老臣走上前来仔仔细细地看了又看，最后，他发现每座金像的耳朵上都有一个小孔。于是他要了一根极细的银丝，从金像的耳朵里穿进去。他发现，第一座金像的银丝从耳朵里穿进去，从嘴里钻了出来；第二座金像的银丝从一边耳朵穿入，从另一边耳朵钻出；第三座金像的银丝则是从耳朵穿入，直接掉进了肚子里。于是，老臣对国王说："尊贵的陛下，这第一座金像提醒我们：有那么一种人，他听到点什么事，一眨眼的工夫就从嘴里说了出去；第二座金像，就像另外一种人，他从这个耳朵听到了什么，马上就从另一个耳朵溜出去了；而这第三座金像，他很像一位能够把听到的事记在心里的人。陛下，您现在可以判断哪一座金像最有价值了吧？"

（三）倾听的障碍

倾听有以下六种障碍：

（1）心理防御。一般来说，人们不愿得到坏信息，更有些人经常以自我为中心，本能地排斥坏消息。或许我们认为听不到相对于听得到是一种更好的方式，因为听到后你不得不去面对它，其实不然，只有当你听到或能确切地预见危险时，你才会想去避免和处理它。实际上，只要你怀疑有坏信息，你都应该更深入地探查。

（2）缺乏自信（忐忑不安）。许多人由于紧张、惶恐，在本应细细倾听之时而过度地说教。另外，在交谈中，如果你的心不能静下来，谈话者会认为你没有全神贯注地听他讲话，进而对你的能力产生怀疑。

（3）焦虑。

（4）习惯。

（5）被动倾听。被动倾听者认为听是毫不费力的事，他们认为"我不需要做任何事，只需坐着听"，或者"如果不是重要的内容，我就不需要听"。

（6）不承认别人的价值。还有一些人不会倾听，这是因为他们不认为别人能说出有价值的信息。

二、有效倾听的技巧

(一) 倾听的三大原则

1. 耐心

在提供服务时，要以诚恳、专注的态度倾听客户的叙述，给客户充分的表达时间，尤其在介绍完服务项目及相关知识后，要耐心地倾听客户的意见和想法。客户通常没有时间为你多讲几遍，也不会反复强调重点，有时甚至会下意识地隐藏自己的真实需求，这就更需要服务人员在倾听时保持高度的耐心和细心。

通常，客户所说的话都有一定的目的，有时候，一些无关服务的话题，服务人员也许认为无关紧要，可对客户来说却意义非凡。此时，如果服务人员表现出厌烦或不专心，那么很可能会使客户生气，甚至影响其消费的欲望。

2. 关心

要以关心的态度倾听，让客户能够试探你的意见和情感，不要用自己的价值观去指责或评判客户的想法，而要对他们有同理心。

在客户谈话的过程中，不要马上问许多问题，因为不停地提问会使客户觉得在被"拷问"。让客户畅所欲言，不论是称赞、抱怨、驳斥还是警告、责难、辱骂，服务人员都要仔细倾听，并做出适当的反应，以表示关心和重视。

(1) 带着真正的兴趣倾听客户在说什么。

(2) 要理解客户所说的话。

(3) 在倾听的过程中要始终与客户保持目光接触，观察他的面部表情，并注意其声调变化。

(4) 必要时，记录客户所说的内容，它会帮助你更认真地听，并记住对方的话。

(5) 对客户的话适当予以回应。人们往往希望自己的话能得到听者的共鸣，因此，在听的同时，不时地点头，适时插入一两句话，会让客户觉得你不是在敷衍，而是在真心倾听。

3. 不要一开始就假设明白对方的问题

永远不要假设你知道客户要说什么。在听完之后，问一句"你的意思是……""我没理解错的话，你需要……"等，以验证你所听到的内容。

(二) 倾听五部曲

1. 做好准备

准备工作就是要克服倾听过程中的各种障碍。

首先，是客观环境上的障碍，要尽可能地找一个安静的地方，避免嘈杂的环境影响听的效果。如果沟通的时间很长，最好是双方都坐下来，并且给自己和客户都倒一杯水，尽可能使双方处于一个平和、友好的状态下沟通。

其次，要克服倾听时的心理障碍。客服人员要做好倾听客户讲话的心理准备，要有耐心地倾听，还要做好业务和知识上的准备，对于物业客服人员来说，就是要熟悉本物业公司的情况、各项业务内容，熟悉物业管理区域内的设施设备、周边环境、配套公共设施等，掌握各方面的业务知识，这样客服人员在倾听客户讲话时，面对客户的问题可以专业而又熟练地应对。

最后，要准备好笔和记录簿，以便随时记录重要的谈话内容。

2. 集中注意力

听人说话是一门学问，在倾听客户谈话时，应集中注意力，避免外界的干扰，更不要心存偏见，只听自己想听的或是以自己的价值观来判断客户的想法。

当客户说话速度太快，或所讲内容与事实不符时，客服人员绝不能心不在焉，更不能露出不耐烦的表情。一旦客户发觉你并未专心地听他讲话，那么你将失去客户的信任。

3. 做好记录

把客户说话的重点记录下来，除了能防止遗忘外，还具有核对功能：核对你听的与客户所要求的有无不同的地方；在日后的工作中，可根据记录检查是否满足了客户的需求；可避免日后如"已经交代了""没听到"之类的纷争。

4. 适当发问，理出头绪

客户在说话时，原则上客服人员要有耐心，不管想不想听都不要打断对方，同时为了表示对客户谈话的注意，可以适时地发问，这比一味地点头称是或面无表情地站在一旁更为有效，更能够表现出你在认真倾听客户的谈话内容，表现出了你对客户的尊重与关心。

此外，客服人员应仔细思考客户说过的每一句话并提出问题，以确定客户该说的或想说的是否都已经说完。客服人员适当地发问，既能使谈话更具体生动，又可帮助客户理出头绪，从倾听中了解客户需求，并且在倾听中发现说服客户的关键。客服人员在与客户沟通时，应用心地听，学会用三种"耳朵"来听客户说话：听他们说出来的，听他们不想说出来的，听他们想说又表达不出来的。

当客户的心中有意见、问题、疑难等，且他们并不想把真正的想法告诉你时，客服人员就要找出话题，通过适时发问让客户不停地说下去，这样不但可以避免因片段语言而产生的误解，也可以从客户的谈话内容、声调、表情、身体动作中观察、揣摩出其真正的需求。客户通常会提很多不需要提供答案的问题，此时，客服人员可以借着倾听让那些受委屈的客户有机会倾吐，那么问题就解决了一大半。只要听得够久，再加以引导，客户自己就能找出适当的答案。

5. 时时注意锻炼

听他人讲话也是一门艺术。客服人员要掌握好这门艺术，首先就要时时注重锻炼，在日常工作和生活中认真地学习，把每一次与家人、朋友或服务对象的交谈，都当成锻炼的机会。不要因为事情无关紧要就掉以轻心，要认真地对待每一次谈话，养成倾听的习惯，这样才能更好地掌握倾听技巧。慢慢地你会发现，你的倾听水平得到了很大程度的提高，而且从倾听中你会学到许多有用的知识。

（三）有效倾听的技巧

最好的倾听方式就是站在对方的立场去听、去反应、去认识、去理解、去记忆，这样既能使听者集中注意力全神贯注地听，又能较好地理解说话者的原意，使对方受到尊敬和鼓舞，愿意讲真话、说实话，并发展彼此间友好的关系。那么，作为物业客服人员，也应站在业主的立场上去倾听，并尽可能地多听，努力发现业主的认识和看法、意见；利用各种语言和非语言的方式表示你在认真听；不急于表达自己的观点，更不能轻易对业主的话做出评论。力求做到有效倾听，在倾听中表现出对业主的尊重，准确理解业主的看法和意见，以便做出正确的反应，提升物业客户服务水平。有效倾听的技巧有：

1. 永远不要有意打断客户

在与客户交谈时，要学会克制自己，抛开自己的兴趣和偏见，以客户为中心，协助客户把话讲完。有的客户说话很慢，也许你能把他的话表达得更明白——但你千万别这么做，因为没有什么比感到别人没有在认真听自己说话更让人恼火的事情了。

客服人员还经常会遇到不得不打断客户谈话的情况。比如，客服人员在听客户说话的过程中办公室的电话突然响了，如果不接电话，电话铃会响很长时间，安静的谈话环境也会被破坏，但如果去接电话，就不得不打断客户的讲话。有时候，我们能够接受无意的打断，就像上面讲过的，你可以先去接电话，但如果不是紧急的事情，一定要在短时间内挂断电话，并向对面讲话的客户道歉。但是电话铃最好不要一而再再而三地响起。

随意打断客户讲话会打击客户说话的热情和积极性，如果客户当时情绪不佳，而你又打断了他们的谈话，那无疑是火上浇油。所以，当客户的谈话热情高涨时，客服人员可以给予必要的、简单的回应，如"噢""对""是吗""好的"等。除此之外，客服人员最好不要随意插话或接话，更不要不顾客户喜好另起话题。

例如，"等一下，我们的维修人员绝对不会犯这种错误……""您说的这个问题我以前也遇到过，只不过我当时……"，不要轻易用这些话来打断客户。

提升倾听能力的技巧中，最主要的一个技巧就是要学会什么时候应该说话，什么时候应该保持沉默。真正优秀的客服人员都是倾听的高手，他们沉默寡言，只在关键的时刻发表自己的意见。

2. 既要听事实，又要听情感

站在客户的立场去倾听，不仅要倾听客户所表达的事实，还要努力听出话语背后的情感，这是倾听要求两个不同的层面。

听事实：对方说了哪些话？他讲这些话的意思是什么？

听情感：这是更重要的层面——你要能听清楚别人在说这些事实的时候他的感受是什么，话语背后的含义是什么，需不需要给予回应。

例如，业主打电话给物业客服人员说："你看，我们家的水管刚修没两天又坏了！"——这是一个事实。物业客服人员回答："哦，是吗？哪天修的？我们再派人去修吧。"——这就是对这个事实的关注。但如果这样回答："是吗？又坏了？您别着急，我马上再派一个老维修工过去修！"——这就是对情感的关注了。因为业主在打电话时流露出了着急与不满，而客服在回复时也应该在言语中体现出关切与安慰，并答应派一个更有经验的维修人员立刻去修理，让业主放心。

客服人员在与客户沟通的时候，运用倾听的技巧，通过面部表情、肢体语言给予回应，这些都是对客户的一种情感关注。而在表示这种关注之前，先要在听客户说话的时候分辨出对方所说的哪些是情感的内容哪些是事实的部分，并作出适合的反应与回复。

3. 抓住客户谈话的重点

倾听的目的在于鉴别客户表达的需求中哪些是重要的哪些不太重要，从客户的说话重点中掌握客户的真实需求。

此外，能清楚地听出对方的谈话重点，也是一种能力。因为并不是所有人都能清楚地表达自己的想法，特别是在不满时，因为受情绪的影响，人们经常会语无伦次。而且，除了排除外界的干扰，专心倾听以外，还要排除对方的说话方式给你造成的干扰，不要把注意力放在说话人的咬舌、口吃、地方口音、语法错误和"嗯""啊"等习惯语上面。

如果你清楚地听出了客户的谈话重点，就要让他明白这一点，可以使用"让我们来看一看我是否理解了……"或者"我觉得我理解了……"作为开头，还可以用自己的话重复一遍你所听到的内容，表明你已经理解了说话人的信息，而不要说"你要说的东西是……""我听到你说的是……"这类话。

4. 适时地表达自己的意见

谈话必须有来有往，如果客户长时间讲话而得不到回应，势必会给他造成心理压力，使他不愿意再继续下面的话题。所以要在不打断对方谈话的原则下，适时地表达自己的意见，及时反馈，这才是正确的谈话方式。

通过及时地反馈信息，你也可以更好地理解对方的意思，同时让对方感受到你在注意听，而且听明白了，这样还可以帮助你避免走神或疲惫。

倾听反馈包括两方面的内容，即事实复述和情感复述。

（1）事实复述。倾听事实意味着需要听清楚对方说什么，而事实复述就是对你所听到的内容进行重复描述。比如，代接电话时，最好把对方电话里所说的事项简要地复述一遍，这就是对事实的复述。事实复述的好处有三点：①分清责任；②提醒客户是否有遗漏的内容；③体现客服人员的职业素质。

（2）情感复述。与听事实相比，更重要的是听情感。客服人员在听清客户所说的事实时，还应该考虑客户的真实感受。情感复述就是对客户的观点和感受不断地给予认同。比如，在客户说完后，客服人员会说"您说得有道理""我理解您的心情""我知道您很着急""您说得很对"等，这些都是对情感的复述。在复述的过程中，情感复述的技巧最为重要，也相对较复杂。这就要求客服人员在倾听的过程中学会肯定客户的谈话价值，这会让客户发自内心地感到很高兴，觉得自己的情感得到了认同，同时会对肯定他的人产生好感。因此，在谈话中，一定要用心去找对方谈话的价值，并给予积极的评价和赞美，这是获得对方好感的有力途径。

此外，对于客户在谈话过程中表达的某些可能有失偏颇的观点，不要直接批评或反驳。如果你实在难以对客户的观点做出积极响应，那可以采取提问等方式改变客户谈话的重点，引导客户谈话，而不是随意打断客户谈话。

5. 配合表情和恰当的肢体语言

当你与客户交谈时，对客户所说的内容关心与否，往往能够直接反映在你的脸上，所以在与客户交流时，必须配合恰当的表情，用嘴、手、眼、心去说话：始终与客户保持目光交流；身体稍向前倾，以示对客户的尊重和对谈话的重视；保持微笑；当客户表达的观点与自己一致时，适当地点头表示赞许，以鼓励对方继续讲下去；当客户表达的观点与自己不符时，不要表现出厌烦的情绪，要耐心地听对方讲完；当客户讲到关键处时，可以抬一抬眉毛，对方往往会着重阐述关键的部分，有助于自己对重点的理解。

任务二 微笑的技巧

一、微笑的方法

1. 自然微笑法

第一步，拿一支不太粗的笔，用牙齿轻轻横咬住它，对着镜子，摆出"E——"音的口型，向后拉伸嘴角两端的肌肉，微张双唇，这时面部和嘴部的形状就是合适的"微笑"，拿出笔后，要依然能够保持这种面部表情。

第二步，轻轻浅笑，减弱"E——"的程度，这时可感觉到颧骨被拉向斜后方。相同的动作反复做几次，直到感觉自然为止。

2. 微笑三结合

（1）与眼睛结合。当你在微笑的时候，你的眼睛也要"微笑"，否则，给人的感觉是"皮笑肉不笑"。眼睛的"笑容"有两种：一是"眼形笑"，二是"眼神笑"。可以做以下练习：取一张厚纸遮住眼睛下边部位，对着镜子，心里想着最使你高兴的情景。这样，你的整个面部就会露出自然的微笑，这时，你的眼睛周围的肌肉也处于微笑的状态，这是"眼形笑"。然后放松面部肌肉，嘴唇也恢复原样，可目光中仍然含笑脉脉，这就是"眼神笑"的境界。学会用眼神与客人交流，这样你的微笑才会更传神、更亲切。

（2）与语言结合。很多时候，一个亲切的微笑还不够，需要把微笑和语言相结合，如与业主打招呼的时候，如果光笑不说，对方会觉得你很腼腆，如果光说不笑，则会让人觉得你不真诚，所以在微笑的同时还要说上一句"早上好""您好"等。

（3）与身体结合。肢体语言也是一种有效的无声语言，如果把微笑与恰当的肢体语言相结合，让微笑融入你的肢体动作，会显得更相得益彰，发挥出更好的作用。此外，笑容还来自健康的身体、愉悦的心态、饱满的精神。因此，作为物业客服人员，应该保证充足的睡眠，保持良好的心态和优秀的服务精神。

3. 避免过度表达

微笑不能过度表达，同时要注意场合和情形。恰当的微笑才是人们交往中最有吸引力、最有价值的面部表情。笑得得体、适度，才能充分表达友善、诚信、和蔼、融洽等美好的情感。

二、微笑训练

微笑的时候，首先要放松面部肌肉，其次使嘴角微微向上翘起，让嘴唇略呈弧形，最后在不牵动鼻子、不发出笑声、不露出牙龈的前提下轻轻一笑。

1. 引导练习法

闭上眼睛，调动感情，发挥想象力，或回忆美好的过去，或展望美好的未来，使微笑源自内心，有感而发。

2. 镜子练习法

可以在桌面摆一面小镜子，以便随时练习。利用镜子练习，力求使眉、眼、面部肌肉、口型在笑时和谐统一。

3. 当众练习法

按照要求，当众练习，使微笑规范、自然、大方，克服羞涩和胆怯的心理，也可以请观众评议后再对不足的地方进行改正。

4. 情绪记忆法

可以借助"情绪记忆法"辅助训练微笑，即将生活中最令人高兴、最有趣的事情记录下来，需要微笑时，想一想这些快乐的事情，脸上就会自然地流露出笑容。

5. 理智训练法

微笑服务是服务人员职业道德的内容和要求，服务人员必须按要求去做，坚信"客户是上帝""客户至上"的理念，即使有不愉快的事也不能将情绪带到工作中去，要学会过滤烦恼。

6. 高级微笑法

口眼结合，训练笑意。这种微笑应该是发自内心的，不仅要求嘴唇动，还要求眼神含笑。训练时，可以用一张厚纸挡住鼻子以下的部位，对着镜子练习，直到可以看到眼神中含着笑意。

任务三　说话的技巧

一、运用语言的基本原则

1. 目的性原则

人与人之间的沟通，总是具有一定的目的性：或告诉别人一件事情，或请求别人帮忙，或命令对方去行动，或打听某方面的消息等。话语是信息交流的媒介。说话人通过话语来传达自己的意图，听话的人则透过话语来领悟说话人的意图。

2. 情境性原则

情境是由沟通过程中时间、空间的沟通方式等因素构成的沟通环境，其对言语行为起着制约作用。说话者必须根据沟通情境来选择话题和组织语言，以使表达内容和表达形式与情境相适应。

3. 正确性原则

正确性指言语表达必须符合语言规则或规范，也就是要符合语法。只有遵守语言规范，才能准确无误地传达信息，才能为听者或读者所接受；倘若违背了语言规范，就会造成沟通障碍。

4. 得体性原则

语言运用得体，无疑可以帮助说话者实现说话的目的，反之，不得体的语言则会适得其反。在与客户交流中，不得体的语言表达会拉大客服人员与客户之间的距离，造成抱怨升级、投诉增多。

二、说的技巧

沟通效果大多取决于说话的方式，而非说话的内容。梅拉宾的研究结果表明（见图6-2），在两个人的交流中，55%的信息来源于肢体语言，38%来自辅助表达，只有7%才来自谈话内容。

因此，在进行语言沟通的时候，不仅要注意选择适当的词语，还要注意选择适当的语速、适当的语调和声调，适时幽默，保证语言的清晰和简洁，要注意时间的选择和话题的相关性等，所有这些因素都会影响到沟通的效果。客服人员在与客户说的过程中应注意这些影响语言沟通的因素，掌握以下"说"的技巧：

（一）说话时要热情、真诚、耐心

我们都有这样的体验，如果和你说话的人对你们的谈话缺乏热情、缺少耐心，一直板着脸，心不在焉，你的心里会很不舒服，因为对方在与你的谈话中缺少对你应有的尊重，

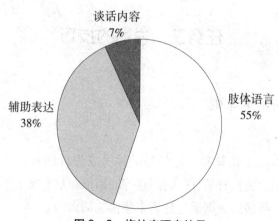

图6-2　梅拉宾研究结果

你会很想尽快结束这样的谈话。这种缺乏热情、真诚与耐心的谈话，肯定达不到想要的沟通效果，反而会使双方的关系变得更糟。所以，客服人员在说话的过程中，要发自内心地给予对方尊重，而体现尊重最有效的方法，就是表现出你的热情、真诚与耐心。

（二）把握好声音暗示

客服人员的声音暗示在沟通过程中起着不可忽视的作用。声音可以说是客服人员表现自我的工具，客服人员应尽量利用自己温暖的声音给客户留下好感。同时，声音与情绪也有很大的关系，高兴时，声音自然较为轻快；而不高兴时，声音就会变得沉重。可以说，声音是交谈过程中传递信息最重要的载体。客服人员要想自信地表达自己的观点和信息，就必须努力尝试改善声音。在与客户沟通时，要学会控制自己的声音，做到吐字清晰、音量适中、语调抑扬顿挫、语速合适。

声音暗示，包含语调、音量、语速、音色和清晰度以及其他语音特征：

1. 语调

语调的变化（或高或低）会融入传达的信息中，从而显著地影响别人对信息的理解。通常，在声音暗示中，语调是最能体现一个人说话的个性的，语调富于变化，说明你是一个丰富而有趣的人，而缺少了语调的变化，则会让人听起来乏味。客户服务人员在与客户的对话中，语调变化也关系到态度是否真诚，阴阳怪气的语调变化会让客户很不舒服。

语调的变化可以说是口头信息传达过程中的"声音标点"。例如，在问句的结尾通常刻意提高音调来表明"提问语气"。此外，还有一个小技巧就是，在说话的时候使用语音"逗号"，即短暂停顿，以便于理解。

2. 音量

根据声音传播的范围可以判定出声音的大小，音量即指声音的大小。有些客服人员惯于用很小的声音来说话，使人听起来很吃力，如果再加上口齿不清，讲话含含糊糊的，便很容易使客户对客服人员提供的服务产生怀疑。

　　恰当地控制音量有助于突出讲话重点，在提到重要的信息时把声音提高几分可以引起客户的特别注意，在谈及特别重要的内容时降低声音同样能起到类似的效果。音量高低并没有固定的模式可以遵循。如果与客户交流时你过于情绪化，以至于声音不自觉地抬高，客户就会感受到你强烈的不满情绪，这很容易使双方的抵触情绪升级，影响你和客户的关系。

　　根据环境和客户倾听的舒服度，你可以选择升高或降低说话的音量。认真听取客户意见是非常必要的，在电话中交谈时尤其如此。

　　3. 语速

　　讲话的速度对发出的信息也会有影响，快速讲话会给对方一种紧迫感，有时是需要这种效果的。但如果一直快速讲话，会使对方转移注意力，并难以理解你的话。反之，也不能讲得太慢，这会使听者不知所云，或者使听者厌倦而抓不住讲话的重点。可以根据所说内容的重要性来变换速度，即不重要的内容语速要快，重要的内容语速要慢。

　　4. 音色

　　音色与理解信息也有着密切的关系。音色的种种变化有的能鼓励客户倾听，从而促进沟通，有的则对交流有阻碍作用。音色变化产生的影响取决于客户听到你声音后的感觉。客服人员应尽量避免使用令人不愉快的音色说话，如刺耳、沙哑和鼻音浓重的音色等。

　　5. 清晰度

　　清晰度是指发音的清晰度。如果你吐字含混或经常使用省略句，用普通话交谈时带有方言，就容易引起客户的误解，甚至造成客户的反感。发音不清楚，尤其是说普通话不清晰的客服人员，应该多加练习。

　　6. 停顿

　　人们交流时的停顿既有好处也有坏处，就看你如何使用了。好处是：预留时间（也可以通过语调变化）帮助客户思考，强调某个观点，或等待对方对你刚刚所说的话有所反馈。但千万不要滥用停顿或干扰性声音，这样反而会过犹不及。这里的干扰性声音是指可以听得到但又无具体含义的声音，比如"哦"，一般当人们听到这些干扰的时候，就会对讲话者产生以下印象：讲话者心存疑虑，或在伪装掩饰，或过分紧张等。

　　7. 沉默

　　沉默是一种交流的策略，沟通的时候恰当地用沉默表达你的态度，可以使你的谈话拥有意想不到的魅力。客户抱怨连连时，你沉默，表示你对他的关注、尊敬以及深切的理解；侃侃而谈之际，你突然沉默，表示你在静待对方的回应。

　　然而，沉默不是任何时候都适用的。比如，客户在急需你的反馈或解决方案时，你沉默的态度会让客户觉得你对他的态度是漠不关心。这种态度只会令客户更加不满。

　　8. 客服人员声音暗示的禁忌

　　（1）忌犹豫。说话时声音颤动或犹豫，客户会理解成客服人员缺乏底气或者言不由衷。

（2）忌过于温和。声音过于温和，会让人觉得有气无力。

（3）忌声音过高。过高的声音往往令客服人员显得缺乏涵养，表现出一种压倒或胁迫他人的气势。尤其是在处理问题时，如果声音超出这种场合需要的话，则看起来好像已经失去理智。

（4）忌尾音过低。客户本来听得很好，可到了一句话的结尾或关键处，客服人员的声音近乎消失了，这使得说出的句子听起来很不完整。

（5）忌语调中含有刺耳的成分。谈话中大部分的情感因素是通过客服人员说话时的语调体现出来的。当客服人员情绪消极时，在与客户交流中不自觉地会加入不良情绪，客户往往会将它想得比客服人员的本意要糟很多。

（6）忌咬文嚼字。客服人员所说的每一句话都是由单个词语组合起来的，有意识地"咬文嚼字"会让语速自然减慢。

（7）忌"连珠炮"。当客服人员讲话的语速远远超过客户时，会让客户认为是过于激动，急于求成。

（8）忌慢条斯理。与讲得过快相反的一种误区就是讲得过慢，这样会导致客户对所讲内容失去耐性。

（9）忌过多的语气词。常见的语气词有"嗯"等。表达信息时偶尔使用这些词并不会引起别人的注意，但如果频繁使用，就会显得啰唆，反而会分散客户的注意力，让人怀疑究竟你知不知道自己在说些什么。

（三）措辞要简洁、专业、文雅

在信息传递过程中7%的信息来源于谈话内容。它是影响信息传递和信息解释的重要因素，在很大程度上决定着交流能否融洽地进行。客服人员的语言表达应礼貌、简洁，突出重点和要点，以尽可能少的文字传递大量的信息。当然，简洁并不意味着只能使用短句子或省略重要的信息，而是指字字有力量、句句有内容。专业词语应选用适当，条理清晰，用词准确。在与客户沟通时，应当避免夸大其词，不做虚假的宣传，不做不可能兑现的承诺。

1. 适宜使用的语言和应该回避的语言

不要使用含混不清的词语或者不常用的专业术语。尽量避免使用诸如"我不确定"或者"我尽力而为"这样的回答，你应该自信地告诉客户"我会给您一个满意的答案"或"我可以做到……"。

另外，你还应该警惕"全局性词语"的使用（如"总是""从不""每个人"和"全部之类"的表达）。如果你对业主说"我们总是在3小时之内派人赶到报修地点"，但是业主并没有见到这样的事实，他就会认为你在说谎。如果你换一种说法，向业主说明"我们会尽力在3小时之内赶到报修地点"，或者"我们的目标是在3小时之内赶到报修地点"，虽然前后所表达的意思大体相同，但暗含的意义却大不相同。

在这里介绍几种客服人员适宜使用的语言及技巧：

（1）说"我会……"，以表达服务意愿。

客服：您的问题我明白了，我会马上给有关部门打电话询问的，我将在12点前给您回电话，好吗？

客户：好的，谢谢！

（2）说"我理解……"，以体谅对方情绪。物业公司经常会遇到业主的抱怨，客服人员如果能够站在业主的角度多为业主想一想，妥善处理这些抱怨，就会得到业主的谅解与支持。

客户：楼上水管爆了，把我们家都给淹了，都半个小时了，你们还不来修，服务质量也太差了吧！

客服：我非常理解您的心情！我们一起来看看，有什么办法能够补救。

（3）说"您能……吗"，以缓解紧张气氛，取得客户的配合。如果只是强硬地命令客户做事，客户往往很难接受命令语气，不会积极地配合。

客服：您能轻声一点吗？其他的客人都在休息。

客户：没问题。

（4）用"您可以……"代替说"不"。当你不能完全满足客户的要求时，不要简简单单地用一个"不"字就把客户打发走，如果你还有别的办法补救，可以用"您可以……"的表达方式来代替说"不"。或者尽管你可能帮不上忙，但是却想表达你的真诚，乐于为客户提供服务，你也可以用"您可以……"的表达方式。例如：

（×）"我对此一无所知，这不是我分内的事，你得去财务部查一查。"

（√）"您可以在财务部查到。"

（5）及时说明原因，以节省时间。人人都有好奇心，尤其是关乎自己利益的时候，人们更是爱"刨根问底"，所以这时候客服人员可以先向客户讲明原因，使客户了解或理解你的意思和想法，这样可以节省你和客户的时间。例如：

（×）客服：我们不能让您把家具搬出去。（10秒）

租户：（因不解而抱怨）为什么不能？我是这里的租户，有合同，你们有什么

权利不让我搬出去？你们的服务……（1分钟）

客服：您别生气，情况是这样的，您必须得到业主的许可，并到客服中心办理手续，我们才能放行。这是要保障业主的财产安全。（30秒）

租户：早说嘛，给他打个电话不就行了。（10秒）

（√）客服：您好，为了保障业主的财产安全，您需要征得业主同意后到物业中心办理物品搬出手续，我们方可放行。（30秒）

租户：好的。（3秒）

（6）用"我"代替"你"，以纠正错误。在与客户交谈中，你必须小心话中的"意有所指"，特别是在客户心烦气躁的时候。这种"意有所指"包括使用诸如"你"这个词，例如，"本来你应该打电话来通知我们"，或者"你没有按照装修规定去做"，这样的话中蕴含着怪罪于人的意味。面对这样的话，人们一般都会很反感。这时候，可以用"我"来代替"你"，让客户以为你是站在客户的立场上，并没有把错误怪在他的身上，而是帮助他一起解决问题，这样客户就更容易接受你的解决方案了。例如：

（×）客户（责骂）：我的装修申请表已经交给你好长时间了，怎么还没办好？比我晚来的都弄好了，你们这是怎么回事啊？

客服：你的申请表填错了，当然没法办！

客户：是你们让我这么填的！

（√）客户（责骂）：我的装修申请表已经交给你好长时间了，怎么还没办好？比我晚来的都弄好了，你们这是怎么回事啊？

客服：您先别急，您的申请表里的一些内容填错了，刚才可能是我说得不够清楚，这里应该……

2. 使用文明用语

在客户服务工作中，不要侮辱、挖苦、讽刺客户，不要使用粗俗的语言，不要与客户发生争论，应牢记"客户永远是对的"这句话。

3. 客服人员"七不问"

在服务过程中，对于客户的个人隐私，一般不要多问，以免引起客户的不满，进而影响服务质量评价。

（1）不问年龄。年龄是一个敏感的话题，所以千万不要当面问客户的年龄，也不要从别处打听。

（2）不问婚姻。婚姻属个人隐私，向客户打听这方面的信息是很无礼的行为。尤其不要向异性客户打听其婚姻状况，这样有"过分关心"之嫌。

（3）不问收入。在某种程度上，收入与个人能力和社会地位有着密切的关系，是一个人的脸面问题，如果冒失地询问客户的收入状况，容易造成双方尴尬的局面。

（4）不问住址。客户一般不会随便留下地址，因为他们不喜欢被人打扰。所以，除非客户需要上门服务，否则不要轻易问他们住址。

（5）不问经历。个人经历是一个人的秘密、底牌，往往会涉及隐私，一般人们都不喜欢他人去触及，因此，不要随意打听客户的经历。

（6）不问学历。学历也是个人的隐私之一，特别是学历低的客户，更加不想让别人提起，所以服务人员不能向客户问学历情况。

（7）不问身体状况。

（四）话语因人而异

说话要因时间、地点、人物的不同而有所不同，由于每个人都有自己与众不同的听说习惯、性格特征，即使是同一需要、同一动机，在不同的客户那里，表现方式也会有所不同。所以，为了把话说到客户的心坎儿上，客服人员不仅要了解客户的需要、动机，还要对不同的客户有一个基本的认识，这样才能有的放矢，提高沟通效果。

1. 根据客户接收信息模式的不同分类

（1）视觉型客户。视觉型客户喜欢用眼睛来看，主要通过视觉接收信息。这种人头脑中图像的转换速度很快，在语言表达时，为了追上头脑中图像的变化，他们往往说话速度快，音调也较高；他们的呼吸较为短促，且通常以胸腔部位呼吸，所以视觉型客户在说话时胸腔起伏较大，经常在说话时耸肩伸颈。

（2）听觉型客户。听觉型客户喜欢用耳朵来听，说话时音调平和、呼吸匀称，通常说话时胃部起伏较大，交谈时喜欢把耳朵侧过来仔细听。

（3）感觉型客户。感觉型客户接收信息时总喜欢通过身体感触一下再反馈、表达出来。这种人说话慢吞吞的，声音低沉，说话时停顿时间长（需要去感受及思考），通常以腹部呼吸。

对信息接收模式不同的客户，要使用不同的语速、语调。例如，对感觉型客户，如果你想和他沟通或说服他去做某件事，但是却用对视觉型客户说话的语速跟他描述，恐怕收效不大。用与他同样的说话速度和音调，这样他才能听得真切，否则你说得再好他也听不懂。相反，对于视觉型客户，若你慢条斯理地对他说话，一定会把他惹急。所以，对不同的客户要尽可能使用不同的方式来说话，这样对提高客服人员的沟通能力和帮助其建立亲和力有莫大的帮助。

2. 根据客户听别人说话时注意力的集中与分散分类

（1）漫听型客户。漫听型客户在听别人说话时漫不经心，注意力不集中。对待漫听型客户，客服人员应导入其感兴趣的话题，并不时地与其保持目光接触，使其专注于自己的谈话，并不断向他提一些问题，讲一些他感兴趣的话题，强迫他集中注意力。

（2）浅听型客户。浅听型客户常常忙于揣摩别人接下去要说什么，所以听得并不真切。他们很容易受到干扰，甚至有些客户还会有意寻找外在干扰。客服人员应简明扼要地阐述自己的观点，不要长篇大论，以免客户心烦。

（3）技术型客户。技术型客户会很努力地去听对方说话。他们只根据对方说话的内容进行判断，完全忽视对方的语气、体态和面部表情。他们较多关注内容而较少顾及感受。客服人员应尽量多地提供事实和统计数据，明确提出观点，并让他们积极反馈。

（4）积极型客户。积极型客户会着重领会说话的要点，注重思想和感受。应对这类客户，客服人员应注意选择其感兴趣的话题，运用语言表达技巧，与其多进行互动反馈。

3. 根据客户的工作方式和处事风格分类

（1）支配型客户。支配型客户办事严肃认真，有条不紊，他们在做决定之前会收集大量的资料。这种人很少有面部表情，其动作缓慢，语调单一，习惯使用精确的语言，注意特殊细节。对待这种类型的客户，可直接与其进行目光交流，说话节奏要快，要尽快步入正题；要守时，不要拖沓；言语应清晰、准确、简洁，避免过多的解释、闲聊；要将注意力集中于将要产生的结果。

（2）分析型客户。分析型客户往往注重事实、细节和逻辑，强调问题的合理性、客观性。对此，要与客户有目光接触，但偶尔也要转移目光；语速要适中，声音要柔和；不用生硬的语气；要向他征求建议和意见；不要在逻辑上反对他的想法；鼓励他讲出疑惑或担心；避免给他施加过大的压力来让他做出决定；在所有目标、行动计划和完成日期方面达成一致。

（3）表达型客户。表达型客户具有率直、热情、友好、活泼、外向、合群、幽默等特点。对这种客户，应给他充分的时间表现自己；由于他讲话富有表情，在同他讲话时也要富有表情；声调应该显示出自己友好、热情、精力充沛、有说服力的特点。

（4）和蔼型客户。和蔼型客户具有易合作、友好、有耐心等特点。他们一般都不太自信，但善于表达情感，对人友好且富有同情心。跟这类客户沟通，要放慢语速，以友好、放松的方式沟通；要向他提供个人帮助，以建立彼此之间的信任关系。

总之，与客户沟通要力求顺应对方的特点，选择有共同点的话题。因人而异地进行沟通，彼此间的冷漠就会渐渐地消退，进而逐渐亲密起来。

三、接打电话的技巧

面对面沟通和电话沟通都是语言沟通，利用声音来传递信息。但是在面对面沟通的过程中，沟通的双方能通过面部表情、眼神的交流、姿势动作的变换等这些肢体语言来传递更多的信息，而电话沟通，由于双方只能通过电话沟通而不能见面，所以这些肢体语言是看不到的，但是在电话中沟通的双方，也能够通过语速、语气、语调等声音的变化来判断对方的态度和想法（见表6－1）。

表6-1 　　　　　　　　　　　　电话沟通与面对面沟通传递信息的区别

	面对面沟通	电话沟通
言语性	声音	声音
非言语	面部表情 姿势 眼神接触 声调 速度 语气等	速度 语气 声调等

接打电话可以参考以下几个技巧：

1. 坐直，深呼吸，面带微笑

如果你打电话时状态懒散或面无表情，对方听到的声音就是无精打采、死气沉沉的；若你坐姿端正、面带笑容，所发出的声音也会亲切悦耳、充满活力。

2. 控制情绪，保持良好的心情

情绪不佳，语调往往会生硬、呆板，容易引起对方误会。要保持良好的心情，让对方即使看不见你但从轻快的语调中也会被你所感染，进而对你留下极佳的印象。

3. 清晰明朗的声音

电话沟通由于需要介质传递声音信息，客服人员的说话更要吐字清晰、语调平稳。打电话时，口要对着话筒，不使用免提键，说话音量不宜太大、太小，咬字要清楚，吐字要比平时略慢一点，语气要自然，用词适当，语调要抑扬顿挫，必要时要把重要的内容复述一遍，当对方听不清发出询问时，要耐心回答，切忌不耐烦，始终要给人以和蔼、亲切的感觉。

4. 迅速准确地接听

听到电话铃声，应迅速准确地拿起听筒，最好在电话铃响三声之内接听；听到电话铃声后，如果附近没有其他人，我们应该用最快的速度拿起听筒，这样的态度是每个客服都应该拥有的；如果电话铃响了五声才拿起话筒，应该先向对方道歉。

5. 准确记录

认真、清楚地记录，准确运用5W1H技巧，即 When（何时）、Who（何人）、Where（何地）、What（何事）、Why（为什么）、How（如何）。

6. 了解来电的目的

每个电话都十分重要，不可敷衍。即使对方要找的人不在，也切忌只说"不在"就把电话挂了。接电话时也要尽可能问清事由，避免误事。即使自己无法处理，也应认真记录，汇报给相关部门进行解决。

7. 挂电话前的礼貌

一般应当由打电话的一方提出结束电话交谈，然后彼此客气地道别，说一声"再见"再挂电话，不可自己讲完就挂断电话。

以下是几个接打电话的示例。

（1）接电话

（×）电话响了半天才不情愿地拿起来。

  客服："喂，谁呀？"

  业主："是物业客户服务中心吗？"

  客服："你自己打哪你自己不知道？找谁？"

  业主："我家的暖气坏了，希望你们派人来维修一下。"

  客服："这事不归我们管，你打到维修部问问。"

  挂机。

（√）铃响两声拿起电话。

  客服（微笑）："您好，这里是××物业客户服务中心。有什么可以帮您的？"

  业主："我家的暖气坏了，希望你们派人来维修一下。"

  客服："好的，请问先生，怎么称呼您？"

  业主："我姓王。"

  客服："王先生，维修工作是由维修部负责，麻烦您稍等片刻，我帮您转过去，好吗？"

  业主："好的，谢谢。"

（2）打电话

（对方在的情况）

甲：您好，我是物业客户服务中心的林丽，请问高先生在吗？

乙：您好，我就是。

甲：高先生，您好，打电话来是想邀请您参加我们在下星期三举办的物业公司与业主的座谈会，不知道您有没有时间光临？

乙：可以，没问题。

甲：太好了，那我们下星期三上午10点钟在物业办公楼一楼会议厅见。

乙：好的，谢谢。

甲：谢谢，再见。

（对方不在的情况）

甲："您好，我是物业客户服务中心的王永，我想找刘兴先生。"（清楚报出双方姓名）

乙："抱歉，刘先生现在不在。"

甲："请问他等一下会回来吗?"（询问下次的联系方法）

乙："是的，他大约 16：00 回来。"

甲："那我会在 16：05 再打过来，如果刘先生想要联络我，欢迎他随时打客服中心电话 12345678。谢谢。"（预约并表示欢迎随时联系）

乙："好的，再见。"

（3）代接电话

甲：您好，我是物业客服中心的张新，请问黄先生在吗?

乙：张小姐，抱歉，他有事走开了，请问您需要留口信吗?

甲：是的。

乙：您稍等，我拿笔记一下，好了，您请讲。

甲：我想跟他确认一下他的车位租赁事宜。

乙：好的。请问怎么联系您?

甲：我的电话是 12345678。

乙：好的，等他一回来我就转达给他。

甲：谢谢，再见。

乙：不客气，再见。

接电话的注意事项：①铃响三声内拿起听筒；②报出名字并问候对方；③确认对方名字；④询问来电事项；⑤再次汇总确认来电事项；⑥礼貌地提出结束电话；⑦挂断电话。

打电话的注意事项：①拨通电话；②自我介绍；③确认对方并问候；④说明来电事项；⑤再次汇总确认来电事项；⑥礼貌地提出结束谈话；⑦挂断电话。

任务四 肢体语言运用技巧

一、肢体语言沟通的内涵与作用

肢体语言是口头交流之外的又一种沟通方式，这种沟通需要借助表情、动作或体态等来进行，比如，眼神的交流和手势传递的信息。有了肢体语言的配合，整个沟通过程才显得更加充实和活跃。

肢体语言沟通的主要目的是使互动中的双方有效地分享信息。肢体语言在客户沟通中的作用具体表现为：

1. 体现客户服务人员的服务态度

肢体语言沟通的首要功能是态度和情绪的表现，除了措辞和声音中语音、语调的变化可以表现出态度和情绪外，客服人员的面部表情、肢体动作也会流露出他当时的心态。例如，客服人员在与客户交谈时，眼睛游离不定，不敢正视客户，微笑中缺少真诚，这都会让客户产生怀疑，产生不良效果。相反，如果服务人员在与客户的沟通过程中保持正常的目光接触，肢体语言表现得温文得体，微笑服务中带着真诚，则会大大提升客服人员的服务水准，让客户产生好感，使其保持高忠诚度。

2. 通过肢体语言的调节互动作用来传递信息

在两人谈话时，肢体动作被用于维持和调节沟通。例如，看着谈话者意味着可继续谈话，而看别处则意味着谈话该结束了。不同的肢体动作在长期形成的沟通习惯中都具有各自的含义。肢体动作可帮助交谈者控制沟通的进行。因此，非语言暗示，如点头、对视、皱眉、降低声音、改变体位、靠近对方或离开对方，所有这些都调节着信息的传递，客服人员不仅要自己掌握这些信息，更要通过了解这些肢体动作的含义了解客户在谈话过程中的心理状态，了解客户通过不同肢体语言所表达的诉求。

3. 在与客户沟通中发挥着辅助、替代语言表达的作用

肢体语言就像谈话内容的"一幅幅插图"，来辅助语言表达的不足，或部分替代语言表达。

4. 显示客服人员形象，进而彰显企业形象

肢体语言可以帮助人们在他人面前恰如其分地表现自己的形象。经验告诉我们，对于一个人的认识，在很大程度上来自对其肢体语言的观察。诸如年龄、身份、地位、兴趣、爱好、情感、意志、态度、倾向等有关自我的信息，都可以从肢体语言中表现出来。我们要求物业客服人员统一着装，在仪态仪表方面时刻注意自己的形象，这也是在向业主展现物业公司的企业形象。

二、主要肢体语言沟通形式及其表达的含义

按照不同的身体部位划分，肢体语言可以分为表情语、手势语和肢体动作语三大类。下面就主要的肢体语言逐一进行介绍。

（一）表情语

表情语是指人们表现在面部的思想感情。它是凭借眼、眉、嘴以及面部肌肉的变化等体现出丰富内容的。人们对现实环境和事物所产生的内心体验以及所采取的态度，就是通常所说的感情，它经常有意无意地通过面部表情显示出来，形成表情语。

1. 微笑

客服人员一定要掌握的表情语就是微笑，客服人员应以亲切的微笑、一流的服务态度为客户服务，让客户有一种宾至如归的感觉。微笑的技巧我们已在本项目任务二中做过详细介绍。

2. 眼神

"眼睛是心灵的窗户",眼神变化尤其能反映人们内心的思想感情等,因此客服人员一定要学会观察客户的内心想法,同时要学会利用眼神的交流向客户传递你的真诚和关心,以赢得客户的信任。

眼神交流往往担负了许多"任务",比如,表示对谈话专心或感兴趣的程度,表明和保持亲密的关系,影响对方改变态度或说服对方,使双方的互动有章可循,交流情感,定义彼此间权力和地位的相互关系,等等。

客服人员可以利用眼神的变化,配合客户所表现出的面部表情,以及其他肢体语言来揣摩客户的心理,试图去了解客户究竟希望得到什么样的服务,客户为什么希望得到这样的服务,怎样才能够满足客户的需求,以为其提供满意周到的服务等。此外,客服人员还要学会利用眼神的交流向客户传递自己的真诚和关心,来博得客户的信任与好感。在与客户说话时,保持稳定、真诚的目光接触是必需的。以下是沟通中的目光运用技巧:

(1) 稳定的目光接触。稳定的目光接触是沟通的关键。稳定的目光接触可以表现出对客户的尊重及对其所说内容的重视。反之,眼神闪烁不定,则反映出态度不诚实;说话时东张西望,是心不在焉、敷衍搪塞的表现;总是望着天花板或是看着地面,表明对谈话没有兴趣;不断地看时间,则是不耐烦的表现;回避对方的视线,是不愿被对方察觉自己的心理活动的表现。当客服人员与客户讲话时,应该看着客户,但这并不意味着需要一直盯着客户,对于不熟悉的人或年轻女士更不应该如此,那样是不礼貌的。

一般来说,目光接触对方脸部的时间应占全部谈话时间的30%~60%,超过这一平均值,可认为对谈话者本人比对谈话内容更感兴趣;低于此平均值,则表示对谈话内容和谈话者本人都不怎么感兴趣。让人感到比较舒服的眼神交流持续时间是5~10秒,然后时不时地转移视线。

自然地眨眼睛和偶尔的目光扫视都是正常的和不可缺少的。通常,眨眼一般每分钟5~8次。眨眼时间超过1秒钟则表示厌烦、不感兴趣,或表示自己比对方优越,有轻视或蔑视的意思。若在1秒钟之内连续眨眼几次,往往是对某事物感兴趣的表现;有时也可理解为由于个性怯懦或羞涩,不敢直视而做出不停眨眼的动作。

(2) 看正确的地方。进行目光接触时,不应直愣愣地盯着客户的眼睛,而应尽量直视客户的脸、眼睛附近。对于不熟悉的客户,目光接触的地方是"大三角",即头顶到两肩的大范围区域;对于较熟悉的客户,目光接触的地方是"小三角",即头顶至两颊之间的区域;而对于很熟悉的客户来说,可以注视其"倒三角",即两眼至鼻子的范围。

(3) 目光要敏锐。运用敏锐的目光观察客户可得知其年龄、服饰、语言、身体语言、行为及态度等信息,但观察时表情要放松,不要扭扭捏捏或紧张不安,不要表现得太过分,像是在监视客户。

(4) 感情要投入。只有投入感情,设身处地地为客户着想,去观察和体会客户的内在需求,用目光传达善意和真诚,才能提供优质有效的服务,赢得客户的支持与信任。应该避免可能干扰信息传递的目光接触行为，诸如直视、怒视、突然扫视、目光游离不定及频繁眨眼等。因为这会让客户感觉不舒服。

3. 面部表情的控制与识别

面部表情，除了我们说的眼神以外，还包括头部、脸色和眉毛以及嘴的动作。面部表情除了可以透露出一个人的心理以外，还能够反映出他的性格。

客服人员要努力提升自己的文化修养和内在气质，学会控制自己的面部表情，时常保持微笑，使自己成为一个笑容可掬、面容和善、具有亲和力的人。

面部表情的识别如下。

（1）头部

身体直立，头部端正：表现的是自信、严肃、正派、有精神的风度。

头部向上：表示希望、谦逊、内疚或沉思。

头部向前：表示倾听、期望或同情、关心。

头部向后：表示惊奇、恐惧、退让或迟疑。

点头：表示答应、同意、理解和赞许。

（2）脸色和眉毛

脸泛红晕：一般是羞涩或激动。

脸色发青、发白：因生气、愤怒或受了惊吓而异常紧张。

皱眉：表示不同意、烦恼，甚至是盛怒。

扬眉：表示兴奋、庄重等多种情感。

眉毛扬起再降下：表示惊讶或悲伤。

（3）眼神

眼睛正视：表示庄重等。

仰视：表示思索等。

斜视：表示轻蔑等。

俯视：表示羞涩等。

（4）嘴

嘴巴自然闭拢：表示和谐宁静、端庄自然等。

嘴巴半开：表示疑问、奇怪、有点惊讶等。

嘴巴全开：表示惊骇等。

嘴角向上：表示怀有善意、礼貌、喜悦等。

嘴角向下：表示痛苦悲伤、无可奈何等。

嘴唇噘着：表示生气、不满意等。

嘴唇紧绷：表示愤怒、对抗或决心已定等。

总之，面部表情是相当丰富的，在人际沟通中，它发挥着十分重要的作用。作为客服人员，可以通过识别客户的面部表情揣测客户的内心，同时应该通过控制自己的面部表情，向客户传递友好与真诚，以获取客户的信任与好感。

（二）手势语

1. 手势语的内涵和作用

手势语主要是指通过手指、手掌、手臂所发出的各种动作向对方传达信息。很多时候，人们还可以通过自己手部的特定动作向交流的另一方表达特定的信息。

手势语有两大作用：一是能表示形象；二是能表达感情。在社交活动中，手势运用得自然、大方、得体，使人感到既寓意明晰又含蓄高雅。手势在人际交往中有不同的寓意。手势可表达情感，使其内涵丰富、寓意深刻，如握手、鼓掌都能表达出一个人的情感；手势可表示某种抽象的信念，有象征的意义，如法庭作证将手掌高高向上举起表示下面所说的每句话都真实无误；形象手势还可给人一种具体、形象的感觉，如拇指与食指或其他指尖摩擦，通常暗示对金钱的渴望；指示某项具体行为和事情时可用指示手势，如请进、请坐使用单臂横摆式的手势。

2. 手势语的识别

手心向上：表示坦诚直率、善意礼貌、积极肯定等。

手心向下：表示否定、抑制、贬低、反对、轻视等。

抬手：表示请对方注意，自己要讲话了等。

招手：表示打招呼、欢迎或请过来等。

推手：表示对抗、抗拒或观点对立等。

单手挥动：表示告别、再会等。

伸手：表示想要什么东西等。

藏手：表示不想交出某种东西等。

拍手：表示表示欢迎等。

摆手：表示不同意、不欢迎或快走等。

两手叠加：表示互相配合、互相依赖、团结一致等。

两手分开：表示分离、失散、消极情绪等。

紧握拳头：表示接受挑战、下定决心、提出警告等。

挑起拇指：表示称赞、夸耀等。

伸出小指：表示轻视、挖苦等。

食指伸出：用于指明方向、训示或命令他人等。

多指并用：用于列举事物种类，说明先后次序等。

双手挥动：表示呼吁、召唤、感情激昂等。

客服人员在使用手势时，应注意力度的大小、速度的快慢、时间的长短，不可以过度。手势的运用应该明确精练，自如和谐，体现个性。明确精练，是指在谈话时应该配合有声语言的内容，使手势成为有目的的动作，而且要注意用较少的手势去衬托、突出、强调关键性的话语，增强信息沟通的精确度和效率。自如和谐，指手势同有声语言要有内在的联系、巧妙的呼应，情发于中而手动于外，既不能矫揉造作、无中生有，也不能死板呆滞、机械笨拙。体现个性，指运用手势配合表达的时候，应当显示个人风格，显示个性特征。手势同说话人的性格、气质是紧密相关的。爽朗敏捷的人同内向稳重的人的手势肯定是有明显差异的。

打手势的关键是要轻松自然，忌不自信、不明确，不宜单调重复或手舞足蹈，要注意动作的协调。另外，手势语言不可滥用，不同国家、不同民族会有不同的语义手势，有时同一种手势却有不同含义，甚至意思正好相反，因而在与不同国家或民族的人交往时一定要了解对方的手势语言，以免犯忌。

（三）肢体动作语

客服人员应注意自己的一言一行，避免不良的举止行为。这里主要介绍应避免使用的肢体动作语。

1. 头部

盲目地摇头晃脑；经常挤眉弄眼；两眼死盯住别人不放或闭眼听人讲话；板着面孔斜眼看人；时不时露出凶恶的表情；当众吸鼻子、吧唧嘴、擤鼻涕；未说话先咳嗽清嗓子，倒吸气；说话时唾沫横飞；冲着别人打哈欠、打喷嚏；摆弄头发，当众梳头等。

2. 手足

情绪一激动就手舞足蹈，忘乎所以；掰手指；手指不停地敲桌子、笔记本等；数钱用手蘸唾沫，甚至用舌头舔手指；摆弄或咬指甲；当众把手伸到衣服里去；当众剔牙；握手时过分用力或者毫不用力；说话时用手指点对方；坐着时跷起二郎腿或不停抖腿；把腿、脚摆到桌子上或伸到前面座位上；跟客户说话时双手叉腰或两腿叉开；走路时东倒西歪、摇摇晃晃等。

3. 其他

随地吐痰；进屋用脚踹门；当众化妆或涂指甲油；坐立不安等。

此外，客服人员在运用肢体动作语时，还要注意以下"三忌"：

（1）忌杂乱。凡是没用的、不能表情达意的动作，如用手摸鼻子、随便搓手、摸桌边等都是多余而杂乱的肢体动作。

（2）忌泛滥。空泛的、重复的、缺少信息价值的肢体动作，像两手在空中不停地比画、双腿机械地抖动等。

（3）忌卑俗。卑俗的肢体动作，视觉效果很差，极为损害自我形象。

任务五 物业客户服务基本技能训练

理论测试

一、填空题

1. 听的五个层次包括_____、_____、_____、_____、_____。

2. 倾听的三大原则是_____、_____、_____。

3. 肢体语言是口头交流之外的又一种沟通方式，这种沟通需要借助_____、____
____或_____等来进行，有了肢体语言的配合，整个沟通过程才显得更加充实和活跃。

二、简答题

1. 有效倾听在实际沟通过程中的具体作用是什么？

2. 有效倾听的技巧有哪些？

3. 运用语言的基本原则是什么？

4. 接打电话的技巧有哪些？

5. 客服人员有哪"七不问"？

技能训练

[实训项目] 物业服务基本技巧情景模拟练习。

[实训目标] 通过物业服务基本技巧情景模拟练习，让学生熟练掌握各种服务技巧在物业服务工作中的运用。

[实训内容] 根据设定的模拟情景，进行模拟演练，在情景展示过程中运用各种客户服务技巧，完成情景模拟实训报告。

[实训组织] ①组成学习小组，小组规模以情景需要为宜，分组时以组内异质、组间同质为指导原则，小组的各项工作由小组长负责指挥、协调；②为每个小组成员设定适宜的角色，小组成员共同参与情景设计、讨论工作，共同协作完成情景模拟；③各项目团队根据实训内容互相交流、讨论并点评。

[实训考核] 各项目团队提交实训报告，并根据报告进行评估。

物业服务基本技巧情景模拟练习评分表

被考评人			考评地点		
考评内容		考评标准	分值/分	自我评价/分	小组评议/分	实际得分/分
专业知识技能掌握	掌握各种客户服务技巧的意义	了解	10			
	掌握各种客户服务技巧	掌握	20			
	妥善处理物业事务的能力	掌握	20			
	报告完成情况	完成	10			
通用能力培养	学习态度	积极主动，不怕困难，勇于探索，态度认真	10			
	运用知识的能力	能够熟练自如地运用所学的知识进行分析	10			
	团队分工合作	能融入集体，愿意接受任务并积极完成	10			
	解决问题的能力	合理解决问题	10			
合计			100			

注：1. 实际得分 = 自我评价 ×40% + 小组评价 ×60%。

2. 考评满分 100 分，60 分以下为不及格，60~74 分为及格，75~84 分为良好，85 分及以上为优秀。

思政园地

一、思政目标

培养学生尊重他人、理解他人、宽容、诚信等美好品德。

二、知识点

物业客户服务技能。

三、思政元素

跟习近平学与群众沟通的技巧。

四、融入途径

1. 案例导入：物业客户服务小技巧解决大麻烦——用心沟通的重要性。

2. 观点讨论：人际交往中，有的人总是游刃有余，既得领导喜欢，又得客户信赖，这种人虚伪吗？

3. 个人练习：个人情商测试。

项目七　日常物业客户服务

学习目标

知识目标：1. 通过本章的学习，了解物业客服中心各项日常工作的意义以及了解业主服务档案管理的相关内容和物业服务 App。

2. 理解首问责任制的基本原则。

3. 掌握日常报修服务的基本流程。

4. 掌握咨询和引导服务的技巧。

能力目标：1. 能够为业主提供各项物业业务的咨询和办理工作。

2. 能够提供日常报修接待服务。

3. 掌握业主服务档案的收集、整理分类、装订、立卷归档管理工作。

素质目标：1. 培养认真负责的工作态度。

2. 能够按照标准流程处理各项日常物业工作。

思政目标：培养学生的"工匠意识"。

任务导入

灵活沟通＋专业维修赢得业主认可①

一天上午，海丽花园客服人员小黄接到报修电话："新年好！海丽物业服务中心，请问有什么事可以帮到您？"

"你好，我家厨房被水淹了，赶快派人来修！"

"好的，小姐，您别着急，能告诉我您家厨房具体哪里漏水吗？"

"顺着地漏往外冒！"

"好的，您家的地址是？"

"A 区××楼××门××室，冒得非常厉害，赶紧派人来。"

小黄一边做着记录一边安慰业主："没问题，我们的维修工马上就到，再见！"

---

① 来源于网络，有改动。

小黄挂断电话后，马上通知工程部，工程部立即派了水暖工于师傅，于师傅带着吸泵在5分钟内赶到了业主家，到房间一看，只见厨房小阳台已积了一寸多深的污水，腥臭的污水还在不断地涌出。于师傅急忙用吸泵试图疏通地漏，但十多分钟过去了，于师傅忙出一头汗，可地面的污水没有一点动静，看来只能另想办法解决了。

"小姐，这个地漏堵得很死，吸泵无法通开，一定得用机器才能打通，但按管理规定要收80元的费用。"于师傅满脸歉意地对业主说。

业主一听就不高兴了："我家洗衣机这几天都没有用过，怎么可能是我家地漏堵了，一定是主下水管的事，没道理要我家付钱。"

说罢，业主便又打电话到物业客服中心，说"维修工不想干活，故意抬高价格"，接到投诉电话后，客服中心便派区域管理人员小王去业主家处理。

小王到业主家后查看了情况，耐心地解释道："您家厨房洗菜盆下水和阳台的地漏是连通的，共用一个出口，若您家的洗菜盆堵塞，污水也会从地漏冒出来。"

但业主仍一口咬定不是她的事。见此情况，小王心想一句话很难给业主讲清楚，而且正是过春节的喜庆日子，不能让业主不高兴，便对业主说："小姐，您看这样行不行，我们先用大机器给您把地漏疏通了，赶紧把污水处理了，您好安心过节。如果疏通过程中发现是主下水管堵了，我们物业承担费用，如果是您家洗菜盆堵了，您再付维修费。"

业主欣然同意了。机器取回来后，由于地漏存水，弯头机器较难通过，同时为了证明是业主家自己的下水堵塞，于师傅就有意从洗菜盆下水口将机器打下去，结果立竿见影，很快阳台的积水从地漏流走了。在事实面前，业主这才信服是自己家的地漏堵了。看着小王和于师傅大过节的还在自己家里忙活，业主赶忙向他们道歉，痛痛快快地支付了80元修理费。在后来的回访中，业主表示很满意，十分感谢小王和于师傅。

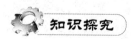 **任务分析** ▶▶▶

接待报修服务也是物业客服中心服务人员的重要服务工作，而维修服务涉及客服中心和工程部等多个部门的相互协调，由各部门合作完成。因此，要按流程办事，在具体的工作中我们也要了解业主的心理，注意服务技巧。

知识探究

任务一　接待问询服务

接待服务是物业客户服务中心日常服务的主要工作。从接待形式来看，包括接待来电、接待来访，随着各种通信方式的发展，还包括传真、电子邮件、网络等接待服务；从接待对象来看，接待对象多样，包括业主或非业主使用人、施工队、居委会、业主委员会、潜在的租户等，任何群体或个人都有可能成为我们提供接待服务的对象；从接待内容来看，主要是日常的问询服务、报修服务、各种手续的办理服务、缴费服务、投诉等，服务内容多样化，这就要求客服人员不仅要熟悉物业的各种信息，掌握各种服务的流程，同时要能够熟练运用服务技巧，为来访、来电对象提供满意、优质的接待服务。

物业管理服务中的问询服务主要是指物业客户服务人员针对询问者提出的疑难问题或情况进行帮助或解答。问询服务是物业客服中心最基本的服务内容，在日常服务中占据了相当大的比例，如问路及对服务项目、服务收费、房屋、设施设备使用等各方面的问题。客户服务中心工作流程如图7-1所示。

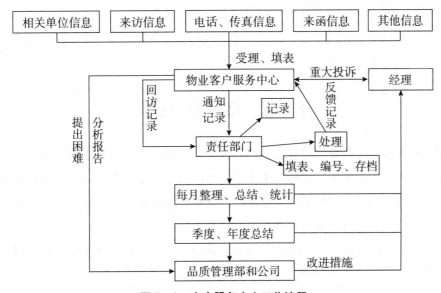

图7-1 客户服务中心工作流程

在接待问询服务过程中，作为物业客服人员，首先要熟悉各类问询内容，如小区物业的客服人员应熟悉小区内各楼栋、各个楼层、物业公司内部各职能部门办公室位置及电话，熟悉本公司名称和房间号码，掌握附近交通设施、商业配套方面情况，熟悉各种设施、服务项目的营业时间和收费标准，能够准确解答询问者提出的各类问题。此外，还要熟练运用本书项目五中所讲述的各种服务技巧，做到礼貌服务、微笑服务、周到服务，力求使业主或非业主使用人等问询者满意，给他们留下美好印象。

随着物业服务行业的不断发展，越来越多的物业服务企业认识到客户关系管理的重要性，重视客户服务水平的提高，在服务模式上不断创新。例如，物业服务企业建立的"首问责任制"，即客户问到的第一位员工应帮助客户解答或者解决问题，力求使每一位客户都得到满意的答复。

首问责任制的基本原则包括：

（1）客户首次问询的员工为第一责任者。

（2）第一责任者对所接待的当事人要做到热情、耐心，对办理的业务、反映的问题或要求应认真做好记录。

（3）当事人的问询或办事事项属于第一责任者分管职责范围的，并且能够一次办结的，必须一次办结；需要解答的问题，要耐心解答，不准推脱和误导。

（4）对当事人的问询或办事事项不属于第一责任者职责范围的，第一责任者要认真登记，然后移交给相关部门。任何公司员工接到客户的询问或服务请求、问题投诉，无论是否属于自己的工作责任范围，都应礼貌地对客户做出反应，并将问题详细记录下来，能解答的及时解答清楚，需要反馈给其他部门的应及时做出反馈，不应让客户第二次来电或来访。

（5）凡涉及单位重大事项的，第一责任者要立即向总经理汇报，以便妥善处理。

（6）第一责任者有权先解决客户问题再提交工作联络单。

（7）当第一责任者出现推诿、扯皮、不积极配合或态度蛮横等现象时，部门当事人应给予其批评教育和处分，情节严重的调离原工作岗位。

任务二　接待报修服务

除问询服务外，接待报修服务也是物业客服中心服务人员的重要服务内容。为业主提供维修服务也是物业服务工作中的一个重点环节。当业主家中有物品、设施损坏时，业主一般情况下首先想到的是请物业服务企业帮忙维修，而物业服务企业所提供的维修服务质量的高低，也就成了业主评价其服务水平的重要指标之一。

当维修服务涉及客服中心和工程部等多个部门时，为了能让各部门相互协调合作，就需要一定的报修服务流程（见图7-2）。

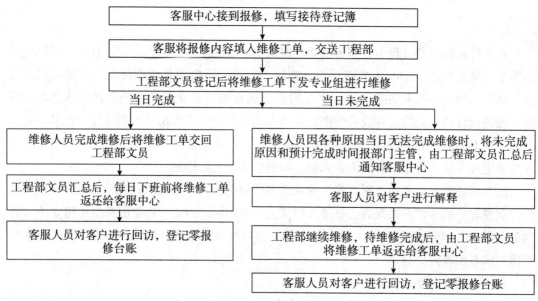

图7-2　报修服务流程

　　客服人员在与业主的沟通过程中要为后面的维修工作收集基本且准确的资料，并针对业主报修内容，告知业主所提供的维修服务属于无偿还是有偿范围等，之后还要与工程部联系，提供尽可能详细的情况给维修人员，方便工程部派工。因此，在沟通过程中，客服人员除了要运用接待业主来访时的基本服务技巧外，还要按照流程办事，做好记录工作，认真填写接待登记簿和维修工单（见图 7-3），每日要整理零报修台账，方便日后查询。

派工日期	年　　月　　日　　时		派工人员	
地址	小区　　楼　　单元　　号			
维修项目	维修人员： 派单时间：			
处理结果				
维修材料费	仟　　佰　　拾　　元　　角　　分			
人工工时费	仟　　佰　　拾　　元　　角　　分			
合计金额	仟　　佰　　拾　　元　　角　　分			
服务质量	很满意（　　）　　满意（　　）　　不满意（　　） 业主签字： 年　　月　　日　　时			
您对物业服务有什么意见和建议，请一定告诉我们：				

图 7-3　××物业服务企业维修工单

1. 做好详细、准确的记录

业主报修时，客服人员须做好详细且准确的记录，填写接待登记簿，包括地址、申报人姓名、联系电话、维修内容、预约时间等。在记录时，客服人员应主动向业主问询以上全部所需内容，即使有些业主因情况紧急而耐心不足，客服人员也应该尽量在最短的时间内问询到这些资料，避免因遗漏任何项目而给后面的维修工作造成不便。其间，客服人员应始终保持冷静的头脑与态度，保持声音、语气的平静，尤其是在业主报修的项目较紧急时，也轻易不要受业主情绪的影响而造成工作上的失误，同时要注意安抚业主焦急的心情。

2. 日常报修处理的时间安排

对于业主日常报修处理的时间也要事先进行安排，一方面让维修部门的人员有据可寻，另一方面将之公示出来，有利于获得业主的认可，减少业主的投诉。一般来说，时间安排可以参考以下几点：

（1）急修项目可 24 小时报修，并在接到报修后 1 小时内上门修理。

（2）一般项目应安排在上午 8：00—12：00、下午 2：00—8：00 进行，并在接到报修后一天内上门修理。

（3）对疑难维修项目，应尽快查勘，并约定修理日期，如期完成报修项目，并要及时到位，无拖拉、推诿现象。

（4）双休日和节假日维修安排应在上午 10：00—12：00、下午 2：00—8：00 进行。

3. 区分维修内容的轻重缓急

在业主报修时，客服人员首先要根据实际情况判断业主所申报的维修项目是否应列为紧急项目。虽然有些项目无须马上处理而可以另外预约时间处理，但如果业主本身强烈要求马上处理，客服人员就要尊重业主的意愿，立即与工程部联系处理，尽量满足业主的要求。如果维修项目确实需立即处理，如家中水管破裂、夜晚开关熔丝烧断等，给业主的生活带来很大的不便甚至损害，客服人员则应立即与工程部联系处理，在最短的时间内为业主解决问题。另外，在紧急情况下，业主可能会因为事情的紧迫而无法在与客服人员沟通时表达清楚具体情况，这时客服人员应如前所述，始终保持冷静的心态和语气，并且应不断用语言安慰业主尽量平静下来，如"别着急，慢慢说""别担心，我们会马上为您处理的"等；而在与业主沟通及做记录时，客服人员应尽量加快速度，一方面节约宝贵的时间，另一方面这也是对业主的一种安慰。

4. 区分无偿维修与有偿维修

在物业服务企业为业主提供的维修服务项目中，有一些并不属于物业管理的责任范围，所以其材料、人工等成本费用需由业主承担。一般情况下，物业服务企业在接管物业时会在为业主提供的服务项目资料中标明哪些项目属于无偿服务哪些项目需要业主另外付费。但在平时的工作中，业主可能会不记得无偿与有偿服务项目的分类，而有偿服务大部分都会出现在为业主维修家中物品、设施的服务项目中。因此，当有业主报修项目时，客服人员应判断是否属于有偿维修项目，如果是，则应该明确地将相关规定与价格向业主做出提示，得到业主的认可后，再商定维修的具体事宜。

此外，在与业主沟通过程中，往往会遇到业主不认可的情况，如果业主不了解相关的规定而对需承担的费用不能理解，或认为规定的价格过高而不予接受，此时客服人员不应因业主的不接受而中断甚至放弃与业主沟通，而应该拿出相关文字资料规定，耐心地向业主说明，直到业主认可或自行决定不接受物业服务企业的服务及价格。此环节中还会出现业主因不能接受所需承担费用而态度不友好的情况，甚至责骂客服人员及物业公司，这时客服人员要尽量不与业主发生任何正面冲突，始终保持平静的心态，耐心地劝导业主，直到问题得到圆满解决。

5. 制定维修服务承诺

为了加强管理，提高服务质量，物业服务企业应组织员工制定维修服务承诺，并向全体业主公布维修时间。为避免服务承诺难以兑现，引起业主投诉，物业服务企业在制定承诺时应注意以下事项：

（1）根据实际情况公布，不公布不可控标准，如公开业主维修的时间，不公开完成维修的时间，另外应避免使用"承诺"之类的词语，可以采用"服务标准"等中性词。

（2）完全承诺有较大的风险，对简单易行、费用较少的项目可采用完全承诺，如"保证维修效果，否则不收费"，对一些费用较高的大型项目可只采用具体承诺，如"一般情况下，保证维修效果"。

（3）内部承诺与外部承诺相结合。规模小、人数较少的物业服务企业，如果对公开承诺没有把握，可在公司内部采取内部承诺，这样有助于提高内部服务质量，以积累一定的经验，为公开承诺做好准备。

（4）补救与补偿相结合。为了避免承诺不能兑现而导致业主不满的情况，可提供补救性服务，消除业主的不满情绪，以获得他们的信赖，避免事态扩大。补救性服务可像商场一样采取"以修代退"的方法，尽量用较小的代价挽回局面，比如，业主对维修质量不满意时公司可以免费再次维修等。

6. 电话报修

业主很多时候会以电话来访的方式向物业服务企业报修。在接待电话报修时，客服人员主要靠语言与业主进行沟通，此时应注意在向业主问询基本资料时语言表达要清晰，声音要保持温和，在倾听业主描述所需维修的内容时要全神贯注，避免让业主重复多次而引起业主反感。遇到需紧急维修的项目时，如前所述，也要记录清楚，并从语言上给业主以安慰和信心。

任务三　业主服务档案管理

档案来源于文件，文件使用完毕或办理完毕后经过整理保存而形成档案。物业档案是指国家机构、社会组织和个人从事物业管理活动时直接形成的对国家和社会有价值的各种文字、图表、声像等不同形式的历史记录。

物业管理服务工作形成的文件主要有两部分，一部分是物业服务企业日常运作形成的普通管理文件，包括行政管理文件、人事管理文件、财务管理文件等；另一部分是物业管理服务实际操作中接收和形成的多种专业性文件，包括接管验收时接收的房屋的建筑工程资料、设备和产权资料，住户入住后不断形成并补充的业主（物业使用人）资料，常规物业管理过程中形成的物业维修文件、物业租赁文件和管理服务文件，物业服务企业开办多种经营活动形成的经营管理文件等。这些文件完成了现行功能之后，就过渡为物业档案了。

物业管理服务中，档案的内容既不是事后编写的，也不是任意收集的，更不能弄虚作假，它是整个物业管理服务活动的轨迹，记录和反映了物业管理服务活动的状况和发展情况，具有重要的参考和凭证作用。比如，一个业主连续3年未缴物业费，物业公司准备依法起诉这位业主，那么就要收集证据，这3年来这位业主家的维修工单就可以当作诉讼凭证，维修工单上明确记录着维修的日期、处理过程和结果，还有业主的签字，是宝贵的一手资料。

 **物业客服小专家**

某住宅小区出现了保安与业主争执的场面。经了解，原来是小区内F座303房的租户陈先生要搬出部分家具，但没有得到业主的书面许可。保安不让他将家具搬出，但陈先生称其有急事，也联系过业主马先生，但马先生的电话一直处于关机的状态，所以未拿到书面许可。这时保安联系了客服中心的小张，让小张帮忙联系马先生，小张马上查找业主信息登记簿，仍无法联系上马先生，于是小张又翻查了业主紧急联系电话一览表，查到了马太太的联系方式，并通过该联系方式成功与马先生取得了联系，陈先生与保安争执的问题迎刃而解。

物业档案管理是物业管理服务的基础工作，是衡量物业服务水平高低的标志，也对物业服务企业内部运作是否流畅、有效有重要影响。

一、物业档案的分类

据档案资料的不同内容，大致可以将物业档案分成业主档案、工程技术档案、服务档案和其他管理档案等。

业主档案是在业主入住阶段建立和形成的与业主实际情况相符的档案资料，一般包括购房合同、业主的身份证复印件、入住通知单、入住手续书、管理规约、验房单、业主个人情况登记表、家庭成员登记表及业主的房屋维修档案。

工程技术档案是在房产建设、租售、管理过程中，与房地产开发商或物业管理权移交方就工程建设产权及工程技术等内容形成的原始信息。它不仅包括房产前期开发中的建筑许可证、建筑施工图、各项工程竣工验收资料、交接资料等，还包含物业投入使用后的基建项目、设备档案以及租售合同等。

服务档案是物业服务企业在日常管理中建立和收集的房屋维修档案、设备运行档案、住户接待档案等资料以及其他相关资料。这些实务性的档案汇总形成档案管理制度的基础内容，特别是对于在与服务对象的接触中可能产生的记录，比如，住户接待记录、纠纷处理记录等服务内容这类档案，物业服务企业越来越关注。

其他管理档案一般是物业管理服务过程中具有管理指导性、行政性的文件资料和内部流转、传递的文字材料的集中，主要是管理处或相关职能部门在日常管理中需要收集和整理的一类档案，通常有上级主管部门的有关指令、信息、企业质量手册、程序文件等。

在物业客服中心，业主档案和与客户服务工作密切相关的服务档案是我们需要收集、管理并经常查用的档案资料。

二、业主服务档案的形成范围

物业服务企业的管理对象就是房屋，服务的对象是业主，因此，物业管理服务工作很多时候都需要与业主打交道。业主的资料是公司最重要的客户资料。业主服务档案包括以下几个方面：

1. 针对业主需要收集的文件材料

（1）每户业主及其家庭成员的基本情况；

（2）业主入住凭证及商品房（房屋、车库）销售合同；

（3）物业公司与业主签订的合同、管理规约；

（4）房屋装修、维修有关材料；

（5）业主各种缴费、权属变更材料；

（6）与业主有关的其他材料。

2. 针对非业主使用人需要收集的文件材料

（1）每户非业主使用人及其家庭成员的基本情况；

（2）业主与非业主使用人签订的租赁合同的复印件；

（3）物业公司与非业主使用人签订的合同、管理规约；

（4）房屋装修、维修有关材料；

（5）非业主使用人缴纳各种费用的凭证；

（6）与非业主使用人有关的其他材料。

3. 前来探访业主或非业主使用人的外来人员材料

管理制度严格的物业服务企业会对外来人员做好来访登记工作。访客记录簿是物业公司需要保存的档案之一，便于以后有什么情况需要通过翻查来访登记核对或寻找证据。对于前来探访的外来人员，物业公司需要记录的是姓名、探访的房号、进出时间等。

三、业主服务档案材料的收集和积累

业主服务档案资料的收集、积累是个长期、连续的过程。

（一）业主服务档案材料的收集与积累，从时间上可以分为三个阶段

1. 早期介入时——了解

在早期介入时，物业服务企业开始着手制订物业管理服务方案。虽然此阶段还未正式与业主打交道，但物业服务企业可以通过房地产开发商在预售商品房时所签订的购房合同了解业主的情况。通过了解楼盘的位置、档次、目标市场来初步掌握业主的基本情况，并以此为依据制订合适的物业管理服务方案。

2. 在业主入住时——收集

为业主办理入住手续时，物业服务企业应让业主填写业主资料登记表，把即将入住小区的业主的资料都收集好。利用入住环节第一次接触业主的机会，详细地收集业主资料，为以后的服务工作提供便利。此外，需要注意的是，入住工作并非一朝一夕的事，有些物业会在相当长的一段时期内继续出售，而入住工作也会在物业管理服务工作走上正轨后陆续开展。物业服务企业应不断补充、完善业主的资料。

3. 日常生活中——积累

物业服务企业应该在日常的管理服务工作中不断补充、完善、修正业主档案。

（1）服务档案资料：业主意见调查、统计结果，业主接待记录，业主投诉及处理记录，回访记录等。

（2）装修档案资料：二次装修申请表、装修责任书、施工企业资质证明、装修人员登记表、室内装修设计平面图、装修竣工图等。

（3）维修档案资料：维修申请记录、回访记录、维修派工单、公共设施巡检记录等。

（4）社区文化档案资料：社区文化创建构想，组织活动计划及实施情况记录，社区文化活动图片等记录内容，传媒报道资料，文化活动场所、设施台账及使用记录等。

（二）业主服务档案在积累时应注意的事项

（1）积累范围要符合业主服务档案的归档范围。每做一项工作都要记录和形成一定的档案材料，对照业主档案归档范围把有保存价值的部分积累起来，待任务结束后再进行整理、归档。切忌在工作中把有关无关的材料都随意堆放在一起。

（2）在积累过程中应尽可能地保留档案正文和原件。在现实工作中有可能会遇到无法保存原件的情况，这时就应该保存复印件并注明其出处。

（3）对积累的档案一定要进行登记，供有关人员使用时要有借用手续，并严格执行有关规章制度。

四、业主服务档案的管理

（一）档案的预立卷

预立卷是根据资料所属档案的类别进行分类整理，然后编目装订，初步成卷，形成档案的雏形。

1. 分类整理

分类整理是建立物业类档案重要的基础工作，是由物业服务企业将收集的资料按四类常见档案的类型区分、归类整理，组成的物业服务企业内部所需保存的档案。将零散的档案按照部门、内容、年度顺序整理成物业服务企业所需的若干大类卷宗，同时根据所售或所租物业的特点，按一户一档的原则，为每套物业的业主或租户建立相应的档案。每售出或租出一套物业，预立卷工作同步进行，卷宗整理与一户一档整理归类工作同步开展。可以根据业主或租户所有或使用（租用）的物业的性质、特点，将卷宗内相关资料集中，然后分别建立相应的档案。

2. 编目装订

编目装订一般分为五个步骤，即编页号、卷内目录编制、填写卷内备考表、卷宗封面的编制和装订。

（1）编页号。卷内文件按作者、内容、时间等特征交叉归类、编页号，顺序从"001"开始，对每个保管单位独立编号。逢缺漏的，编页号时可在原编号后加"-1"或"-2"等予以标识，并在卷内备考表中加以说明。页号编写位置，左侧装订的，正面标在右上角，反面标在左上角，全部编在原文件上，不可编在裱糊的白纸上。图表、照片的页号可编在空白处或背面左上角。托裱过的文件页号应编在文件的右上角或左上角。一张纸上贴了数张小纸片的，每张纸片都要一一编号，一张一号。

（2）卷内目录编制。按国标卷内目录格式打印，一式三份，一份连同已装订的案卷放在卷内文件首页之前，一份装订成册，成为全引目录，作为索引、查找工具，另一份作移交目录。卷内文件目录如图7-4所示。

序号	文号	责任人	题名	日期	页号	
（按文件的排列顺序，每份文件编一个顺序号）	（文件本身的文号）		（每份文件的标题）	（每份文件正式生效的日期）	（每份文件的实际页数）	备注

图7-4　卷内文件目录

（3）填写卷内备考表。卷内备考表用于填写卷内文件材料的件数、页次以及组卷和案卷使用过程中需要说明的情况（如卷内文件缺损、修改或书写材料不规范等），由立卷人具名，放在卷内文件之后。如果暂时没有情况需要说明的，也要放一张卷内备考表在卷末，以供日后档案部门记述案卷情况之用。卷内备考表如图7-5所示。

本卷需要说明的内容：
立卷人： 检查人： 立卷日期：

图7-5　卷内备考表

（4）卷宗封面的编制。卷宗封面通常需要标注的内容包括案卷题名（一般格式为：××路××号××室产权人　内容文种）、编制单位、编制日期（卷内文件的起止日期）、档案编号规则、保管期限（永久、长期、短期）、保密级别。

（5）装订。在装订前，要先去掉金属物，把文件上的订书钉、回形针、大头针等金属物全部去除，去除时要注意不要损坏文件。对无装订线位置的文件，要加边。对破损的文件，要进行裱糊。加边或托裱应用无字的白纸。文件纸型大小不一、长短不齐的，要折叠理齐，使右边齐、下边齐，然后开始装订，先订3个孔眼，孔间距约为80毫米，用线装订，结头打在文件的底部、卷皮之内。装订要结实整齐，不要压住字迹，不掉页，不倒页，不损坏文件，不妨碍阅读。不便装订的历史文献、珍贵材料、图表、照片等特殊文件材料，可以不装订，用卷袋或卷盒装起来。

3. 初步成卷

物业服务企业初步完成上述组卷工作后，就可将完成的卷宗先行移交给档案中心，由其统一立卷了，这样可减小年度组合案卷的工作量；若未完成组卷工作，除了要将不足的资料收集齐全以补充卷宗内容外，还要对已组卷的内容定期进行检查，对归卷不准确的要纠正，甚至可对原设定的、不符合实际的立卷类目酌情进行修改或增补。一般每个物业进户完毕，半年后按归档要求全部整理结束，移交档案室。至此，业务部门的档案预立卷工作基本完成。之后，便由企业的档案中心统一立卷归档。

（二）立卷归档管理

立卷归档，也就是由业务部门将预立卷后的卷宗或案卷移交档案部门，由档案部门在原基础上进行重审、调整、组合，并施行正式立卷步骤，最后成卷归档的工作。

1. 重审、调整、组合案卷

对由文书处理部门或业务部门预立卷后移交的卷宗，物业服务企业档案中心还须进行一番调整、组合和编目加工等整理工作，才能最后成为正式的案卷。在重审、调整、组合案卷时，要检查：

（1）文件是否齐全，不齐的要收齐；

（2）文件是否属于立卷归档范围，不属于立卷归档范围的（如重份、草稿等）要剔除；

（3）文件是否属于本企业、本部门立卷归档范围，不是的应剔除；

（4）文件是否属于本年度立卷归档范围，不是的应转入有关年度；

（5）卷内文件是否有一定的联系，是否反映出一定的特征，无联系的应挑出归入有关卷内；

（6）卷内文件的保存价值是否大体一致，差别大的要按保管期限分开立卷；

（7）卷内文件数量是否可立成一卷，太厚、太薄的都要加以调整。档案部门还要对卷内文件的排列进行系统的检查和调整，以保持文件之间的联系，保持每份文件的位置相对固定。

2. 案卷软封面的编制

调整后的案卷，应重新编制封面，其包含的内容与预立卷时编制的卷宗封面内容相同，但应根据调整后案卷的具体内容、相关问题拟写标题和确定其他项。

3. 检索工具

所谓检索工具，是把反映一定内容或某个具体问题的档案，用一定的方法以相对固定的格式编制成的一种便于查找的工具。

对基本完成立卷步骤的案卷，档案部门应通过编制并利用检索工具使整个归档管理工作更有序、高效。在日常管理中，一般可通过建立索引目录，建立标准的图、档、卡、册、表，并利用计算机等多种途径进行检索。检索工具可便于使用者或档案管理员从相应的目录或图、档、卡、册、表中找到相关的资料。

索引目录通常按物业所在乡镇、街道顺序建立总目录，按物业档案分类、排列的次序建立分类目录，以相对稳定的形式，按专设问题或标题建立专题目录或专题卡片，建立标准的图、档、卡、册、表，以保证检索时方便、可行。

运用计算机，对输入的信息资料分门别类地进行编程，而后按小区、楼栋、单元、门牌号、产权人（或租赁人）、权证号或案卷号等特征信息进行检索、查找。其中，对业主、管理处和本企业利益影响甚大的档案，除了要在案卷上注明加密保存的记号外，在计算机中还应按授权级别进行检索。

4. 排列上架

将立卷后的案卷排列上架（排架），要维持调整、组合后的系统性和相互联系性。物业服务企业根据所管档案的特点，排架时常采用流水排架法，即按物业所属小区、楼栋先后顺序排架，按小区、楼栋、单元、门牌号次序排列。虽然这种方法打破了产权房和租赁房的界限，不便于统计，但从有利于保管、利用的角度出发，还是比较适宜物业服务企业档案排列上架时采用的。此外，物业档案排架完毕，还应对各种装具进行编号，以揭示排放档案的内容，此外，还要编制档案装具及其存放内容的索引图。

5. 入库保管

档案接收入库后，应由档案管理人员统一保管。如果保管不善，不但会损毁档案，而且会影响档案的利用，造成无法弥补的损失。

（三）档案的使用

档案室应避免无关人员任意进出，钥匙应由档案管理人员保管。资料的查阅，可通过实地查找、电话查找、电脑查询等方式实现。但对原始资料，应严格控制查阅，按档案的不同密级由相关负责人批准后方可借阅，同时应办理借阅手续。

任务四　物业服务 App

随着网络技术的发展，信息化时代到来，物业服务 App 已成为地产、物业公司的增值点之一。各大物业服务企业开发各自的物业服务 App 管理平台，集合物业管理各服务模块和物业经营项目，使得这一现代化的运营管理模式不仅给业主带来了更加便利的生活，也给物业公司带来新的盈利增长点。

物业服务 App 是基于智能手机平台开发的创新物业服务平台，其将物业服务、信息通知、物业缴费、周边商铺、社区活动、社区养老、社区圈子等诸多生活信息及服务整合在一部小小的手机里，为社区住户带来便捷与实惠。

一、用物业服务 App 进行管理的好处

物业服务 App 的使用迎合了智能终端时代的消费需求，为传统的物业管理提供了科技支持，带给业主一种全新的体验，改变了长久以来物业就是打扫卫生、修理水龙头的思维定式，让物业也可以变得"高大上"。

对业主来说，通过物业服务 App，服务全过程触手可及，服务速度看得见；问题描述简单，附上照片让问题直观化；收费明细全掌握，随时随地轻松查询；评价机制让物业更加注重服务质量。

对员工来说，通过物业服务 App，业主直接描述问题并拍照，问题清楚明了，不用再通过客服转述，减少了客服的工作量；业主信息直接反映在工单上，方便员工直接联系业主；不用为来往于客服前台和业主家中而头疼，工作效率提高；员工做的每一件事都可以被记录下来，工作更容易得到认可。

对企业来说，物业服务 App 给物业行业带来了新的机遇与变革，也是行业的大势所趋；明显减少了物业服务环节，节约了劳动力，降低了成本；服务评价机制与绩效挂钩，让员工更加注重服务质量，服务水平稳步提高；建立了公平、公正、公开的绩效考评体系，员工的积极性提高了。

二、物业服务 App 的功能

1. 社区服务功能

在传统的物业服务模式下，社区内部业主与物业公司沟通的渠道单一、效率低、信息量小，造成物业服务人员处理业主的反馈不够及时，不符合现代社会人们对信息交流的要求。如今这些问题在物业服务 App 的帮助下能够得到很好的解决。

不仅如此，物业公司还可以通过物业服务 App 其他社区服务功能的应用，达到降低运营成本、提升服务品质、提高客户满意度的目的。

2. 社交活动功能

物业服务 App 既给业主提供了一个沟通交流的平台，有助于拉近业主邻里之间的距离，打造和谐社区，也使物业服务企业能给业主提供更多、更及时的服务资讯，让双方的关系变得更加融洽。

3. 社区商务功能

物业服务企业做好社区物业管理与服务，精通物业服务 App 的基础功能，获得业主的信赖，让业主愿意使用，并愿意在 App 消费，这项功能才有了开展的基础。需要注意的是，社区商务功能要合理谋划。物业公司立足社区、贴近居民，拥有广大居民的基本信息，各类商家也都希望借助物业服务企业的优势，直接联系终端客户。物业公司只要善于谋划，将客户所在小区周边的各类社会资源整合进来，并将其经营好，实现一定的进驻量和交易规模，就可以给物业公司带来可观的收入。

三、物业服务 App 的服务过程

物业服务 App 为业主提供舒适安全、轻松方便、节约能源、随心所欲的生活环境，将行业资讯、房屋租赁、团购优惠、小区活动、特价房源推荐等便民信息一网打尽，为业主提供安家生活的一站式服务。物业服务 App 的服务过程如图 7-6 所示。

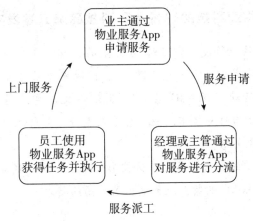

图 7-6　物业服务 App 的服务过程

四、物业服务 App 系统管理

1. 业主信息管理

业主在注册过程中填写相关信息，客服中心通过业主填写的信息与历史数据进行核对，并及时更新信息，通过数据库建立业主信息电子档案。

2. 客服中心管理

客服中心设置专职人员负责物业服务 App 的运营维护工作：信息管理员负责软件系统的管理、维护，信息的汇总、发送，业主档案资料的管理工作；客服专员负责服务热线接听、在线受理咨询、投诉处理、维修派工、服务回访工作。

3. 维修工管理

将各项目部的维修工个人信息和联系方式录入数据库，客服中心根据业主发送的报修信息在系统中选派对应的维修工，并将维修信息发送至维修工的客户端。

4. 物业管理员负责信息维护

由客服中心物业管理员负责信息的维护工作。

5. 信息查询权限管理

业主通过软件平台发送的所有信息都将被储存进客服中心的数据库，物业服务企业可根据行政职级和职责设定不同员工的信息浏览权限。浏览权限设置如下：

（1）公司领导层可以浏览所有信息，可以根据信息内容直接做出批示并部署相关工作。

（2）相关部门（项目部）负责人可以浏览与自身职责相关的信息。

（3）客服中心工作人员可以浏览所有信息，但无法对信息进行人工筛选、过滤。

（4）业主可以通过软件平台浏览已发送信息的办理进度和客服中心的反馈信息。

 **走进物业服务企业**

华润物业科技的"悦＋"科技品牌云端发布会①

2020 年，一场华润物业科技与全国 60 万业主的云端发布会成功举办。发布会宣布华润物业科技正式迭代升级战略品牌——"悦＋"，同时发布社区公益便民服务品牌"悦＋守护"及首个社区主题活动"悦＋JO 游记"，通过人文与智慧的融合、空间与内容的交互，华润物业科技致力于为每一位华润业主营造更美好、更愉悦、更高品质的社区生活。

一、共享智慧，共生美好

2020 年伊始，在严峻的新冠肺炎疫情防控形势下，全国人民都开启了"宅家"模式，人们的生活方式对所居住社区的物业服务提出了更高的要求。

---

① 来源于网络，有修改。

华润置地高级副总裁喻霖康对在这次抗疫中给予华润关心、支持和亲人般温暖的业主朋友和社会各界表达了感谢。"华润物业科技的根就在社区，'悦服务'就是我们推出的基础物业服务品牌，"喻霖康表示，"作为华润红色大家庭的一员，守护万家灯火就是我们的天然使命。我们的工作贴近业主，立足于业主需求，在打造和美家庭、和睦邻里、和谐社区的同时，我们会持续创新，引领智慧服务，与业主共同进步，彼此相守岁月，共享智慧，共生美好。"

二、引领智慧服务，营造美好生活

在"引领智慧服务，营造美好生活"使命的驱动下，华润物业科技多年来不断发力，在业内建立起广泛的影响力，始终保持物业行业第一梯队的位置。华润物业科技总经理李峰表示，华润物业科技将始终不忘初心，致力于成为中国最值得托付的资产运营服务商，聚焦品质物业、资产经营、智慧物联三大业务组合，顺应市场变化，进军资本市场，努力实现央企上市物业企业排名前列的发展目标。通过自身的服务，兑现"悦服务""传递品质温度"的品牌主张，"让生活＋1分美好"，携手广大业主，为全面实现人民美好生活的愿景添色增彩。

三、高品质服务是立命之本

2019年，华润物业科技进入TOP10房企物业客户满意度排名前四位，稳居行业第一梯队。"高品质的基础物业服务是华润物业科技的立命之本"，华润物业科技副总经理姚淼对"悦服务"全新品牌体系进行了阐释。她指出，"悦服务"聚焦品质物业，将秉持华润置地"高品质基因"和"客群细分的立场"两大原则，围绕三重用心标准——"安心"保障、"舒心"宜居、"悉心"服务，为不同需求的客户群体创造定制化的四大高品质生活提案，以客群细分的视角，重塑服务价值。

四、"悦＋JO游记"如约而至

在回顾了首个华润社区公益便民服务品牌"悦＋守护"在新冠肺炎疫情期间与业主经历的感动瞬间后，华润物业科技品牌总监王玺睿正式公布了首个为业主打造的贯穿全年的IP化社区主题活动——"悦＋JO游记"。她表示，首次发布的"悦＋JO游记"承载着三大美好愿景，即美好家庭、美好社区、美好社群。活动将以"运动季、亲子季和感恩季"3个主题季、"1＋N"的落地布局向全国华润业主呈现，每月以一个中心城市为统领，辐射全国，集合N个城市同步开展社区主题活动。

任务五　日常物业客户服务技能训练

理论测试

一、填空题

1. 物业管理服务中的_____主要是指物业客户服务人员针对询问者提出的疑难问题或情况进行帮助或解答。

2. 作为物业客服人员，首先要熟悉各类问询内容，如小区内各楼栋、各个楼层、物业公司内部各职能部门办公室位置及电话，熟悉本公司名称和房间号码，掌握_____和_____方面情况，熟悉各种设施、_____，能够准确解答询问者提出的各类问题。

3. 业主档案是在_____阶段建立和形成的与业主实际情况相符的档案资料，一般包括_____。

4. 业主服务档案是物业管理机构在日常管理中建立和收集的_____等资料以及其他的相关资料。

二、简答题

1. 首问责任制的基本原则是什么？

2. 简述报修服务流程。

3. 业主服务档案的形成范围有哪些？

4. 如何整理业主服务档案？

技能训练

[实训项目] 业主报修接待服务情景模拟。

[实训目标] 通过实训让学生熟练掌握整个报修服务流程，注意报修服务流程中各个环节的服务技巧，并做好相关记录，掌握相关服务档案管理工作方法，熟练运用客户服务技巧。

[实训内容] 根据设定的模拟情景进行模拟演练，在情景展示过程中注意报修服务流程中各个环节的服务技巧，完成情景模拟实训报告。

[实训组织] ①组成学习小组，小组规模以情景需要为宜，分组时以组内异质、组间同质的原则为指导，小组的各项工作由小组长负责指挥协调；②为每个小组成员设定适宜角色，小组成员共同参与情景设计、讨论工作，共同协作完成情景模拟；③各项目团队根据实训内容互相交流、讨论并点评。

[实训考核] 各项目团队提交实训报告，并根据报告进行评估。

业主报修接待服务情景模拟练习评分表

被考评人				考评地点		
考评内容		考评标准	分值/分	自我评价/分	小组评议/分	实际得分/分
专业知识技能掌握	接待报修服务和档案管理的意义	了解	10			
	报修服务流程	掌握	20			
	报修服务档案整理	掌握	20			
	报告完成情况	完成	10			

考评内容		考评标准	分值/分	自我评价/分	小组评议/分	实际得分/分
通用能力培养	学习态度	积极主动，不怕困难，勇于探索，态度认真	10			
	服务态度	认真负责，给予恰当承诺	10			
	运用知识的能力	能够熟练自如地运用所学的知识进行分析	10			
	团队分工合作	能融入集体，愿意接受任务并积极完成	10			
合计			100			

注：1. 实际得分 = 自我评价×40% + 小组评价×60%。

　　2. 考评满分为100分，60分以下为不及格，60~74分为及格，75~84分为良好，85分及以上为优秀。

思政园地

一、思政目标

培养学生的"工匠意识"。

二、知识点

日常物业客户服务。

三、思政元素

习近平：培养更多高技能人才和大国工匠。

四、融入途径

1. 案例导入：灵活沟通 + 专业维修赢得业主认可——专业的力量。

2. 观点讨论：国家该不该大力发展职业教育？职业教育是把人都赶向"蓝领"吗？

3. 个人练习：谈谈电话报修接待流程。

项目八　入住服务

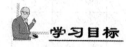 **学习目标**

知识目标：1. 通过本章的学习，了解入住服务的内涵，理解做好入住服务的意义。

2. 掌握入住服务前期筹划工作内容。

3. 掌握入住服务的基本流程。

4. 了解搬迁入住工作的基本内容。

能力目标：1. 能够提供入住咨询、引导服务。

2. 能够为业主提供入住手续的办理服务。

素质目标：1. 培养学生的团队合作精神。

2. 通过策划入住服务方案，使学生具备一定的创新精神。

思政目标：培养学生的"问题导向"。

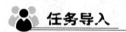 **任务导入**

光大花园入住服务体系[①]

业主办理入住不只是验收房屋质量这么简单，还包括接受整个社区的"生活"，即小区环境、公建配套设施建设、社区文化建设等内容。光大花园为了让业主从入住到居住都感到满意，即"居住成功"，提出以"大榕树下，亲人回家"这一理念为指导的入住服务体系。

该入住服务体系实行"质检五部曲"，即先由工程部、施工单位自检，其次由物业管理部门、销售部门质检，紧接着是高层人员质检，再接着是业主代表预收楼，最后才是真正的业主收楼，力争在交楼前解决所有相关问题。

办理入住前，光大花园召开了收楼服务团队的"誓师大会"，接着举行了收楼模拟演练。涉及收楼的每一个环节都模拟实际操作一次，这样可以使收楼过程中可能发生的问题减到最少，缩短业主收楼的时间。

---

① 来源于网络，有修改。

入住当天，光大花园调动规划、工程、市场、客户服务、财务、物业等多个部门及合作公司，提供一站式交楼服务。现场设置清晰、明确的收楼程序指引，让客户通过简单、清晰的收楼程序指引按部就班地完成接待处、签约处、收款处、收楼处入住事务。同时，光大花园还派出"大管家"，引领并协助客户办理各类手续，并由规划设计人员或管理处工程人员陪同验收，实行"首问责任制"，跟踪反馈维修问题的处理情况。

为了便于各业主及住户进一步了解光大花园的物业管理运作情况，光大花园编写了详尽的住户手册，包括物业服务企业的情况介绍、物业管理服务、装修管理规定、小区及周边配套、紧急应变措施和物业服务企业的承诺书六大部分，以供业主参考。住户手册介绍了光大花园的管理规则及各单位使用规定，旨在保障光大花园全体业主的利益，让业主更有效地使用其购置的物业，从而使物业保值、升值。住户手册明确希望各业主能携手合作，共创美好家园，同时光大花园承诺将竭诚为各业主提供尽善尽美的管理服务。

除了做好服务流程，光大花园还为业主们准备了入住礼物，如特制的相册、环保购物袋、家庭用品等，还有特制的业主生活指南、住户使用说明书等。生活指南详细地列出了光大花园的所有配套，包括周边众多配套的具体情况、交通线路情况，以及社区文化和物业管理方面的常用内容，此外，还包含非常详尽的装修指南等一系列有关楼宇使用的文字资料，为业主生活各个方面提供方便。

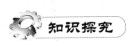

办理入住不仅对于业主来说十分重要，对于物业服务企业来说也是需要花费心思办好的一件大事。在办理入住的过程中，以方便业主为出发点，实行"首问责任制"，即由经过培训的物业服务人员全程陪伴业主办理入住手续，并且尽可能简化入住手续，能够以周到、贴心的服务给业主留下良好的第一印象，为日后物业服务工作的开展打下良好的基础。

知识探究

任务一　入住服务的内涵

一、入住的含义

入住是指住宅小区的居民或收益性物业中业主或非业主使用人的迁入。当物业服务企业的验收和接管工作完成以后，物业就进入可以使用的阶段了，该物业也就同时具备了入住条件，物业服务企业就可以按照规定的程序进入入住手续的办理了。

入住是一个过程，在这个过程中，物业服务企业应按程序办理业主入住的相关手续。

这一阶段是物业服务企业与业主的首次接触，有大量的接待和入住手续需要办理，各种矛盾和问题会在短时间内集中暴露出来；同时，在这个过程中，物业服务企业要协助业主按相关要求进行验楼、交款、签约、装修、搬迁等，这个过程也标志着物业管理服务工作的全面开始。

二、入住服务的含义

入住服务，是物业服务企业员工为满足业主入住过程中的各种需求，为业主正式使用物业提供的各种指引，以及为帮助业主顺利入住而提供的各种劳动服务。

物业服务企业所管辖的楼宇具备入住的条件，应以方便业主为出发点，根据物业的实际情况，制定详细的入住服务流程，做好入住手续办理的准备工作，为业主提供优质的入住服务。在提供入住服务的过程中，物业服务企业同业主应进行有效沟通，以取得广大业主对物业管理服务工作的支持和理解，做好入住的宣传以及入住手续文件的办理工作。物业服务企业应主动向业主介绍企业情况、管理目标、服务标准、物业情况和入住手续，协助业主做好收楼工作，为业主使用物业提供帮助，为业主二次装修提供指导。

三、入住服务的意义

入住服务是物业服务企业全面展示企业敬业乐业的精神风貌、体贴入微的专业服务和高水平的管理的重要途径，能给业主留下美好的第一印象。从一开始的入住宣传工作，发放用户须知、用户手册，向用户传递信息，到具体的收楼手续办理工作，再到二次装修的管理工作，以及业主入住后日常服务的提供等，都渗透着入住服务工作，因此，做好入住服务工作，有利于物业服务企业赢取广大业主对物业管理工作的支持和理解，方便日后服务工作的开展。物业服务企业应充分利用这个机会，展示自己的实力和形象，赢取广大业主的信赖。

任务二　入住服务流程

一、入住服务前期筹划工作

物业服务企业必须做好充分的入住服务前期筹划工作（见图 8 - 1）。

1. 筹建物业项目管理处

根据物业管理服务方案筹建物业项目管理处，落实物业项目管理处的办公地点、管理用房的装修方案，采购办公设备和办公用品，落实入住期间的后勤保障工作等。

2. 相关人员到岗、培训、动员

根据物业管理服务方案中拟定的项目管理处人员配备情况设置工作岗位，拟定职责。根据岗位需要，组织项目管理处管理人员和作业人员的招聘工作。在此期间，物业服务企业要

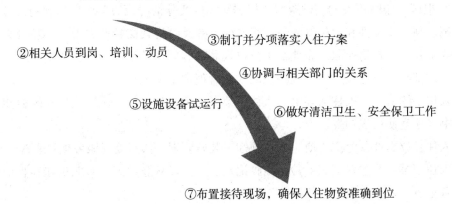

①筹建物业项目管理处

③制订并分项落实入住方案

②相关人员到岗、培训、动员

④协调与相关部门的关系

⑤设施设备试运行

⑥做好清洁卫生、安全保卫工作

⑦布置接待现场，确保入住物资准确到位

图 8-1　入住服务前期筹划工作

与开发商协调、沟通（含与施工单位的沟通）。由物业管理人员定期向开发商了解工程质量，并向开发商提出有利于物业使用的合理化建议，以便开发商与施工单位协商、改进。同时，在施工现场向施工单位请教工程技术问题，避免日后在管理服务上走不必要的弯路。

 物业客服小专家

项目管理处人员设置及到位时间（按建筑面积 5 万平方米的小区拟订）

◇入住前三个月，物业项目经理 1 人、房屋管理助理 2 人（含收款 1 人）到位，进行入住前的各项准备工作。

◇竣工验收前两个月，消防中心值班人员 3 人（机电工 1 人、给排水工 1 人、电梯工 1 人）进入现场，与机电维修工程部人员一起参与机电设备安装调试的监理工作，掌握物业设施设备的基本情况和操作规程。

◇竣工验收前半个月，电工 2 人、给排水工 1 人进入现场，熟悉物业结构、公共配套设施设备等，参加竣工验收工作，配合房屋管理助理监督楼宇工程遗留问题的整改工作。

部分安保人员到位，上岗培训后，由其负责对所接管物业的守卫工作。

◇办理入住前一个月，项目管理处管理人员、客服中心人员到位，开始挂牌办公。

清洁、绿化人员到位，开始对区域内环境开展工作。

◇办理入住前半个月，全部安保人员配齐上岗。

维修班组成立，人员配齐到位。

3. 制订并分项落实入住方案

（1）拟订入住流程。

（2）根据小区的实际情况和管理协议中对小区管理的要求，拟订入住后治安、车辆管

理、垃圾清运等方面的配套改进意见和整改措施。

（3）拟订、印刷相关的文件资料。根据物业的实际情况及服务所要达到的标准，编制各种规范、制度、文件和表格等入住手续文件，并及时将其交到业主手中。随着物业管理市场的规范发展，各物业服务企业都十分重视品牌的创立，很多物业服务企业都会在统一文件范本的基础上设计反映本企业特色的物业管理常用文本。

①入住手续文件：入住通知书、入住手续书、房屋验收单、房屋质量整改通知书、楼宇交接书、住宅使用规约等。

②入住发放文件：业主手册、入住须知、装修管理办法、委托服务项目表等。

③入住记录：业主登记表、验房签收记录、入住资料登记表、领取钥匙签收记录、委托服务登记表、入住收费记录等。

4. 协调与相关部门的关系

做好与开发商、供电商、自来水公司、燃气公司、有线电视公司、环卫部门、电信部门、派出所等相关单位的联系与沟通工作，使业主入住后各项工作都能正常开展，避免发生矛盾。

5. 设施设备试运行

给排水、电梯、照明、空调、燃气、通信、消防报警系统必须试运行，如有问题应及时整改，确保各设施设备处于正常的工作状态。

6. 做好清洁卫生、安全保卫工作

加强安保力量，提供足够的服务，保证入住时安保人员对发生的纠纷能及时处理。做好环境卫生清洁工作，认真保持室内外的卫生，清扫道路，为业主入住创建良好的外部环境。

7. 布置接待现场，确保入住物资准确到位

物业服务企业应有计划地组织物业各级服务人员进行培训，以便使入住工作得以顺利进行。例如，物业服务企业可以在组织的严谨性、入住工作的专业性以及服务的亲密性方面做好充分准备。入住通知发放后，以对流程熟练程度、仪容仪表和相应气质为依据，对员工进行分组，分为引导组（小区内）、收楼组以及咨询组等。分组后，由小组长进行具体培训和指导工作，务必做到熟练、礼貌和准确。其中，各组根据实际进行相关资料的准备工作。引导组要学习走姿、指引手势和礼貌用语，了解小区基本情况，并负责保持沿路标识的清楚、美观，要能够体现物业服务企业严格的纪律和为人服务的理念。收楼组负责每个物业内的再次清洁和水电检查工作，以符合国家入住标准为准。咨询组主要由服务中心区域主管和公司领导组成，负责装修咨询和其他咨询工作。

通常来说，为了在办理入住时及时向业主提供便捷服务，物业服务企业入住服务人员应对印刷资料、文件成品进行分类，并将其装进文件袋，发放给业主，并安排工程技术人员对施工单位移交的各类钥匙进行核对，出现问题及时向相关单位反映，尽快解决问题，确保在业主办理入住前一天各类现场及备用物资都准备好。

二、入住服务工作的具体实施

1. 入住服务流程

（1）由房地产开发商向业主发出入住通知书。房地产开发商在办理入住前通过挂号信将入住通知书邮寄给业主，告知其办理入住的具体时间及需准备的资料，具体包括开发商给业主发出的入住通知书，物业服务企业发出的入住指南、入住预备款项清单等。

（2）业主凭售房合同与入住通知书到指定地点办理入住手续。在办理手续时业主一般需备齐以下资料：入住通知书原件、房地产买卖（预售）合同原件、公证书或公证书复印件、身份证复印件或护照复印件、授权委托书或委托公证书原件，以公司名义购买的还需提交营业执照或商业登记证复印件、法人代表证明书、法人代表授权委托书或董事会授权委托书原件等。对于租户，需要提供业主授权书、租约复印件、租户承诺书、营业执照、公司负责人/法定代表人身份证复印件，以及办理入住时需缴纳的各项费用证明。具体办理时要求提供的资料可能不同。

（3）签订相关承诺文件。物业服务企业在核审资料无误后，向业主介绍物业服务情况、收费情况；发放入住须知、用户手册、装修手册等相关资料；代开发商与业主签订管理规约、区域防火协议书、委托收款合同书并登记业主联络资料等。

（4）收费。业主收到入住资料签收单后，物业公司按入住收费项目收费并开具正规票据。

（5）验楼。由物业服务人员和区域管理人员陪同业主验房，抄录水表、电表等底数并共同确认，交付钥匙，办理签收手续。若业主委托物业保管钥匙，应请业主填写书面保管钥匙委托书，物业服务企业开具保管钥匙承诺书。

（6）若业主验房时发现并提出质量问题，经确认，物业服务企业应填写返修表送交开发商，并协助开发商进行整改，整改后请业主再次验房。

（7）如需二次装修，业主需到物业服务中心办理装修手续。

业主入住服务流程如图 8 - 2 所示。

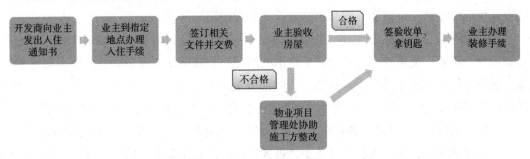

图 8 - 2　业主入住服务流程

2. 入住服务内容

（1）接待入住现场的所有业主，合理分流办理入住的业主，避免入住现场出现拥挤的现象，保证入住工作有条不紊地进行。

（2）核对售楼资料与业主本人身份证件。

（3）发放资料并签订有关协议、文件。物业服务企业可以编制资料清单，将清单与资料一并发放给业主。

（4）按照要求收取物业服务相关费用。

（5）为方便业主，物业管理处可邀请市政相关单位进场为业主办理水电、煤气、有线电视、宽频网络等的开通手续。

（6）业主办理完上述手续后，安排专人陪同业主对物业进行验收，抄录水表、电表等底数，若在验房中发现问题，陪同验房的服务人员应详尽记录，同时办理单元门、户门的钥匙交接手续。

（7）安排专人负责业主相关问题的咨询工作，同时受理业主二次装修申请工作。

（8）处理业主验房中的遗留问题，集中由专人负责登记、汇总，安排日后维修工作。

（9）入住工作中资料的归档。按业主的栋号和房号建档编号，档案中应包括的内容：业主入住通知单、入住验房表、业主家庭情况登记表和装修申请表等。

3. 入住服务中的注意事项

入住服务工作是物业服务企业展示企业服务水平以及专业能力的最佳时机，在这个过程中，稍有疏忽都会给业主留下不好的印象，直接影响到日后管理服务工作的开展。为此，物业服务企业应该在各个环节做到尽善尽美，要注意做好以下几个方面：

（1）制订详尽的入住服务工作计划。入住服务工作应该引起物业服务企业的高度重视，为此必须制订详尽的收楼服务计划，当前，各大物业服务企业的"收楼服务问责制"就是比较好的能确保收楼每个环节都有专人负责的制度。

（2）注意细节工作的落实。入住服务工作并不是很复杂，难的是要把每个服务环节中的细节都做好。例如，以挂号信的方式发送入住通知单，并且专人电话跟踪确认业主已经收到；在发放的文件袋中放入制作好的便民服务卡，将物业服务中心的电话，水、电、燃气公司的服务电话，以及有线电视和电信公司、宽带网络公司的电话都写在卡片上，方便业主入住后的生活，会让业主感受到物业服务企业的贴心服务。

（3）协助业主做好验房工作。物业服务企业应有专人协助业主做好验收工作，有专人负责记录、汇总、受理业主对物业质量提出的问题；如确属物业服务企业接管验收时的疏漏，则应立即通知施工单位予以解决。而大部分业主并没有建筑方面的专业知识，很多物业问题都是在入住后才发现的，所以，物业服务企业应抱着对业主负责的态度，协助业主对物业进行仔细检验，尽量把问题都在入住之前解决。物业检查工作可以从以下几方面进行：

①给排水系统，包括水管、水龙头是否齐全完好，有无漏水和锈蚀情况，对暗埋的给水管道来说，只能看墙壁面有没有渗出水，哪怕有轻微的水痕都要引起重视；查看坐便器、水龙头、管道有无漏、滴、跑、冒水等情况，水龙头开启要灵活；下水管道是否有建筑垃圾堵塞，抽水马桶、地漏、浴缸的排水是否通畅，有无返水现象等。

②门窗系统，包括门窗框架是否平整、牢固、安全；门窗是否拼缝严密、贴合，开关

是否灵活；门锁是否启闭灵活，门的开关能否自如；玻璃是否有防水密封条等。

③供电系统，包括电灯、电线（管线）是否有质量问题，如检查灯是否都亮，插座是否都有电，开关所控是否是火线，电表的流量大小是否能满足大功率家用电器的要求。如有在设计和施工阶段遗留的缺陷，应告知业主，并帮助业主尽早解决问题，或者使业主能够在装修阶段弥补缺陷。

④地面、屋顶及地板，包括是否平整、起砂、起壳、剥落，是否有裂缝、渗水，地砖和墙砖贴面是否平整、有无间隙、虚实情况（对地砖地面以小锤轻击应发出实声，如轻击发出"哨哨"声说明地砖空壳）等。对阳台、厨房、洗手间有地漏的地面，应注意地面坡度，要求排水通畅的地面均应向地漏方向作斜坡，检验时可向地面上倾水做试验，排水通畅、地面不积水为合格。

⑤配套公共设施及其他，包括检查水表、电表、燃气表是否都是从"0"开始或仅有少量试电、试水、试气所经过流量和数值（一般为 0. × 或 0.0 ×），数值过大的，用户有权要求物业公司重新换表。此外，还需查验垃圾桶、电梯、防盗门、防盗窗、电话线、天线、信箱等是否能正常使用。

4. 新入住小区的管理重点

（1）安全管理。新入住小区由于外来人员较多，正常生活与施工同时存在，安全技防设施尚未正常使用，存在着较大的安全隐患。另外，入住小区的车辆管理系统尚未完善，而外来车辆又较多，极易发生车辆损坏或盗窃现象，因此做好小区治安管理、工地安全生产管理、小区消防安全管理、小区车辆安全管理就显得十分重要。

（2）工程返修管理。业主入住后的两年内是业主发现物业质量问题，从而要求维修或补偿最多的时期，也是业主极易与开发商及物业服务企业发生矛盾、产生积怨的时期。虽然物业质量问题并不是物业服务企业的责任，但处理不好往往会令业主产生积怨，为日后的管理带来麻烦。建立起业主与开发商之间的沟通桥梁，积极跟进业主物业的维修工作，是新入住小区物业服务的重要工作之一。

（3）装修管理。装修管理是新入住小区尤其是集中入住小区最重要的工作。一般中型以上小区在入住一年内，装修管理的工作量占小区物业管理工作量的一半以上，出于这个原因，新入住小区物业管理人员的投入往往比运行成熟的小区多很多。

（4）完善小区基本资料及管理制度。新入住小区的物业服务企业应利用各项工程移交验收及业主入住的机会，完善小区各项设施设备的基本资料，对各户业主的基本资料分类造册并归档，并针对小区的具体情况制定各项管理制度，方便日后管理。

三、入住相关手续文件

1. 入住通知书

入住通知书应直接寄给业主。该通知书需载明的事项包括入住时间、前来办理入住手续的时间和地点、办理入住时应携带的证件等。其形式如图 8 - 3 所示：

入住通知书

××女士/先生：

您好，欢迎您入住××小区！

您所认购的××小区_____区_____栋_____单元_____室，已于××年××月经××省/市××验收部门和××房地产公司、××建筑工程公司、××物业服务企业等组成的验收小组验收合格，现已交付使用，准予入住。现将有关情况通知如下：

一、请您在接到本通知后，按所附时间表（略）规定的时间前来办理入住手续，地点是在××。在此期间，房地产开发公司财务部、工程部、地产部、物业服务企业等有关部门将到现场集中办公，为您提供快捷方便的服务。

二、如果您因公事繁忙，不能亲临，可委托他人代办。委托他人代办的，除应带齐相关的文件外，还应带上您的委托书、公（私）章和本人的身份证件。

三、如果您不能在规定的时间前来办理手续，请来电约定其他时间办理，联系电话是××。××月××日后，不再集中办公，您需要先到房地产公司（地点：××）办理财务及收楼手续，再到物业服务企业（地点：××）缴付各种费用及办理入住手续。

四、在您来办理各项手续前，请仔细阅读入住手续书、收楼须知和缴款通知书。

特此通知。

××房地产开发公司
××物业服务企业
年　月　日

图8-3　入住通知书示例

2. 入住手续书

入住手续书是为了方便业主办理入住手续而制定的文件。入住手续书应与入住通知书一并寄给业主，讲明入住本物业应办理的各项手续及先后顺序，使业主清晰、明了，有所准备。入住手续书示例如图8-4所示：

××小区用户入住手续书

××女士/先生：

您好！您所认购的××小区_____区_____栋_____单元_____室现已具备入住条件，请阅读收楼须知和缴款通知书，按如下顺序办理入住手续。

1. 到房地产开发公司财务部缴付购房余款。购房款项已全部付清。 特此证明 <div align="right">财务部盖章 年　月　日</div>	1. 到房地产开发公司地产部审核入住资格。入住资格审查合格。 特此证明 <div align="right">地产部盖章 年　月　日</div>
2. 到物业服务企业客服中心办理收楼事项。入住收楼事项已办理完毕。 特此证明 业主签字盖章　　　　　　　××房地产开发公司 　　　　　　　　　　　　　××物业服务企业 　年　月　日　　　　　　　　年　月　日 （此联交财务部）	2. 到物业服务企业客服中心办理收楼事项。入住收楼事项已办理完毕。 特此证明 业主签字盖章　　　　　　　××房地产开发公司 　　　　　　　　　　　　　××物业服务企业 　年　月　日　　　　　　　　年　月　日 （此联交地产部）

图8-4　入住手续书示例

3. 入住须知

入住须知是物业服务企业告知业主在办理入住手续时应携带各种证件、合同、资料、资金及应注意事项的文件，其形式如图8-5所示：

入住须知

××女士/先生：

欢迎您成为××小区的新业主！

我公司为提供良好的管理服务，兹先介绍有关收楼事项和有关收楼程序，以便您办理入住手续，尽早正式成为本小区的业主，避免您在接收新楼时产生遗漏而导致不便。希望您认真阅读，切勿遗忘。具体程序如下：

一、您应在接到入住通知书后，按约定的日期来办理入住手续，以便我们及时为您提供服务。

二、您来办理入住手续时请带齐以下物件：

1. 购房资料：购房预售合同、已缴款项的收据、发票。

2. 身份资料：个人业主带身份证或护照复印件，公司购买的还应带公司法人证件和公章。

3. 办理资料：入住通知书、入住手续书、缴款通知书。

4. 款项资金：未缴的购房余款和物业管理应缴的款项。

三、如您委托他人来办理，还应带上：

1. 您（业主）的委托书，应由律师签字。

2. 您（业主）的身份证或护照的复印件。

3. 代理人的身份证或护照的复印件。

四、您办理手续时请按以下程序进行：

1. 到房地产开发公司财务部缴付购房余款，并交上原预缴款项收据以换取正式发票。购房余款缴清后，财务部将在您的入住手续书上盖章。

2. 到房地产开发公司地产部审核入住资格，当您交验的各种证件审查通过后，地产部将在您的入住手续书上盖章。

3. 到物业服务企业财务部缴付物业管理各项费用，费用缴清后物业服务企业财务部将在入住手续书上盖章。

4. 到物业服务企业客服中心办理其他手续，主要有验收房屋、签订管理公约、领取用户手册、领取钥匙等。当以上事项办好后，您（业主）在入住手续书上盖章，并交由物业服务企业保存。

五、补充说明

1. 在您收楼时，请认真检查室内设备、土建、装修是否有缺少、损坏等质量问题。如果要投诉，请在收楼时书面告知，物业服务企业将代表业主利益同承建商协商解决。

2. 根据物业承建合同，建筑物维修保养期为一年，一年内如发生工程质量问题，承建单位将为业主免费修理。但是，如为使用不当导致的问题，由业主自行支付修理费用。您可以对所购的物业进行室内装修，但应保证绝对不影响房屋结构和公共设施。装修前，需向物业服务企业提出书面申请，获准后方可进行。

祝您顺利入住！

××房地产开发公司

××物业服务企业

年　　月　　日

图8-5 入住须知示例

4. 缴款通知书

它是物业服务企业通知业主在办理入住手续时应缴纳的款项及金额的文件，其形式如图8-6所示：

缴款通知书

××女士/先生：

您好！您所认购的××小区_____区_____栋_____单元_____室已经竣工。按购房合同规定，您来办理入住手续时，请同时缴清以下款项：

1. 购房余款，计人民币××元。

2. 预收××个月物业管理服务费，计人民币××元。

3. 水电备用金（用于供水、供电、机电、电梯、消防等重要设备的更新及突发事故抢修时的储备资金），计人民币××元。

4. 装修垃圾清运费（用于清理业主入住装修时产生的装修垃圾所预收的管理费，装修完毕按规定清退），计人民币××元。

5. 其他费用（具体列出项目及金额）。

特此通知。

××房地产开发公司

××物业服务企业

年　　月　　日

图8-6　缴款通知书示例

5. 房屋验收单

房屋验收单是物业服务企业为方便业主对房屋验收、监督开发商及时整改而制定的文件，其形式如图8-7所示：

房屋验收单

住址：　　区　　栋　　单元　　室　　　　验收日期：　　　　　　编号：

序号	项目	验收情况
1	进户门	
2	门锁	
3	可视对讲机	
4	户内总电源开关箱	
5	灯开关	

图8-7　房屋验收单示例

序号	项目	验收情况
6	电源插座	
7	电话端口	
8	塑钢门窗	
9	空调室外机预留孔	
10	顶面	
11	墙面	
12	地坪面	
13	排烟口	
14	水龙头	
15	坐便器水箱	
16	坐便器	
17	立管检修孔	
18	地漏	
19	排污管	
20	废水管	
21	电表底数	
22	水表底数	
23	燃气表底数	
备注		
问题整改期限		
业主验收人签名	接待人签名	
整改后业主验收人签名	接待人签名	

图 8－7　房屋验收单示例（续）

6. 楼宇交接书

它是业主在验收并确认可以接收所购物业后，与开发商签订的书面文件。业主与开发商双方各执一份，这样一方面为开发商收取合同余款提供法律依据，另一方面为业主追究开发商责任提供依据。楼宇交接书一般由开发商制定发文，图 8－8 是楼宇交接书示例：

××小区楼宇交接书

甲方：××房地产开发公司（开发商）

乙方：××业主

鉴于甲方开发的××小区已竣工，并且经××市政府有关部门验收鉴定合格，乙方购买的____区____栋____单元____室已经具备入住条件，可以入住。开发商和业主双方均同意签署本楼宇交接书，以便开发商将业主所购买的物业正式移交给业主。

现业主已检查了该物业的建筑质量和初装修情况，双方一致认为该物业可以交付给业主，业主可以接收该物业。因此，双方签订本交接书，并确认下列条款：

双方确认，自××年××月××日起，该物业由开发商交付给业主；

开发商确认，尽管该物业已交付给业主，但仍负有楼宇销售（预售）合同规定的保修义务；

业主在此确认，确实收到该物业的钥匙；

业主同时确认，该物业的建筑质量和初装修质量符合双方所签订的楼宇销售（预售）合同的规定。

双方一致同意，有关业主所购买该物业产权登记事宜，均委托××律师事务所办理，开发商予以协助，有关税费按国家规定分别由双方各自承担。

本交接书自双方签字之日起生效。

本交接书一式两份，双方各执一份。

开发商（代表）签字：　　　　　　　　　　　　　业主签字：

　　年　　月　　日　　　　　　　　　　　　　　　年　　月　　日

图 8-8　楼宇交接书示例

任务三　搬迁入住

在办理完入住手续后，业主签领钥匙，即可准备搬迁。在业主搬迁过程中，物业服务企业应做好如下工作：

1. 协助业主搬迁

物业服务企业一般可以通过以下两种方式协助业主搬迁：一是代请搬迁公司，二是提供搬迁服务。

2. 维持搬迁秩序

在业主搬迁过程中，应尽量避免由于时间集中而造成的混乱，对搬运车辆应由专人指挥出入、停放，以避免交通事故及损坏花草公物事件的发生。

3. 收取搬迁押金

在发放入住通知书时，物业服务企业一般都会向业主收取搬迁押金。如果搬迁过程中发生损坏公物的事件，则视情况扣除部分或全部押金；如果未发生事故，则押金如数退还。

物业客服小专家

××小区入住方案

一、场地选择和现场布置

1. 入住现场选择

小区销售中心（2021.11.30—2021.12.7）。

2. 现场布置

（1）责任部门：营销部。

（2）入口装饰：设立彩虹门，在门口摆放鲜花，设立条幅，铺设红地毯。

（3）内部装饰：设置指引标识、流程组标识、入住手续办理流程图（易拉宝形式）、装修手续办理流程图（易拉宝形式），建立分割区域（建议物业公司根据实际工作需要配合布置现场）。

（4）看房通道：保证畅通、美观。

3. 物品准备

（1）责任部门：行政部。

（2）所需物品：饮料或茶水、档案袋722个（装业主带走的那份资料及协议）、抽纸10盒（业主签章、按手印擦手用）、印泥6盒（业主签章、按手印用）、台笔10支、中性笔30支、中性笔芯50支、圆珠笔15支、板夹10个、A4复写纸1盒。

4. 现场秩序的控制

（1）责任部门：物业维护部。

（2）主入口车辆引导2人：保证门口车辆有序停放，巡检停放的车辆。

（3）主入口人员进出控制2人：控制人员进出。

（4）销售大厅门岗2人：引导及现场控制。

（5）北边中商出口1人：控制人员进出。

（6）南边主路出口关闭。

5. 现场保洁

（1）责任部门：物业保洁部。

（2）所需人员：销售大厅1人、楼栋4人、外围保洁1人。

二、入住现场办理

1. 现场流程设计

略。

2. 工作小组介绍

组别	主要职责介绍	负责人
身份确认	验证身份，客户分流	客服人员
合约洽谈	签订协议、临时管理规约，解答问题，引导客户填写业主档案，进行产品测试等	物业贴心管家，与置业顾问配合
收费	收取物业服务费等相关费用	财务人员
钥匙交接	交接钥匙，填写记录，讲解钥匙使用办法	客服人员
房屋验收	查看房屋，受理问题，适当解释，问题汇总和跟踪	工程人员
	接收问题，回复信息，协调整改	工程人员
装修服务	负责装修手续办理和日常接待工作	客服人员
特殊问题处理	处理特殊问题，保障顺利交房	各部门主管
其他	现场布置	客服人员
	物品准备	客服人员

3. 各部门具体工作职责及工作标准

（1）身份确认组。主要职责：确认业主身份；如果房款还未结清，请业主到财务室结清余款；对符合条件的业主，开具入住手续办理流程单。

（2）合约洽谈组。主要职责：指导业主签订协议书、承诺书、业主档案等，并为业主解释物业相关疑问；带业主到收费组缴纳一年的物业费；若有业主要求装修，办理完全部手续后带其至装修服务组。

（3）收费组。主要职责：财务人员示意业主落座，为业主计算一年的物业费，并开票；缴费完毕由签约人员领至钥匙交接组。

（4）钥匙交接组。主要职责：交接钥匙，讲解两套钥匙的使用方法，请业主在钥匙领取登记表和预留钥匙登记表上签字；登记业主出入证，并请业主在业主出入证领取登记表上签字；钥匙交接完毕由签约人员领至房屋验收组。

（5）房屋验收组。主要职责：物业维修人员带业主验房，介绍房屋的相关配套设施，耐心解答业主的疑问，详细记录业主的验房问题；物业服务中心每天统计房屋验收单，把业主提出的整改要求按户填写在工程问题处理通知单上；工程问题处理通知单一式三份，第一份物业服务企业留存，第二份工程部于3天内签署整改意见和整改时限后回执给物业服务中心，物业服务中心在接到工程部的通知单后给业主回复，告知处理结果或处理过程，第三份工程部留存；工程部按照填写的整改期限安排施工人员对整改项目进行整改；物业公司在整改结束后安排人员进行验收，对没有整改或整改不合格的问题再次以工程问题处理通知单的形式发给工程部，直至整改合格。

（6）装修服务组。主要职责：负责已经交房和正装修业主的日常接待、报修受理工作；办理装修手续和审批。

任务四　入住服务技能训练

理论测试

一、填空题

1. 入住是指住宅小区的居民或收益性物业中业主或非业主使用人的_____。当物业服务企业的_____工作完成以后，物业就进入可以使用的阶段了。

2. _____，是物业服务企业员工为满足业主入住过程中的各种需求，为业主正式使用物业提供的各种指引，以及为帮助业主顺利入住而提供的各种劳动服务。

3. 物业服务企业所管辖的楼宇具备入住的条件，应以_____为出发点，根据物业的实际情况，制定详细的_____，做好入住手续办理的准备工作，为业主提供优质的入住服务。

二、简答题

1. 简述入住服务流程。

2. 入住服务前期筹划工作有哪些?

3. 入住服务需要准备哪些文件?

技能训练

[实训项目] 业主入住服务情景模拟。

[实训目标] 通过实训让学生了解入住服务的重要意义，熟练掌握入住服务的步骤，注重入住手续办理服务过程中的每个细节，熟练运用客户服务技巧。

[实训内容] 根据设定的模拟情景，进行模拟演练，在情景展示过程中注意入住服务流程中各个环节的服务技巧，完成情景模拟实训报告。

[实训组织] ①组成学习小组，小组规模以情景需要为宜，分组时以组内异质、组间同质的原则为指导，小组的各项工作由小组长负责指挥、协调;②为每个小组成员设定适宜角色，小组成员共同参与情景设计、讨论工作，共同协作完成情景模拟;③各项目团队根据实训内容互相交流、讨论并点评。

[实训考核] 各项目团队提交实训报告，并根据报告进行评估。

业主入住服务情景模拟评分表

被考评人			考评地点		
考评内容		考评标准	分值/分	自我评价/分	小组评议/分	实际得分/分
专业知识技能掌握	入住服务的重要意义	了解	10			
	入住前期筹划准备工作	掌握	20			
	入住手续办理服务流程	掌握	20			
	实训报告完成情况	完成	10			
通用能力培养	学习态度	积极主动，不怕困难，勇于探索，态度认真	10			
	设计策划入住服务方案	具有全面性、系统性，体现创新能力	15			
	运用知识的能力	能够熟练自如地运用所学的知识进行分析	10			
	团队分工合作	能融入集体，愿意接受任务并积极完成	5			
合计			100			

注：1. 实际得分 = 自我评价 ×40% + 小组评价 ×60%。

2. 考评满分为100分，60分以下为不及格，60~74分为及格，75~84分为良好，85分及以上为优秀。

思政园地

一、思政目标

培养学生的"问题导向"。

二、知识点

入住服务。

三、思政元素

习近平：突出问题导向，确保取得实际成效。

四、融入途径

1. 案例导入：光大花园入住服务体系——由交楼前解决所有相关问题引发的思考。

2. 观点讨论：求全责备到底好不好。

3. 个人练习：策划入住服务方案。

项目九　客户装修管理服务

 学习目标

知识目标：1. 通过本章的学习，了解客户装修管理服务的意义。

2. 熟悉装修管理服务的基本流程。

3. 掌握装修申请审批管理和装修跟踪、竣工验收管理的工作内容。

4. 掌握二次装修现场的跟踪管理注意事项及处理方法。

能力目标：1. 能够提供客户装修管理咨询服务。

2. 能够为业主办理装修申请审批手续和装修竣工验收等相关工作。

3. 掌握处理违反装修规范行为的方法。

素质目标：1. 培养学生严谨的工作态度和责任感。

2. 通过解决装修管理问题，提升学生的沟通协调能力。

思政目标：增强学生的法律意识。

 任务导入

不软不硬——装修工人弄脏公共场所地面不打扫怎么办①

某天，小区里的一户业主装修房屋，运来不少装修材料，由于天晚了，装修工头就跟装修管理人员商量，等第二天再搬，但由于装修材料不允许占用公共区域，装修管理人员拒绝了他们。

装修工人只好连夜搬运，材料搬运完之后，留下一些捆扎绳，他们没有清扫就想离开。当班的装修管理人员灵机一动，称要检查他们的装修出入证，拿到装修出入证后，装修管理人员提出只有把垃圾打扫干净才能把证件还给他们（这样就有了制约对方的办法）。装修工头恼羞成怒，抓住了装修管理人员的衣服就要动手打人，装修管理人员冷静地对他们说："你们要打我，想到后果了吗？我看你们还是先给业主打个电话，问他我这样处理对不对吧！"（业主较之装修工人更了解和支持物业，请业主出来说话比物业人员说话更有分量）装修工头想了想，觉得有道理，把手松开后，走到一边打电话。

---

① 来源于网络，有改动。

　　或许了解该物业装修管理规则的业主说了好话，打完电话后装修工头老实了许多，不仅同意打扫地面，还向装修管理员进行了道歉。装修管理人员看他们忙了一阵，干得差不多了，就把出入证还给了他们，并说："天也不早了，你们明天还得干活，剩下的我就帮你们打扫吧！"装修工头一听，立即拿出50元钱，说："那谢谢您，说实在的，工人们今天也太累了，50元钱虽然不多，就当作给您的劳务费吧！"当然，装修管理人员没有收他们的钱。

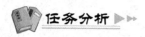

　　物业服务企业管理好业主的二次装修事关重大。管得好，能给业主提供恰当的服务，能营造出一个使业主信任且优雅、整洁、美观的环境；管得不好，不但会缩短物业的使用寿命，而且可能噪声四起，装修垃圾到处乱放，弄得四邻不安、怨声载道，造成业主之间和业主与物业之间的矛盾。因此，物业服务企业应该重视二次装修管理工作，做好二次装修现场的跟踪管理工作，当发现违反物业装修管理规定的行为时，要采用适当的纠正方法，不能一味地妥协，也不能"一味动硬"。

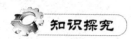

任务一　装修服务规范化的必要性

　　物业接管验收、交付使用后，业主（或用户）办理完入住手续后，在正式入住前可能会对所购（租赁）物业进行分隔、装修、布置等。有时住户调换后，新用户要将原来的装修拆除，按自己的意愿重新装修，以上都称二次装修。

　　目前，违章装修的现象随处可见：有的破坏了主体结构；有的推倒了承重墙；有的在墙上打孔打到邻居家；有的凿地面忽视限度，导致往楼下渗（漏）水；有的随意扩大住房使用面积；有的为了增加可出租房屋数量而随意分隔房屋，甚至改变厨房、卫生间、洗手间的用途……这些违章装修不仅给建筑物造成了损害，还增加了消防隐患。

　　物业的装修管理服务是日常物业管理的重要内容之一，也是难题之一。为了保障楼宇安全、公共设施的正常使用以及房屋外观的统一美观，为了全体业主的共同利益，物业公司必须规范装修行为，加强装修管理工作，为业主提供装修方面的疑难解答，做好装修的审批把关工作，安排好装修现场的监督检查，申明装修过程中的注意事项，落实装修责任，配合有关部门做好装修的验收工作。在装修管理服务过程中，对违章装修要防微杜渐。既要做到有据有理，坚持原则，又要尽量做好劝告说服工作，晓之以理，动之以情，尽可能地减少与业主之间的矛盾。

任务二　装修管理服务工作程序

物业装修管理服务工作主要包括两个部分，即装修申请审批管理服务和装修跟踪、竣工验收管理服务。物业的二次装修关系到业主的生命财产安全，关系到物业区域内的洁净，为此物业服务企业要重视装修管理服务。物业服务企业要让业主明了二次装修不能自己随意进行，而是要在物业服务企业的监督管理之下进行。因此，物业服务企业在为业主办理入住的时候，就让业主明确知晓装修管理服务流程。装修管理服务流程既是物业公司内部作业指导，也是装修人员了解装修管理流程的公示性标识。因此，物业装修管理服务流程不仅要有书面形式，还应有图例形式，要求文字简明、科学、可操作性强，图例清晰明确、一目了然。物业装修管理服务流程（见图 9 - 1），是明示物业装修办理手续的流程，一般悬挂于物业客服中心或业主入住办理现场。物业装修管理服务流程一般还应与物业公司内部装修作业文件以及业主须知等发放给业主的资料上的内容一致。

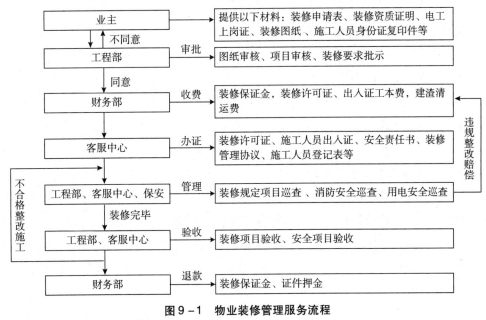

图 9 - 1　物业装修管理服务流程

一、装修申请审批管理服务

物业接管验收、交付使用及业主办理完入住手续后，业主在正式入住前如需要进行二次装修的，需要按照《住宅室内装饰装修管理办法》（建设部令第 110 号）和物业服务企业制定的住户装修管理规定进行。按照规定，业主在装修前必须向物业客户服务中心提交装修申请，只有装修申请获得批准后业主才可以动工装修。物业客户服务中心应该做好以下服务工作：

1. 接受业主的装修咨询，要求业主备齐相关资料

业主在办理入住手续的时候就可以向物业客服中心咨询相关装修问题，物业客服中心可以提供一套有助于业主制订装修方案的有关建筑细节和设计标准的平面图及示意图。平面图及示意图应包括施工区域的平面图、喷淋灭火系统的布局图、供电系统示意图，以及各种管道、排水、通风与空调、电信、消防和警报系统的连接点图，告知业主在办理装修手续时需备齐的相关资料，这些资料由业主和装修企业分别准备和提供，一般包括物业所有权证明、装修设计图纸、装修施工单位资质复印件、施工人员身份证复印件和1寸照片，以及其他法规规定的相关内容。非业主使用人对物业进行装修时，还应当取得业主书面同意。

2. 指导业主填写装修申请表

业主到物业客服中心填写装修申请表，物业客服中心人员应指导其逐项填写，各项申请要求应明确无误，涉及专业部门（如水、电、气等）、建筑结构、消防等项目的，要求写明地点、位置或改变的程度及尺寸等详细数据和资料，必要时还应附上相关图纸资料等。

3. 认真核查业主二次装修申请

依业主所提交的二次装修申请，指派工程部专业员工确认与核实原建筑情况。一般来说，应根据各项法规，特别是应严格按照《住宅室内装饰装修管理办法》的相关规定进行装修申请的核查，对图纸和项目作出认真细致的审核，并在规定的工作日（一般为3个工作日）内予以答复，作出装修要求批示。超出操作范围的，报上级主管部门并在规定工作日（一般为3个工作日）内予以答复。

4. 为业主办理二次装修开工的手续

通过装修申请审核的业主和装修企业，到物业客服中心办理装修手续，并按有关规定缴纳装修保证金（或称装修押金，用于保证装修企业严格遵守一切装修规定。装修中造成的任何损坏，将从装修保证金中扣除。装修完工并经验收合格后，装修保证金将于三个月内无息退还）、装修许可证和出入证工本费、建渣清运费；物业客户服务中心人员为装修企业办理装修许可证、施工人员出入证，与装修企业签订安全责任书，与业主签订装修管理协议。请业主及装修施工单位在装修施工期间务必将装修许可证张贴在所申请装修房屋户门外。如在装修中需要动用明火的，还需办理动用明火许可证。此外，在办理装修开工手续的同时，应做好装修登记工作，填写施工人员登记表。装修手续办理完成后，物业服务企业派人到施工现场张贴业主的装修公告，装修公告应注明装修工期等事宜，同时对周围住户致歉。

此外，由于二次装修安全隐患较多，物业服务企业应当从细微处考虑，做好各项安全工作，如为准备装修的单元备齐灭火器等消防器材，以防不测。为防止装修施工人员或装修企业不按要求办理，还应该加强装修施工期间的监督检查工作。

二、装修跟踪、竣工验收管理服务

(一) 装修跟踪管理服务

物业服务企业应组织专业的技术服务队伍，主要是在业主装修过程中提供现场帮助，并就装修过程中的技术问题进行回复。同时，对装修现场进行跟踪管理。

二次装修现场的跟踪管理是二次装修管理的关键，装修施工期间需要特别注意施工时间、材料的进出、施工要求、垃圾清运时间、公共环境保洁的跟踪管理。安排专人对装修规定项目、消防安全和用电安全进行定时和不定时的巡查，尽早纠正施工方的违章施工。

二次装修现场的跟踪管理服务，主要包括以下工作：

1. 控制作业时间、拆打时间

特别需要注意是否下班了还在拆打，避免影响其他业主。一般装修作业时间为8：00—12：00和14：00—20：00，拆打时间为8：30—11：30和14：30—17：30，根据季节不同时间应有所调整。为保障其他业主的休息和正常生产、生活秩序，节假日原则上不允许装修。特殊情况需要装修的，应视具体情况相应缩短装修时间，重大节日如中国传统春节是不允许进行装修施工的。

2. 装修项目检查

检查装修项目是否为审核过的项目，如果发现新增项目，需指导用户及时申报。监督装修公司按批准的设计图纸施工，防止装修公司置原有的设计于不顾而另搞一套，造成对楼宇结构、设施的损害。业主和装修公司不可擅自改变房屋的柱、梁、板、承重墙、屋面防水隔热层、电路、上下管线等；严禁随意刨、凿楼地面等行为；新砌隔墙应使用轻质材料，不可擅自用红砖、大理石及超厚超重材料进行装修；不能擅自封闭或改变阳台用途；不能擅自改变原有门窗规格及墙面装饰；安装大型耗电电器应先经申报同意；公共空间及室外装修应统一要求，如空调室外机应统一设置、室外机排水应统一要求、阳台栏杆应统一要求等，底层住户装修时不得在前阳台违章搭建等；对于超出规定或超出管理范围的，物业服务企业要给予一定的指引，未经管理处同意，业主和装修公司不得随意改动水、电管线走向，如燃气管改道需报燃气公司审批，并由专业队伍施工等。

3. 对装修施工人员的出入进行严格控制

装修工人的来源有极大的不确定性，施工过程中的自我约束不足，会影响到物业的治安稳定，因此，要加强对装修施工人员的管理，严格管理施工人员的出入，杜绝物业装修期间的不安全问题和无序化状态。检查装修施工人员的现场操作是否如实申报，是否办理了施工证，是否佩戴施工出入证且凭证出入，只允许其在指定区域活动，所有施工出入证均应于装修完毕交回物业服务企业。禁止装修施工人员吸烟、点火或储存易燃物；禁止在公共区域发出噪声、衣衫不整、赌博及酗酒；禁止在施工单元或公共区域大小便，只能使用指定的卫生间，禁止向马桶内倒垃圾等。

4. 对装修材料和设备的出入及堆放进行控制

装修材料和设备是易造成装修违章的重要因素。装修管理中以下几个方面需加强控制和管理：核对是否为审批同意的材料；核对是否符合相关规定；对于有特别要求的材料或设备，需按照规定办理相应手续，如电焊机，需要求施工队办理动用明火审批手续；运输车辆在指定卸货区卸下货物或装修材料后应立刻开走，装卸货物和运输货物均需遵照物业服务企业指定的时间和路线，并听从管理员的指挥；高层业主（住户）装修使用电梯时，不得与他人争先，散装物品须袋装处理；装卸或运输超重、超长及易损坏电梯的建材、工具等物品，须走安全通道；如对任何公共设施如天花板、地板、墙身、电梯等造成损坏，物业公司应安排修补，一切修补费用将在装修押金中扣除等。

5. 施工现场是否配备防火设备，各种操作是否符合安全要求

控制装修公司动用明火的操作，施工现场不准吸烟。除按规定在施工现场配置消防器材外，还应有专人负责防火安全。

6. 垃圾处理是否得当

装修垃圾是装修管理中的一个重要内容，其对物业环境、业主或非业主使用人的工作、生活有着极大的影响，甚至会产生环保、安全等方面的隐患。因此，装修垃圾必须及时袋装清运，其中，废弃木材类应用绳全部扎成捆，堆放到指定地点，并按有关规定缴纳建筑垃圾清运费。搬运沙石、铲除废物及小物件时，要有完好包装，不能在搬运途中随地遗漏，砖石块与木材不分流者、装修垃圾不袋装者，不得出装修区域，不得堆入堆放场地。严禁向窗外抛洒及在阳台、楼梯、过道、天台等公共场所堆放装修垃圾；严禁将装修垃圾倒入下水道或将生活污水倒入雨水管道，若造成排水系统堵塞，装修公司需承担所有责任。

7. 阻止不合时宜的有强烈声响和刺激性气味的装修工作

阻止装修公司不合时宜地进行有强烈声响和刺激性气味的工作，以免影响其他业主或非业主使用人正常工作、生活。

8. 违规整改及赔偿

装修责任应予以明确，凡超出规定的装修行为均属违章装修，应依照法规处理。凡因装修施工损坏公共设施、设备及共用部位或给他人财物造成损失的，由装修户承担全部责任及后果；因装修施工造成管道堵塞、漏水、停电等的，装修户须负责修复（或承担修复费用），并视情况予以必要的赔偿；因装修施工引起报修的，装修户应承担全部维修费用；在共用部位可允许且不影响他人的范围内和泥沙，须在铁板或厚胶合板上实施，违者必须修复损害部位，并向物业服务企业缴纳修复费用和罚款。

根据装修管理规定，可以通过三方（管理处、装修人、装修企业）约定的方式，针对不同的情况采取相应的处理方法：

（1）违章装修的，装修企业为第一责任人，装修人为第二责任人，二者对违章装修负有共同责任。

（2）申报。凡未申报登记擅自开工的，或者在申报登记时提供虚假资料的，责令改正，补办手续。

（3）违反结构规定。影响建筑物结构或使用安全进行装修的，应由装修人和装修企业限期改正，造成损害的，装修人与装修企业承担连带赔偿责任。

（4）违反技术规定。不按照相关部门的技术要求进行装修的，由装修人、装修企业改正。

（5）燃气设施。违反规定擅自改动、暗藏燃气管道设施的，由装修人、装修企业改正。

（6）灭火设施。装修施工现场未按规定配备消防灭火器的，由装修人改正，拒不改正的报消防部门处理。

（7）时间。不按规定遵守装修时间限制的，责令装修人、装修企业改正。

（8）垃圾处理。违反规定违章堆放、清运装修垃圾的，由装修人、装修企业改正。

（9）对违章装修，管理处有权依情节轻重对责任人作出如下处理：责成限期修复、纠正；责令停工；管理处有权依协议相关条款扣缴装修企业缴纳的押金，以赔偿（公共管理利益）经济损失，不足部分再从装修人缴纳的押金中扣缴，如仍然不足，则由装修人一方承担；对违章装修情节特别严重的，在小区中予以公示，取消该装修企业在小区的装修资格，并遵循法律途径追究当事人的责任。

（10）执行保证。为减少违章现象，督促业主阅读、理解装修管理规定，并在装修时分清相互间的责任，装修人、装修企业及管理处三方均应在装修管理规定纸样上签字。

（二）装修竣工验收管理服务

装修的竣工验收，是物业服务企业监督装修人按装修申请表施工的最后一道防线。装修施工结束后，由装修人和装修企业负责人共同向物业公司提出验收申请。物业公司应在当日内组织专业人员对装修进行现场验收。装修如无违章情况，按以下程序办理：装修竣工验收合格的，由指定人员在装修竣工验收表（见本项目任务三）"工程部审批意见"栏签署"初验合格"，并签署验收人姓名及日期。装修企业当日清场离开。装修竣工验收合格并使用一个月后，管理处应对装修施工组织复验，复验没有问题的，由指定人员在装修竣工验收表内注明"复验合格"后，送物业经理审批，由财务部门退还装修人及装修企业的装修押金，物业客服中心收回施工证，如有丢失，装修企业应给予一定赔偿。如在装修过程中发现有违章情况，应按违章办法处理，具体做法是装修竣工验收时，视实际情况，按规定作出估价，列清扣款金额，经物业经理同意后，将扣款清单一份交装修人，一份交财务部门，财务部门按以下方法扣款：先从装修企业的装修押金中扣款，装修企业的装修押金不足以补偿扣款的，再从装修人的装修押金中予以补扣，扣除装修人的装修押金仍不能补偿扣款的，要求装修人给予补足。装修资料整理归档，长期保存。

物业服务企业的专业人员检查业主是否按原来的申报方案施工，在具体验收上可分室内、外观两部分，同时装修验收应按以下服务细则中的装修管理要求认真查验：

1. 楼宇结构安全方面

铺设的大理石厚度是否超过1厘米，过厚会增大楼板的承载力，带来潜在的危害；建筑防水处理效果是否达到设计要求。

2. 生活设施设备安装方面

管线的负荷和走向是否符合申报方案，个别不良施工人员为图自己施工方便，往往不沿墙角、边等埋设管线；浴室内安装燃气热水器是否采用强排式，其排气管是否超出墙面1厘米；安装抽油烟机是否接入烟道；如同意装防盗网，其安装的款式、宽度、厚度是否符合要求；是否按位置安装空调室外机，其排水管是否接入专用管道；是否将生活污水排入雨水管道；是否破坏公共设施、设备；装修垃圾是否清运完毕等。如发现问题，物业服务企业有权要求在10天内整改，因此而导致的延误由业主和装修企业负责。

此外，物业客户服务人员掌握一些装修技巧，可以为业主提供装修咨询服务，给业主一些专业的建议，进而拉近与业主的关系。

（1）水管。放管以最近距离、最少接口为标准，管身要平直整齐，尽量少弯曲和交叠；室内全部用铜管，热水用包胶铜管，下水用 PVC 管，接口要用防水胶布缠好；安装面盆及坐便器要保持水平；安装水龙头等，要用布包工具，不可弄坏水龙头及配件，不准用铁锤直接大力敲击；厨房、厕所要有地漏；安装完毕要试水。

（2）地板。地板要打磨平滑，不能出现凹坑或刮痕，角落处要用打磨机打磨；地板至少要用地蜡油擦三遍；铺设时四边预留6毫米空位，然后用地脚线封边遮盖；木地板要用夹板做底，板底要放有防油纸或塑料膜，并在四边预留空位。

（3）瓷砖。砖面要砌平，角度要准确，接口要对线；瓷砖在使用前要浸水半日；厕所地面要有适当斜面，不可积水；瓷砖接口扫白水泥后，要用藤丝刷净，不可在砖面上留有水泥污渍；地砖铺砌完后要用纸板等覆盖，并至少24小时后才能在砖面上行走。

（4）墙纸。先刷一遍防水油，要打磨2遍，每遍均用100#砂纸打磨，有缝隙须立即修补，以肉眼看不见凸墙凹位、以手触摸无大凹大凸为标准；墙纸接口要准确、无起泡，应按规定对花，用利刃切口，不可有纸边毛裂现象。

（5）油漆。表面颜色正，均匀，光滑，无泪滴，无过厚、透底、起泡等情况；油漆边界平直整齐，无油出界；墙身批灰不见凸块凹位，墙角平整。板与板、板与墙的接口，均应贴胶布后批灰；乳胶漆在1米距离看，应不见扫痕；木钉着色要准确、平滑；尽量不要在潮湿天气刷油漆。另外，木质板面应光滑平整，无刨痕、戗碴儿和毛刺，图纹清晰，油漆面层颜色均匀一致，缝隙严密，表面洁净，接缝平直方正；在黏结方面，要黏结牢固，表面洁净、无溢胶。木地板烫硬蜡、擦软蜡等都要均匀不露底，光滑明亮，色泽一致。

三、装修违规的处理

即使物业人员掌握了业主装修的管理流程，加强了日常装修巡查，仍然难以避免违规装修行为的出现。

1. 结构改动

这一类违规装修是最严重的，主要表现在以下几个方面：①在承重墙上开门、开窗、打孔、做壁橱；②在室内砌砖墙；③改变室内楼梯位置；④在室内安装阁楼；⑤在天花板上安装很重的物品；⑥拆除卧室窗下墙体等。

 走进物业服务企业

业主提出更改房屋大梁

某小区有一位业主在装修时向物业服务中心多次提出要更改顶层复式房屋的一根大梁，他的理由是按照常规该梁应为正梁，但搞成了反梁，既占用室内空间，又影响美观，并声称自己的父亲是一位高级建筑师，已经计算出了有关参数，设计出了改造图纸。

对业主的这一要求，管理处根据装修管理规定耐心地对其进行解释，说明不能更改，然而这位业主就是听不进去，态度还十分强硬，三番五次找物业服务中心。为了避免事情变得更糟，物业服务中心的工作人员坐在一起商讨对策，并把商讨出的办法及时报告给物业管理处和开发商责任人，然后他们约见这位业主，建议他写书面申请，报原设计单位审批。这位业主觉得物业服务中心的建议合情合理，便欣然同意。后来他咨询了原设计单位得知，改建既要一笔不小的变更设计费，又要等较长的时间才能确定，经过比较，他最终打消了改建的念头。

物业服务人员在物业装修管理中遇到违规行为时，必须予以制止和纠正，但不一定要板起面孔坚决说不。其实，有时候不妨采取迂回沟通战术，为业主指明一条正确的道路，让他自己去试、去比较，如果业主觉得可以，那就通过合法途径办理，矛盾就不再集中在物业服务中心了，当业主发现自己的想法不靠谱后，自然就会回心转意，最后有序管理的目的就达到了。

2. 改变房屋用途

这一类违规装修主要表现在以下几个方面：①扩大卫生间的门窗尺寸；②更改卫生间干湿隔墙的位置；③将卧室改为卫生间；④将阳台改为洗衣间；⑤将主卧卫生间改为书房或衣帽间；⑥改变空调的安装位置；⑦改变燃气、暖气管道等。

针对这类违规装修，物业服务企业应尽量阻止其改动，应告知业主这样改动应承担的责任，以及可能对其入住以后的生活带来的麻烦等后果。如果业主执意要改，应将改动情况详细记录在档案中，并让业主签字确认。

 走进物业服务企业

业主乱装空调如何处理

一天中午，物业装修管理岗位的小刘气喘吁吁地跑到物业服务中心办公室，告诉主管："A栋208室的业主不想在指定位置安装空调，要将北侧空调孔打在窗户上方。"主管当时正在处理一项紧急事务，便安排小刘马上返回，让空调安装人员先停止打孔。

主管处理完紧急事务后赶到208室，一进门，业主就开始不停地说自己的理由，他认为物业公司规定的位置不好，强烈要求将空调孔打在窗户上方。空调安装人员也不停地在一旁说着风凉话，这更助长了业主的不满情绪。

主管心里很不愉快，但仍耐心解释："规定在指定位置安装空调且管线不能外露是为了保障小区的外观统一美观，假如我们也像某些小区那样各行其是地安装空调，那咱们小区的外立面就会显得杂乱不堪，整个物业形象就会大打折扣，物业也不会升值，甚至会贬值，这里是您的家园，您的朋友和亲戚要是看到小区杂乱不堪，说小区不好，您也没有面子呀。"

这时主管悄悄地把空调安装人员叫到一边告诫说："你们应当知道我们物业的管理规定，假如执意违规行事，可要想清楚以后还要不要在我们小区内做生意了！"这么一说，空调安装人员马上声明要按照物业公司的规定打孔，并表示一定配合物业公司说服业主，最后业主同意在规定位置安装空调。

乱装空调的情况在许多物业小区屡见不鲜，解决此类问题需要物业公司做耐心细致的解释工作，物业公司在做具体管理服务工作的时候，应当加强对物业管理服务相关法律法规和具体案例的宣传，提高业主的法律意识，降低争议处理的成本。

3. 线路改动以及房屋外观改变

这一类违规装修主要表现在以下几个方面：①破坏卫生间的防水层；②上水管道暗铺在地板内；③用水泥板和瓷片封闭卫生间和厨房的下水管道，并且没有预留检修孔；④改动主下水管道；⑤改变烟道的开孔位置；⑥将污水管连接到雨水管中；⑦可视对讲线路移位；⑧改变进户门样式颜色；⑨改变窗户玻璃颜色；⑩随意安装防盗网等。

针对这类违规装修，物业服务企业应尽量阻止其改动，告知业主这样改动应承担的责任，对于相应的部位，房产公司将取消保修期。如果业主执意要改，应将改动情况详细记录在档案中，并让业主签字确认。

走进物业服务企业

业主违规安装防盗网

某高档小区一位业主正在装修新房，其他部位装修完后，他提出要安装防盗网，包括阳台部分。物业服务人员接到通知后立刻赶到现场，将运输防盗网的车子挡在小区之外，并向业主说明室外不允许安装防盗网。但业主态度非常强硬，质问物业服务人员："为什么不能安装防盗网？假如失窃怎么办？"

物业服务人员从以下三方面向业主做了解释：

第一，安装防盗网不美观。

第二，法律规定，人员密集场所的门窗不得设置影响逃生和灭火救援的障碍物。假如室内失火，防盗网会给人员疏散和消防救援带来不利影响。

第三，本小区是一个智能化小区，每家每户都有智能安防系统，并且 24 小时不间断巡逻，没有必要安装防盗网，如果想安装防盗网，只能按照小区规定安装在室内。

最后业主被说服，同意将防盗网安装在室内。

安装防盗网的事情应围绕着业主手册、业主公约和前期物业管理服务协议的要求进行，如果小区有规定不准安装防盗网，而业主按照自己的意愿非要做特殊装修，物业服务人员应当说明利害关系，并给业主提出合适的建议。

4. 破坏环境卫生

这一类违规装修主要表现在以下几个方面：①装修垃圾没有按规定运放；②污染、损坏公共设施设备；③噪声污染；④高空抛物；⑤空气污染；⑥将装修垃圾倒入下水道等。

这一类违规一般情况下是由装修工人造成的，需要安保部和保洁部密切配合，发现一起严肃处理一起，必要时可以要求相关人员离开小区，但一定要及时联系施工负责人员和业主，讲明原因，以避免不必要的误会。

 **走进物业服务企业**

业主装修家具堵占楼道

一天，物业服务中心接到投诉，某位业主二次装修地板，将家具堆放在楼道和电梯间，妨碍通行。物业服务中心派人上楼查看后，发现情况属实。该业主在办理装修手续时就无视装修管理规定，拒缴装修保障金，对有关规定吹毛求疵，与物业服务中心的工作人员闹得不可开交。物业服务中心人员几经商讨，决定坚持原则，针对其心理状态和实际情况采取因势利导的策略，另外再安排几个人一起上楼做工作。

物业服务中心人员首先对其装修行为表示理解，然后介绍了装修管理规定，表明堵占通道可能带来的可怕后果，不能图一人之便而危及众人。接着，对其二次装修摆放家具的难处表示理解，建议采用将其集中一室分室进行装修，或由物业服务中心代找暂存位置一并装修的方案。最后，限定整改的期限，表明如果其继续我行我素，将按业主公约予以处罚。

经过一番苦口婆心的劝说，这位业主很快进行了整改，事后又到物业服务中心对自己的言行表示歉意。

任务三　装修管理服务相关文件

装修管理服务过程中的相关文件主要包括装修申请表、装修管理协议、装修管理办法、安全责任书、施工许可证、施工出入证、施工人员登记表、动用明火许可证、装修竣工验收表等。以下提供部分文件样式供学生参考。

1. 装修申请表（见图9-2）

装修申请表						
日期： 编号：						
房号		业主姓名		联系电话		
资料审核：		签订协议	工地负责人：		联系电话：	
			证件办理：　　　个		前台签字：	
申请装修项目： 厨房： 卫生间： 阳台： 客厅： 卧室： 其他： 注：空调必须按指定位置安装，否则后果自负。 可附页						
装修期限：					业主签字：	
工程部审批意见						
押金	元		证件办理费用	元	收费员签字：	
装修许可证发放人签字：						
注：此表归档到业主档案。						

图9-2　装修申请表示例

2. 装修管理协议（见图9-3）

××居住区装修施工协议书

甲方：××物业服务企业　（以下简称物业公司）

乙方：　　　　　　　　　（以下简称装饰公司）

为了小区业主有一个舒适、安宁的生活环境，保障业主的权益，确保房屋及配套设施的合理使用，根据小区的实际情况和《住宅室内装饰装修管理办法》之规定，特制订本协议：

乙方在甲方所管理的小区内开展家居装修活动时，必须持建筑企业资质证书、施工企业安全资格审查认可证、企业法人营业执照、企业法人代表证，并在甲方客服中心登记备案，并服从甲方管理人员的监督、检查和管理。

在装修工作开始前装修施工单位须先缴纳2000元的施工保证押金，该费用在装修工程经物业公司验收合格后，于2个工作日退还。

乙方施工人员进场施工时必须先到物业公司办理临时出入证，并携带相应的一寸照片、人员身份证复印件，同时缴纳办理临时出入证的成本费10元/人。

从事家庭居室装修的单位和个人应当遵循以下规定：

（1）未经原设计单位或者具有相应资质等级的设计单位提出设计方案，不得变动建筑主体和承重结构；

（2）禁止将没有防水要求的房间或者阳台改为卫生间、厨房；

（3）禁止扩大承重墙上原有的门窗尺寸，拆除连接阳台的砖、混凝土墙体；

（4）禁止损坏房屋原有节能设施，降低节能效果；

（5）不准发生其他影响建筑结构和使用安全的行为；

（6）装修人员必须保持公共场所包括平台、楼梯、过道、墙壁及周边草地的清洁，出入单元门应关闭好防盗门，不得用物品支门；严禁将污水废弃物向下水道内倾倒；严禁向窗外乱扔垃圾和在楼道内堆放杂物；严禁穿行小区内的绿地。必须按规定地点堆放装修垃圾，物业公司将进行统一清运。

以上规定如有违反将按违约处理，并扣除相应的违约金。

乙方施工期间不得侵扰其他业主的正常生活，必须在规定时间内施工：

周一至周五：8:00—12:00，14:00—20:00。

周六至周日：10:00—12:00，14:00—19:00。

在施工现场要有安全防火制度及措施，必须配备2个以上齐全、有效的灭火器。

在搬运施工材料时，严禁用电梯运载超长、超重、易燃、易爆的装修材料等物品，违者按违约处理，严禁损坏公共设施（如内外墙体、电、气、水设备等）。

室内房间除卫生间外，地面未做防水的，不得随意放水。因乙方施工造成下层渗漏的，由乙方承担全部责任。

施工队伍应严格按照相关规定进行装修，如业主要求违章装修的，应解释说明，不予装修，否则除业主承担责任外，施工队也应承担责任，出现问题时施工队负责人应及时与物业公司联系，双方协商解决，不得擅自做主，违者罚款处理。

以上规定及约定，乙方如有违约，甲方可视情节严重程度扣除违约金，并有权责令其停工整顿直至终止本协议，并保留采取法律手段追究其责任的权利。

甲方：（签字　盖章）　　　　　　乙方：（签字　盖章）

联系方式：　　　　　　　　　　　联系方式：

　年　月　日　　　　　　　　　　　年　月　日

图9-3　装修管理协议示例

3. 安全责任书（见图9-4）

安全责任书

为了确保物业管理区域公共设施的安全和施工安全，维护辖区的宁静、安全和外貌，本施工单位在为业主室内装修时严格遵守下列规定：

一、认真贯彻国家、市和上级劳动保护、安全生产主管部门颁发的有关安全生产、消防工作的方针、政策，严格执行有关劳动保护法规、条例、规定。

二、负责对施工人员进行安全生产进场教育，督促施工人员遵守施工安全操作规程，按照规定采取必要的安全防护和消防措施，负责日常的安全检查、监督工作。

三、严格按在管理处备案的装修方案作业，自觉接受管理处对装修工作的检查。

四、装修施工期间严格遵守物业管理区域的管理规约和各项安全、防火管理制度，如有违反，愿意承担因此产生的一切后果。

五、施工现场不准乱泼水、乱扔垃圾，不准乱堆物、乱接电线，如有违反，管理单位可收回违反者的出入证，取消施工资格。

六、施工期间要保持楼层公共设施的清洁、完好，如有损坏，须照价赔偿损失，情节严重的将追究刑事责任。

七、严格执行防火、防爆制度，室内放有易燃物品时及施工处于木工、油漆阶段时现场不准吸烟、动用明火，严禁使用电炉。在电焊、气割等动火作业前，必须按规定办理动用明火审批手续。

八、因装修施工造成管道堵塞、漏水、漏电等事故，需负责修复，并视情况予以必要的赔偿。

九、在装修活动中严禁出现影响建筑结构和使用安全的行为。

十、禁止使用国家明令淘汰的建筑装修材料和设施。

如有违反以上规定的行为，本施工单位愿意接受管理处的处理，并承担全部责任。

施工单位盖章
年 月 日

图9-4 安全责任书示例

4. 施工许可证（见图9-5）

施工许可证

年 月 日	编号：
装修单位：	
工地负责人：	联系电话：
装修起止日期： 年 月 日 至 年 月 日	
审批组签发：	装修审批组（盖章）
备注：此表贴于户门以外，以便于装修管理。	

图9-5 施工许可证示例

5. 施工出入证（见图9-6）

姓名		工种		照片
施工单位				
装修住户地址				物业盖章
有效期	年　月　日至　年　月　日			

图9-6　施工出入证示例

6. 施工人员登记表（见图9-7）

施工人员登记表

年　　月　　日　　　　　　　　　　　　　编号：

住户姓名		地址		电话	
施工单位名称			注册地址		
经营范围			企业资质		
法人代表		电话	工地负责人		电话
装修项目			施工时间		
主要材料					
主要施工机具					

施工人员登记

工种	姓名	性别	年龄	籍贯	身份证	出入证收发日期			出入证	
						已发	已收	补发	编号	工本费

施工许可证发放日期：　　　　　　　　　　工本费共计：

图9-7　施工人员登记表示例

7. 动用明火许可证（见图9-8）

兹有 _____（单位）因施工需要，在 楼 号房间内使用明火操作。经批准，特发此证。由 同志操作， 同志现场监护。动用明火时间自 年 月 日 时起至 年 月 日 时止，过期无效。动用明火时需要遵守以下重要规定：

1. 不在存放易燃物品的场所和规定的禁火区域内明火操作。
2. 作业区周围应派人看守，并做好场地清理工作。

备注：

××物业公司

年 月 日

图9-8 动用明火许可证示例

8. 装修竣工验收表（见图9-9）

装修竣工验收表

验收日期： 编号：

房号			业主姓名		验收人	
是否按装修申请内容进行装修：	是□	否□	现状：			
是否对主体结构有破坏、改动：	是□	否□	现状：			
强弱电是否有改动：	是□	否□	现状：			
门控是否有移位：	是□	否□	现状：			
暖气设备是否改动、移位：	是□	否□	现状：			
管道是否封包：	是□	否□	现状：			
各检修口是否符合要求：	是□	否□	现状：			
卫生间是否做二次防水：	是□	否□	现状：			
公共设施设备是否有破坏：	是□	否□	现状：			
相邻房屋是否有损坏：	是□	否□	现状：			
地漏是否更换或改动：	是□	否□	现状：			
空调是否按要求安装：	是□	否□	现状：			
其他：						
工程部审批意见：						
在装修期间是否有违规行为：	是□	否□	处理结果：			
在装修期间是否有扰民现象：	是□	否□	处理结果：			
装修垃圾是否按要求堆放：	是□	否□	处理结果：			
其他：						
区域意见：						
复验结果：						
注：以上项目凡在"是□"打√的将视为不合格，今后所发生的相关责任由业主本人承担，特此声明！						
业主签字：						

图9-9 装修竣工验收表示例

《住宅室内装饰装修管理办法》

第一章　总则

第一条　为加强住宅室内装饰装修管理，保证装饰装修工程质量和安全，维护公共安全和公众利益，根据有关法律、法规，制定本办法。

第二条　在城市从事住宅室内装饰装修活动，实施对住宅室内装饰装修活动的监督管理，应当遵守本办法。

本办法所称住宅室内装饰装修，是指住宅竣工验收合格后，业主或者住宅使用人（以下简称装修人）对住宅室内进行装饰装修的建筑活动。

第三条　住宅室内装饰装修应当保证工程质量和安全，符合工程建设强制性标准。

第四条　国务院建设行政主管部门负责全国住宅室内装饰装修活动的管理工作。

省、自治区人民政府建设行政主管部门负责本行政区域内的住宅室内装饰装修活动的管理工作。

直辖市、市、县人民政府房地产行政主管部门负责本行政区域内的住宅室内装饰装修活动的管理工作。

第二章　一般规定

第五条　住宅室内装饰装修活动，禁止下列行为：

（一）未经原设计单位或者具有相应资质等级的设计单位提出设计方案，变动建筑主体和承重结构；

（二）将没有防水要求的房间或者阳台改为卫生间、厨房间；

（三）扩大承重墙上原有的门窗尺寸，拆除连接阳台的砖、混凝土墙体；

（四）损坏房屋原有节能设施，降低节能效果；

（五）其他影响建筑结构和使用安全的行为。

本办法所称建筑主体，是指建筑实体的结构构造，包括屋盖、楼盖、梁、柱、支撑、墙体、连接接点和基础等。

本办法所称承重结构，是指直接将本身自重与各种外加作用力系统地传递给基础地基的主要结构构件和其连接接点，包括承重墙体、立杆、柱、框架柱、支墩、楼板、梁、屋架、悬索等。

第六条　装修人从事住宅室内装饰装修活动，未经批准，不得有下列行为：

（一）搭建建筑物、构筑物；

（二）改变住宅外立面，在非承重外墙上开门、窗；

（三）拆改供暖管道和设施；

（四）拆改燃气管道和设施。

本条所列第（一）项、第（二）项行为，应当经城市规划行政主管部门批准；第（三）项行为，应当经供暖管理单位批准；第（四）项行为应当经燃气管理单位批准。

第七条　住宅室内装饰装修超过设计标准或者规范增加楼面荷载的，应当经原设计单位或者具有相应资质等级的设计单位提出设计方案。

第八条　改动卫生间、厨房间防水层的，应当按照防水标准制订施工方案，并做闭水试验。

第九条　装修人经原设计单位或者具有相应资质等级的设计单位提出设计方案变动建筑主体和承重结构的，或者装修活动涉及本办法第六条、第七条、第八条内容的，必须委托具有相应资质的装饰装修企业承担。

第十条　装饰装修企业必须按照工程建设强制性标准和其他技术标准施工，不得偷工减料，确保装饰装修工程质量。

第十一条　装饰装修企业从事住宅室内装饰装修活动，应当遵守施工安全操作规程，按照规定采取必要的安全防护和消防措施，不得擅自动用明火和进行焊接作业，保证作业人员和周围住房及财产的安全。

第十二条　装修人和装饰装修企业从事住宅室内装饰装修活动，不得侵占公共空间，不得损害公共部位和设施。

第三章　开工申报与监督

第十三条　装修人在住宅室内装饰装修工程开工前，应当向物业管理企业或者房屋管理机构（以下简称物业管理单位）申报登记。

非业主的住宅使用人对住宅室内进行装饰装修，应当取得业主的书面同意。

第十四条　申报登记应当提交下列材料：

（一）房屋所有权证（或者证明其合法权益的有效凭证）；

（二）申请人身份证件；

（三）装饰装修方案；

（四）变动建筑主体或者承重结构的，需提交原设计单位或者具有相应资质等级的设计单位提出的设计方案；

（五）涉及本办法第六条行为的，需提交有关部门的批准文件，涉及本办法第七条、第八条行为的，需提交设计方案或者施工方案；

（六）委托装饰装修企业施工的，需提供该企业相关资质证书的复印件。

非业主的住宅使用人，还需提供业主同意装饰装修的书面证明。

第十五条　物业管理单位应当将住宅室内装饰装修工程的禁止行为和注意事项告知装修人和装修人委托的装饰装修企业。

装修人对住宅进行装饰装修前，应当告知邻里。

第十六条　装修人，或者装修人和装饰装修企业，应当与物业管理单位签订住宅室内装饰装修管理服务协议。

住宅室内装饰装修管理服务协议应当包括下列内容：

（一）装饰装修工程的实施内容；

（二）装饰装修工程的实施期限；

（三）允许施工的时间；

（四）废弃物的清运与处置；

（五）住宅外立面设施及防盗窗的安装要求；

（六）禁止行为和注意事项；

（七）管理服务费用；

（八）违约责任；

（九）其他需要约定的事项。

第十七条　物业管理单位应当按照住宅室内装饰装修管理服务协议实施管理，发现装修人或者装饰装修企业有本办法第五条行为的，或者未经有关部门批准实施本办法第六条所列行为的，或者有违反本办法第七条、第八条、第九条规定行为的，应当立即制止；已造成事实后果或者拒不改正的，应当及时报告有关部门依法处理。对装修人或者装饰装修企业违反住宅室内装饰装修管理服务协议的，追究违约责任。

第十八条　有关部门接到物业管理单位关于装修人或者装饰装修企业有违反本办法行为的报告后，应当及时到现场检查核实，依法处理。

第十九条　禁止物业管理单位向装修人指派装饰装修企业或者强行推销装饰装修材料。

第二十条　装修人不得拒绝和阻碍物业管理单位依据住宅室内装饰装修管理服务协议的约定，对住宅室内装饰装修活动的监督检查。

第二十一条　任何单位和个人对住宅室内装饰装修中出现的影响公众利益的质量事故、质量缺陷以及其他影响周围住户正常生活的行为，都有权检举、控告、投诉。

第四章　委托与承接

第二十二条　承接住宅室内装饰装修工程的装饰装修企业，必须经建设行政主管部门资质审查，取得相应的建筑业企业资质证书，并在其资质等级许可的范围内承揽工程。

第二十三条　装修人委托企业承接其装饰装修工程的，应当选择具有相应资质等级的装饰装修企业。

第二十四条　装修人与装饰装修企业应当签订住宅室内装饰装修书面合同，明确双方的权利和义务。

住宅室内装饰装修合同应当包括下列主要内容：

（一）委托人和被委托人的姓名或者单位名称、住所地址、联系电话；

（二）住宅室内装饰装修的房屋间数、建筑面积，装饰装修的项目、方式、规格、质量要求以及质量验收方式；

（三）装饰装修工程的开工、竣工时间；

（四）装饰装修工程保修的内容、期限；

（五）装饰装修工程价格，计价和支付方式、时间；

（六）合同变更和解除的条件；

（七）违约责任及解决纠纷的途径；

（八）合同的生效时间；

（九）双方认为需要明确的其他条款。

第二十五条　住宅室内装饰装修工程发生纠纷的，可以协商或者调解解决。不愿协商、调解或者协商、调解不成的，可以依法申请仲裁或者向人民法院起诉。

第五章　室内环境质量

第二十六条　装饰装修企业从事住宅室内装饰装修活动，应当严格遵守规定的装饰装修施工时间，降低施工噪音，减少环境污染。

第二十七条　住宅室内装饰装修过程中所形成的各种固体、可燃液体等废物，应当按照规定的位置、方式和时间堆放和清运。严禁违反规定将各种固体、可燃液体等废物堆放于住宅垃圾道、楼道或者其他地方。

第二十八条　住宅室内装饰装修工程使用的材料和设备必须符合国家标准，有质量检验合格证明和有中文标识的产品名称、规格、型号、生产厂厂名、厂址等。禁止使用国家明令淘汰的建筑装饰装修材料和设备。

第二十九条　装修人委托企业对住宅室内进行装饰装修的，装饰装修工程竣工后，空气质量应当符合国家有关标准。装修人可以委托有资格的检测单位。

第六章　竣工验收与保修

第三十条　住宅室内装饰装修工程竣工后，装修人应当按照工程设计合同约定和相应的质量标准进行验收。验收合格后，装饰装修企业应当出具住宅室内装饰装修质量保修书。

物业管理单位应当按照装饰装修管理服务协议进行现场检查，对违反法律、法规和装饰装修管理服务协议的，应当要求装修人和装饰装修企业纠正，并将检查记录存档。

第三十一条　住宅室内装饰装修工程竣工后，装饰装修企业负责采购装饰装修材料及设备的，应当向业主提交说明书、保修单和环保说明书。

第三十二条　在正常使用条件下，住宅室内装饰装修工程的最低保修期限为二年，有防水要求的厨房、卫生间和外墙面的防渗漏为五年。保修期自住宅室内装饰装修工程竣工验收合格之日起计算。

第七章　法律责任

第三十三条　因住宅室内装饰装修活动造成相邻住宅的管道堵塞、渗漏水、停水停电、物品毁坏等，装修人应当负责修复和赔偿；属于装饰装修企业责任的，装修人可以向装饰装修企业追偿。

装修人擅自拆改供暖、燃气管道和设施造成损失的，由装修人负责赔偿。

第三十四条　装修人因住宅室内装饰装修活动侵占公共空间，对公共部位和设施造成损害的，由城市房地产行政主管部门责令改正，造成损失的，依法承担赔偿责任。

第三十五条　装修人未申报登记进行住宅室内装饰装修活动的，由城市房地产行政主管部门责令改正，处500元以上1000元以下的罚款。

第三十六条　装修人违反本办法规定，将住宅室内装饰装修工程委托给不具有相应资质等级企业的，由城市房地产行政主管部门责令改正，处500元以上1000元以下的罚款。

第三十七条　装饰装修企业自行采购或者向装修人推荐使用不符合国家标准的装饰装修材料，造成空气污染超标的，由城市房地产行政主管部门责令改正，造成损失的，依法承担赔偿责任。

第三十八条　住宅室内装饰装修活动有下列行为之一的，由城市房地产行政主管部门责令改正，并处罚款：

（一）将没有防水要求的房间或者阳台改为卫生间、厨房间的，或者拆除连接阳台的砖、混凝土墙体的，对装修人处500元以上1000元以下的罚款，对装饰装修企业处1000元以上1万元以下的罚款；

（二）损坏房屋原有节能设施或者降低节能效果的，对装饰装修企业处1000元以上5000元以下的罚款；

（三）擅自拆改供暖、燃气管道和设施的，对装修人处500元以上1000元以下的罚款；

（四）未经原设计单位或者具有相应资质等级的设计单位提出设计方案，擅自超过设计标准或者规范增加楼面荷载的，对装修人处500元以上1000元以下的罚款，对装饰装修企业处1000元以上1万元以下的罚款。

第三十九条　未经城市规划行政主管部门批准，在住宅室内装饰装修活动中搭建建筑物、构筑物的，或者擅自改变住宅外立面、在非承重外墙上开门、窗的，由城市规划行政主管部门按照《城市规划法》①及相关法规的规定处罚。

第四十条　装修人或者装饰装修企业违反《建设工程质量管理条例》的，由建设行政主管部门按照有关规定处罚。

第四十一条　装饰装修企业违反国家有关安全生产规定和安全生产技术规程，不按照规定采取必要的安全防护和消防措施，擅自动用明火作业和进行焊接作业的，或者对建筑安全事故隐患不采取措施予以消除的，由建设行政主管部门责令改正，并处1000元以上1万元以下的罚款；情节严重的，责令停业整顿，并处1万元以上3万元以下的罚款；造成重大安全事故的，降低资质等级或者吊销资质证书。

---

① 根据《住房和城乡建设部关于废止和修改部分规章的决定》，此处的《城市规划法》修改为《中华人民共和国城乡规划法》。

第四十二条　物业管理单位发现装修人或者装饰装修企业有违反本办法规定的行为不及时向有关部门报告的，由房地产行政主管部门给予警告，可处装饰装修管理服务协议约定的装饰装修管理服务费 2 至 3 倍的罚款。

第四十三条　有关部门的工作人员接到物业管理单位对装修人或者装饰装修企业违法行为的报告后，未及时处理，玩忽职守的，依法给予行政处分。

第八章　附则

第四十四条　工程投资额在 30 万元以下或者建筑面积在 300 平方米以下，可以不申请办理施工许可证的非住宅装饰装修活动参照本办法执行。

第四十五条　住宅竣工验收合格前的装饰装修工程管理，按照《建设工程质量管理条例》执行。

第四十六条　省、自治区、直辖市人民政府建设行政主管部门可以依据本办法，制定实施细则。

第四十七条　本办法由国务院建设行政主管部门负责解释。

第四十八条　本办法自 2002 年 5 月 1 日起施行。

任务四　客户装修管理服务应用技能训练

理论测试

一、填空题

1. 物业装修管理服务工作主要包括两个部分，即_____和_____。

2. 二次装修需要按照国家建设部发布的_____和物业服务企业制定的_____进行。

3. 物业接管验收、交付使用后，业主（或用户）办理完入住手续后，在正式入住前可能会对所购（租赁）物业进行分隔、装修、布置等。有时住户调换后，新用户要将原来的装修拆除，按自己的意愿重新装修，我们将其叫作_____。

4. 通过装修申请审核的业主办理装修申请手续时，需按有关规定缴纳_____（用于保证装修企业严格遵守一切装修规定）、提交装修许可证和缴纳出入证工本费、_____。

二、简答题

1. 为什么物业服务企业要规范业主或非业主使用人的装修行为？

2. 简述装修管理流程。

3. 装修现场的跟踪管理包括哪些主要工作内容？

技能训练

[实训项目] 装修管理服务情景模拟。

[**实训目标**] 通过实训让学生了解装修管理服务的重要意义，熟练掌握装修管理服务流程，注重装修管理服务过程中的每个细节，讲究装修管理工作的方式方法，熟练运用客户服务各种技巧。

[**实训内容**] 根据设定的模拟情景进行模拟演练，在情景展示过程中注意装修管理服务流程中各个环节的服务技巧，完成情景模拟实训报告。

[**实训组织**] ①组成学习小组，小组规模以情景需要为宜，分组时以组内异质、组间同质的原则为指导，小组的各项工作由小组长负责指挥、协调；②为每个小组成员设定适宜的角色，小组成员共同参与情景设计、讨论工作，共同协作完成情景模拟；③各项目团队根据实训内容互相交流、讨论并点评。

[**实训考核**] 各项目团队提交实训报告，并根据报告进行评估。

装修管理服务情景模拟评分表

被考评人			考评地点		
考评内容		考评标准	分值/分	自我评价/分	小组评议/分	实际得分/分
专业知识技能掌握	装修管理服务的重要意义	了解	10			
	装修申请审批管理、装修竣工验收管理服务	掌握	20			
	装修现场的跟踪管理工作和处理方式方法	掌握	20			
	报告完成情况	完成	10			
通用能力培养	学习态度	积极主动，不怕困难，勇于探索，态度认真	10			
	沟通能力	劝说过程中，掌握沟通技巧，并成功劝说业主	10			
	运用知识的能力	能够熟练自如地运用所学的知识进行分析	10			
	团队分工合作	能融入集体，愿意接受任务并积极完成	10			
合计			100			

注：1. 实际得分＝自我评价×40%＋小组评价×60%。

　　2. 考评满分为100分，60分以下为不及格，60~74分为及格，75~84分为良好，85分及以上为优秀。

思政园地

一、思政目标

增强学生的法律意识。

二、知识点

装修服务规范化的必要性。

三、思政元素

社会主义法治国家建设。

四、融入途径

1. 案例导入：不软不硬——装修工人弄脏公共场所地面不打扫怎么办——如何更好地执行装修规范。

2. 观点讨论：法律与自由的关系。

3. 个人练习：为小区编制装修管理规定。

项目十　社区文化服务

学习目标

知识目标：1. 通过本章的学习，了解社区文化服务以及与业主委员会共建和谐社区的重要意义。

2. 掌握营造物业社区文化氛围的方法。

3. 熟悉社区文化活动的主要内容。

4. 掌握社区文化活动组织策划工作的内容。

能力目标：1. 能够为业主设计社区文化主题。

2. 能够制作社区文化活动策划书、制作社区活动宣传海报，培养确保社区活动顺利开展的能力。

素质目标：1. 培养学生的企业文化认同感。

2. 树立社会主义核心价值观，构建和谐社会，创建和谐社区。

3. 培养学生的勤俭意识。

思政目标：培养学生的社会责任感，提高其人文素养。

任务导入

碧桂园物业活跃的业主团体①

碧桂园物业在20世纪90年代创立之初就提出了"睦邻友好，相互关爱"这一社区文化，自2010年年底开始，碧桂园物业不断推出由物业公司主导、业主参与的社区文化活动。

碧桂园物业诞生了许多活跃的社区、业主团体，这些业主团体往往由兴趣爱好相近的业主自发组成，形式多样，如以业主业余结伴出游为特色的顺德碧桂园业主联谊会，以英语交流为特色的广州碧桂园英语俱乐部，以健身运动为特色的凤凰城健身舞蹈队等。

其中，广州碧桂园英语俱乐部是广州番禺各社区最受欢迎的业主团体。自2000年以

---

① 来源于网络，有修改。

来，该俱乐部几乎每周都有不同的主题活动，成员均是义务参加。许多广州碧桂园的业主和附近小区的业主均从中受益不少。该英语俱乐部不但有较强的专业性，而且给社区业主之间、本社区与周边社区之间带来了良好的互动效应。

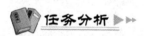 **任务分析** ▶▶

社区文化已成为社区物业管理服务发展过程中不可或缺的重要元素，也是衡量物业服务企业工作质量的重要指标，随着社区居民生活水平的不断提高，在物质生活得到满足的情况下，人们对精神生活的要求也越来越高。业主的大部分业余时间是在家庭中度过，其居住的社区则成为放松、休闲的重要场所，良好的社区文化氛围会为业主带来健康积极的身心享受，同时有利于构建和谐社区，营造和谐社区氛围。

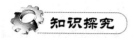 **知识探究**

任务一　开展社区文化建设的意义

社区文化，从广义上看，它是社区居民在特定区域长期实践中创造出来的物质财富与精神财富的总和。社区文化并非单纯指一些娱乐性的活动，而是一种整体性的社区氛围，对这个群体里的所有人均起着渲染和影响作用，不但可以提高业主对社区的忠诚度，而且会增强潜在消费者的购买信心。

一、社区文化建设的必要性

1. 社区文化建设是物业服务企业理应承担的社会责任

物业服务企业作为社区内的一个独立行为主体，是社区文化建设的一个自然主体。社区文化建设是社区内一切主体的社会责任，物业服务企业不能例外。因此，社区文化建设是物业服务企业的一项自然责任。物业服务企业与业主签订契约，为业主提供优质、专业的安全、维修、保养、保洁等服务，这是物业管理的物质层面，属于广义的社区文化建设范畴。因而，社区文化建设又是物业服务企业的契约责任。另外，与现代企业打造企业竞争力时重视服务与文化附加值相一致，与物业管理市场对文化附加值的巨大需求相适应，物业服务企业注重社区文化建设，既是物业服务企业发展的需要，也是社会发展的需要，因而，社区文化建设又是物业服务企业内生的责任，既对自身发展负责，也对社区发展负责，而且重在精神层次的文化发展。这也是物业服务企业必须主动将社区文化建设纳入企业文化建设规划范围的根本原因。

2. 物业服务企业关注社区文化建设的根本原因是市场需求

从我国多年物业市场的发展来看，在我国物业市场需求结构中，对物业管理的文化附加值的需求占很大比重。这一方面是由于随着社会发展，人民生活水平提高，对文化生活的要求越来越高，另一方面是因为物业服务企业在社区服务中的角色易于让业主对他们在社区文化建设方面抱有较高的期望。致力于社区文化建设，是物业公司应对市场需求、完善物业管理环节的必然选择。实践也已经证明，那些重视社区文化建设的物业服务企业更能为市场所接受。

3. 物业服务企业在社区文化建设中的作用是能动的，而不是被动的

物业服务企业是一个有自身利益的经济实体，为实现自己的发展目标，必须发挥企业文化建设的主观能动性，促使企业文化和社区文化互动，并起到示范和主导作用，在兼蓄个性化的家庭文化、个人行为文化的同时，积极倡导社会、社区、企业、家庭、个人利益互惠，共建人类美好生存环境的主流文化，积极倡导经济利益、社会效益、生态优化的可持续发展意识，将物业服务企业的企业文化与社区文化的个性化需求有机结合。从物业管理市场的发展来看，不着眼于满足社区文化的个性化需求的企业文化是没有生命力的。根据这一规律所建立的企业文化，其在社区的延伸、扩张、渗透，与社区文化建设是相统一的。从某种意义上来说，由物业服务企业组织主导的社区文化建设，是物业服务企业的企业文化在社区的延伸与外化，也就是说，这样的诱发性社区文化，实质上是物业服务企业的企业文化的载体与表现形式，是物业服务企业的企业文化在社区交往行为上的表现。因此，诱发性社区文化建设，本质上是物业服务企业的企业文化的重要组成部分。

二、物业服务企业在社区文化建设中的角色定位

从整个社区的角度来看，物业服务企业只是社区内众多文化建设主体中的一个，企业文化、家庭文化、校园文化等都是社区文化的组成部分，那么，物业公司只是自己企业文化的建设者而已。从政府的角度来看，发展社区文化，是促进社会政治、经济、文化良性互动发展的重要举措，而在社区文化发展上，物业服务企业作为一个文化建设主体，与分散的家庭比，有着无可比拟的组织能力和经济实力，显然是一个十分重要的文化建设主体。从物业服务企业自身的发展需求来看，物业服务企业针对业主对社区文化的需要而加强社区文化建设，是对市场的积极、主动反应；物业服务企业加强企业文化在社区中的渗透力、辐射力，提高公司品牌知名度，是公司的经营发展策略。如果我们将由物业服务企业组织、主导的社区文化界定为一个新概念——诱发性社区文化，那么，这样的诱发性社区文化实质上是物业服务企业的企业文化在社区的延伸与外化，是物业服务企业的企业文化在社区交往行为上的表现，是物业服务企业的企业文化的载体与表现形式。因此，物业服务企业是社区文化的能动建设者；企业文化是社区文化的重要组成部分，是公司品牌的深厚底蕴；社区文化是企业文化的重要载体，诱发性社区文化是企业文化的特殊表现形式。这样，物业服务企业准确把握自己的定位，就完全可以游刃有余地、恰当地处理企业

文化建设与社区文化建设间的关系了。

社区文化工作，一是要将社区文化与物业服务基础业务紧密结合，使其为解决基础业务问题提供更多的支持性服务；二是通过社区文化的开展和创新，有利于营造和谐的社区居住氛围，将企业文化及核心价值观在社区中渗透和传递，形成独具特色的群体凝聚力和共同的价值目标，增进业主对社区的认同感和归属感。

任务二　营造物业社区文化氛围

社区文化应以人为核心，以环境为重点，体现出无处不在的文化氛围和对人的尊重与关怀，使人们一进入小区马上就能感受到舒适的人文环境和自由开放的文化气氛。完善统一的物业环境视觉系统、安全有序的交通管理、方便快捷的通信信息和物业服务人员的文明言行，这些映入眼帘的优美的文化载体，都是社区文化最重要和最基本的因素。

1. 环境文化

物业社区环境方面，可以增加符合时代特色的装饰，结合客观环境，在社区范围内设置一些既能经得起风吹雨淋又有科技含量和欣赏价值的艺术作品，以塑造一个高雅独特的文化氛围。或在社区范围内设置文化宣传栏，经常宣传如时事政治、环保知识、保健知识等业主感兴趣且能够提升文化素养、公德意识、责任感与自豪感的内容。每逢节假日，可以增加各类装饰物，以营造节日气氛，让业主也感受到过节的气氛。

社区文化还体现在硬件建设方面，包括各种娱乐场地、公共场地、室外健身场所等的建设，其中，公共场地的社区文化建设体现在社区背景音乐、具有特色的公共绿地警示牌、道路指示牌等方面。比如，警示牌、提示牌，物业服务企业在制作时应首先考虑其颜色、造型与社区整体环境的匹配性，尽量给业主柔和、温馨的视觉感受；而在内容上，警示牌可特殊对待，它在本质上是警示业主注意某些行为的实施，甚至强制或禁止业主实施某些行为的，但在文字表现上却不能生硬、呆板，可采用温和、委婉的文字，既可以表达出制作者的意图，又可以让业主在接受警示的同时感受到社区大家庭的和睦与友好，以及物业服务企业在社区文化方面作出的努力。

2. 行为文化

行为文化也可称为活动文化，是社区成员在交往、娱乐、生活、学习、经营等过程中产生的活动文化，通常所说的社区文化都是指这一类的社区文化活动，这些活动实际上反映出社区的风尚、精神面貌、人际关系范式等文化特征，如儿童节晚会、国庆节联欢会、广场交响音乐会、元旦舞会、重阳节文艺会演、趣味家庭运动会、游泳比赛、新春长跑等活动。

3. 制度文化

制度文化是与社区精神、社区价值观、社区理想等相适应的制度，这些制度对保障社区文化活动持久、健康的开展具有一定的约束力和控制力，制度文化可粗略地分为两大类，即物业公司的规章制度和社区的公共制度。两者都可以反映社区价值观、社区道德准则、社区生活准则等，如奖惩分明的制度可以体现出社区的严谨风格，可以体现出社区的人性化等。

任务三 组织物业社区文化活动

物业服务企业可以组织各类社区文化活动，业主也可以自发开展活动，但活动也需要得到物业服务企业的辅助和引导。

社区文化活动有两个部分：一是业主的户外活动，二是社区会所活动。业主的户外活动是指在户外举办的活动，物业服务企业可以在安全的前提下组织各类户外活动，如定期举办业主运动会、业主才艺表演等一系列社区文化活动。社区会所活动是以康乐为主要内容，为业主提供保健、休闲、娱乐、聚会等服务，如在室内举行健美比赛、棋类比赛、专题讲座、图书阅读活动等。建造社区会所的目的在于丰富小区业主的日常文化、体育活动，加强业主之间的沟通和联系，体现小区充满生机、蓬勃向上的生活气息，社区会所是业主们娱乐休闲、交流的中心，也是他们业余生活中不可缺少的一部分。

一、社区文化活动的主要内容

社区文化活动涉及一系列的活动计划、实施效果、相关管理制度、物业服务人员的服务精神、各项活动筹备人员的组织协调能力、业主的参与配合及对公益活动的热心程度等。根据活动形式、活动风格的不同，社区文化活动的内容一般可概括为以下五类：

1. 体育类

体育类社区文化活动的目的在于通过倡导体育健身精神，利用小区的各种资源引导小区全体住户参与体育锻炼，进而形成积极、健康、活泼、向上的小区精神。体育类的社区文化活动适合任何住宅小区，而且效果明显、影响面广。

（1）成立各种体育俱乐部，定期组织训练、比赛。

球类：篮球、足球、排球、乒乓球、羽毛球、网球等活动。

棋类：围棋、象棋、跳棋、军棋等活动。

牌类：桥牌、扑克牌等活动。

游泳：游泳培训、游泳比赛等活动。

拳类：太极拳等活动。

（2）以小区为单位，由物业服务企业每年至少组织一次大型体育活动比赛。

（3）利用国内国际各种体育比赛时机做体育锻炼宣传，如组织集体观看重要比赛、挂宣传标语等，增强民众体育健身意识。

在社区文化建设中，物业服务一定要以人为本，只有以实际行动感染人，满足业主的合理要求，才能证明物业服务企业的工作是成功的。物业公司应当善于利用各种方式、各种渠道对物业管理服务工作进行宣传，使业主理解、认识物业服务工作，以利于更好地开展物业管理服务工作。

2. 文学类

文学类社区文化活动的定位比较高，主要是组织小区中素质较高的业主成立一些文学兴趣小组，在这些兴趣小组的带动下，举办各种文学活动，吸引业主前来参加，提高参加者的文学素养，最后形成富有特色的小区文化氛围。活动类型列举如下：

（1）组织交换藏书、读书、朗诵、作家签名售书等活动。

（2）组建文学写作兴趣小组，组织著名作家讲座、写作经验交流等活动。

（3）组建各种其他兴趣小组，如红（楼梦）学会等。

3. 艺术类

艺术类社区文化活动是内容最广泛也是实际工作中运用最多的形式，主要通过各种俱乐部的活动带动全体住户参与社区文化活动，并形成若干自发性组织。这类社区文化活动适合所有住宅小区，其主要活动包括：

（1）成立各种艺术兴趣小组，定期组织训练、会演、竞赛，可先以各小区为单位进行练习，待成熟后在小区间加以联合，组成精英团体。

①音乐：成立民乐团、合唱团、独唱团、各地戏曲团等。

②舞蹈：成立民族舞、街舞、交谊舞、秧歌、腰鼓等兴趣小组。

③书法、绘画：成立书法、绘画兴趣小组。

④摄影：组织成立摄影俱乐部。

⑤外语兴趣组：引进外语培训机构，组建外语兴趣组等。

（2）营造社区艺术氛围：

①将小区各艺术团体成员的优秀作品（书法、绘画、摄影等）加以装饰后在社区公共场所（礼堂、会所、广场、区内道路旁等）展示，这样一方面可增强各团体成员的积极性，另一方面可营造小区公共场所的艺术氛围。

②定期组织训练、比赛活动。

③节假日举办大型联欢会、文艺会演、卡拉 OK 比赛等。

4. 康体类

康体类社区文化活动是具有社会效应的活动，不仅可以带动小区业主参与各种社区活动，进而形成一种生活模式，还可以为小区周边带来一些服务。正因为有良好的社会效应，康体类活动犹如异军突起，在社区文化中占据了一席之地。

（1）提供健身、娱乐场所（室内室外），面向小区成员长期开放，并加以必要的辅导。

（2）定期组织爬山、游园、自驾游活动等。

（3）定期组织美容、健身讲座等。

（4）定期组织集体体检等。

（5）暑假组织少年夏令营活动等。

（6）筹建社区健康站，请专家定期或长期提供健康咨询、急救服务等。

5. 经济类

经济类社区文化活动的目的性较强，比较适合商住小区。

（1）定期邀请成功人士到小区做创业心得报告等。

（2）成立各种商会等。

（3）定期邀请房地产专家做房地产租售交易介绍，并提供现场咨询服务等。

（4）定期邀请证券专家做投资、理财报告，并提供现场咨询服务等。

（5）根据住户的具体需要，举办汽车、名牌家私、艺术品展览等活动。

随着物业服务行业以及社会大环境的进步，社区文化活动也时刻在发生新的变化，越来越多的文化元素逐渐融入进来，使社区文化活动更加丰富多彩。

二、社区文化活动组织策划

社区文化活动的最终目的是建立各种形式的社区文化元素，以这些元素作为沟通的桥梁，拉近物业服务企业与业主之间的距离，使双方建立和谐、友好的关系，为物业服务企业的工作奠定更坚实的人文基础，为业主创造更温馨、快乐的生活环境。因此，物业服务企业要做好社区文化服务工作。

1. 专人负责

物业服务企业可以在物业客户服务中心设置社区文化服务专职人员，主要负责物业社区文化建设工作，一方面可以有效组织和实施社区文化活动，另一方面当业主对社区文化建设工作有任何建议或意见时，可以直接与专职人员沟通，以此清除与业主的沟通渠道中可能存在的任何障碍。

2. 精心策划

在组织开展社区文化活动之前，物业服务企业首先要做精心、细致的策划，从前期宣传到正式开展，都要有很强的计划性。社区文化活动的组织策划必须考虑其合法性，策划内容要符合现行法律法规、政府的方针政策，要维护国家利益。策划方案必须安全可行，以科学理论为指导，不能盲目图新鲜、创意，而忽视参与者的安全因素。此外，活动策划还要考虑到经济性，把经济效益与效率结合起来，即用最少的经济投入和最快的速度来实现社区文化活动目标。

 **走进物业服务企业**

××世纪城社区文化活动方案

一、活动目的

1. 丰富社区业主业余文化生活，促进精神文明建设。

2. 增强全民健身意识，构建和谐、健康、积极向上的社区文化。

3. 推进和谐社区建设，构建社区文化服务体系，培养社区文化管理人才，树立物业品牌，促进地产项目销售。

4. 通过完善社区文化设施设备，满足业主多层次的精神文化需求，为构建更加美丽和谐、健康的人文社区打下坚实的基础。

二、活动背景

1. ××世纪城交付面积已经达到 30 万平方米，入住业主 1939 户，但相关配套文娱设施不足。

2. 社区业主具有强烈的文化需求和表现欲，期待着有一个展示自己的文化舞台。

3. 人性化的物业管理已经深入人心，物业与业主急需沟通互动的平台。

4. 地产公司的定位已经从单纯的地产开发转换为城市运营商。

三、活动方案

1. 为了提高××世纪城休闲会所的人气，营造和谐的社区环境，增强业主对我司的忠诚度，我部拟对会所的经营做如下调整：

（1）每月的最后一天，××世纪城的所有业主或住户都可以免费使用会所的棋牌室；

（2）每周日，××世纪城的所有业主或住户到会所消费，球类运动一律六折；

（3）每周六，××世纪城的所有业主或住户到会所消费，茶水类、酒类、小食类及简餐等一律八折。

2. 根据××世纪城的业主入住现状及将来的发展趋势，××世纪城还会配置以下娱乐设施：

（1）一套音响设备及一台液晶电视；

（2）两张乒乓球台；

（3）在 E-02 诊所顶上增设羽毛球场；

（4）在小区公共部位增设儿童游乐场及相关的健身器材。

3. 文艺晚会及主题活动：

（1）6 月 1 日××世纪城第一届儿童绘画大赛。

主题：××世纪城是我家。

参与人员：××世纪城的"小"业主（业主的孩子）。

（2）中秋节、国庆节物业人与业主大联欢。

主题："庆中秋、迎国庆"文艺晚会。

参与人员：业主及物业人。

文艺表演：业主与物业人自编自演节目。

（3）元宵节猜灯谜及文艺晚会。

主题：欢度元宵。

参与人员：业主及物业人。

文艺表演：业主与物业人自编自演节目（以猜灯谜形式展开）。

上述活动方案的费用详见附件。

总之，通过做好社区文化这篇文章，要让文明、健康、先进的文化进入社区，占领社区这个阵地，同时要让社区文化进入千家万户，在物业人和业主间架起一座连心桥，在自娱自乐中共创美好的明天。

附件：

活动方案费用明细表

名称	单价（元）	数量	费用（元）	备注
乒乓球台	2800	2	5600	—
音响设备	10000	1	10000	含有 KTV 系统
液晶电视（46 英寸）	5000	1	5000	—
儿童游乐场及健身器材	80000	—	80000	由地产支付
2019 年六一绘画	15000	—	15000	绘画配套及奖品等
2019 年中秋国庆联欢	8000	—	8000	演出配套
2020 年元宵联欢	10000	—	10000	演出配套及奖品等
合计			133600	—

3. 周密宣传

策划工作完成后，将进入宣传阶段。物业客户服务中心一般会以发布公告的形式向业主宣传本次活动的内容。这一阶段的工作将直接影响整个活动的效果，是非常关键的一个环节。以文字来与业主沟通，本身是一个被动的行为，因此，怎样在版面、色彩、内容上吸引业主，需要一定的技巧和艺术。

公告一般在活动正式开始前 10～15 天发出，以给业主充分的时间浏览及准备。在此期间，物业服务人员还应利用与业主沟通的各种机会宣传本次活动，尽可能调动业主参与的积极性。例如，有业主到客服中心来访时，工作人员应趁机向业主宣传将要开展的活动，并盛情邀请对方参加。这样一来，既可扩大宣传面，防止一些业主因来去匆匆而忽视了公告，又可加深业主对活动的认识程度，增强认可度，提高业主参与的积极性。

4. 活动开展与总结

活动正式开展期间，应按照预先计划组织开展各项活动，并保证活动顺利进行。如果活动是一项相对长期的行为，活动期间应不断地通过各种渠道征询业主的建议或意见，使活动不断完善并圆满完成。

活动结束后，物业客服中心可将活动的资料、图片公布在社区宣传栏内，加深业主对本次活动的印象，以便今后能更积极地参加其他社区文化活动，也有助于塑造物业服务企业的良好形象。此外，还应注意收集业主对本次活动的评价，作为日后开展社区文化工作的参考。

作为一个有社会责任感的物业服务企业，不仅要把最好的服务提供给业主，还要以行动影响和改变他们的生活，给业主创造温馨和谐、积极健康的生活居住环境。

任务四　与业主委员会共建和谐社区

物业服务企业如果与业主委员会之间的关系不和谐，会制约企业的发展，甚至阻碍和谐社区的建设。所以，物业公司处理好与业主委员会的关系十分必要。业主委员会与物业服务企业关系良好，对社区的整体物业管理服务工作会有强有力的推进作用，反之则会给物业管理服务工作造成较大阻力。因此，物业服务企业要与业主委员会形成良好的沟通机制，提高工作配合的默契程度。

一、业主委员会与物业管理的关系

业主委员会是业主团体的内部常设执行机构，它由业主团体内部各个成员按一定选举程序产生，具体负责处理业主团体的日常性事务，如参与涉及全体业主共同利益的民事诉讼或和物业公司签订物业服务合同以及规范业主行为等。

1. 业主委员会是维护广大业主合法权益的有效组织形式

业主既是物业所有者，也是物业管理和服务的消费者，业主有权自主选聘物业公司。但每个业主的选择不可能完全一致，而一个物业又只能由一家物业公司进行统一管理，因此，业主委员会就应运而生了，它代表着广大业主的合法权益。

在物业管理服务消费过程中，单个业主与物业服务企业相比往往处于弱势地位，仅凭个人力量难以与之抗衡，业主对物业服务企业的监督权难以得到保障，而业主委员会则可以在享有对物业服务企业的选择权的基础上有效行使监督权。因此，通过业主委员会代表全体业主集中行使物业管理服务的选择权、监督权，是维护广大业主合法权益的有效形式。

2. 业主委员会是连接业主与物业服务企业的桥梁

物业服务企业作为以经营为主体的企业，上有行业主管部门、工商行政管理部门、行业协会制约，下有广大业主的监督，若违规，将寸步难行。而作为房屋所有权人的业主，则为小区聚居的个体居民，其职业各不相同，文化程度、道德修养等千差万别，他们对物业管理法律法规及其相关知识或知之甚少或全无所知。现代居住小区的特点是房屋毗连，房屋毗连导致共用部位、共用设施设备增多，"不相往来"使得业主只关注个人居室空间舒适温馨，而较少注重外部环境。业主委员会就要对社区的硬件、住户构成以及物业服务企业的各方面情况有充分的了解，并对建设和谐社区做出应有的贡献。比如，组织社区开展植树活动，一方面美化环境，另一方面又可增强业主对社区的眷恋，引导一种健康文明的生活方式，从而引发全体业主提高自身的素质。

物业管理项目各异，业主委员会的成员背景各不相同，因此建立一个大家共同的愿景目标是十分必要的。这样才能够避免让物业服务企业在面对业主委员会的不同目标时无所适从，也可以最大限度地避免内部成员的分歧。一旦有了广大业主共同认可的发展方向和服务要求，业主委员会与物业服务企业都能够加以遵守。明确愿景，形成共同的目标和使命感，才是构建和谐社区的基石。

要想建设好一个小区，业主委员会和物业服务企业必须持理性、理解、合作、宽容的态度，要以负责任的精神对待对方，以理服人，以诚相待。物业服务企业应定期与业主委员会沟通，谁的问题谁负责，不能推诿，并将讨论结果向业主报告，保障大家的知情权。

3. 业主委员会是明确业主与物业服务企业责、权、利关系的有效形式

业主与物业服务企业之间的关系是物业管理服务的消费者与提供者之间的关系，除了受到有关法律法规的规范外，应通过物业服务合同明确双方的权利和义务。在现实生活中，由于业主是一个分散的群体，业主的意志具有多元化的特点，任何一家物业服务企业都难以做到与每一个业主分别签订物业服务合同。没有物业服务合同，业主与物业服务企业之间的责、权、利关系就无法具体明确，物业管理服务质量、费用等问题就无法量化、细化，一旦发生纠纷，就会缺乏有效的依据。因此，通过业主委员会与物业服务企业签订物业服务合同，是明确业主与物业服务企业责、权、利关系的唯一有效形式。

综上，业主委员会与物业服务企业的关系表现在以下几个方面：

（1）经济合同的平等双方。业主委员会与物业服务企业是一种委托与受委托的关系，签订物业服务合同前后，双方地位都是平等的。签订合同前，双方可以双向选择；合同签订时，对于管理目标、要求和费用，双方都要协商，协商一致之后才能签约。其间双方没有隶属关系，在法律上，业主委员会有委托或不委托某个物业服务企业的自由，物业服务企业也有接受或不接受委托的自由。

（2）目标一致的利益双方。管理服务目标一经确定并签约后，那么业主委员会与物业服务企业双方就都是该目标的追求者。这个目标就是保持物业的完好，保障物业使用方便安全，维护环境优美整洁，保证公共秩序良好。在这个目标下，物业服务企业要为物业使用者提供优质的管理服务，而这种管理服务本质上是为了维护业主或非业主使用人的利益的。双方聘与被聘的关系，融合在一致目标之中，各方的行为不能影响和损害这个目标的实现。

（3）劳务和经济交换的双方。劳务和经济交换关系是在经济合作关系下产生的，体现的是有偿的等价交换原则。一方要求对方提供质优价廉的服务，另一方要求对方支付费用。当出现矛盾时，可以协商解决，也可以对合同进行修改与补充。当矛盾不能通过协商解决时，双方可以依法申诉，直至提起诉讼。

（4）职权范围各不相同的双方。物业服务企业是具体的作业单位，是实施日常管理的作业组织，在合同范围内，业主委员会要与之合作和给予其帮助，必要时建立协调工作会议制度，定期召开联席会议，解决管理中存在的一些问题，同时，业主委员会对物业服务企业进行的专业管理进行监督、检查。业主委员会要及时向业主大会或业主代表大会报告物业管理工作。

二、物业服务企业与业主委员会的有效沟通

业主委员会的角色是独特的，委员们都来自业主，因此也都了解业主们的心理，知道该用什么方法处理一些棘手的事；而且，委员们来自社会的各行各业，有丰富的社会经验和高超的处事技巧。所以，物业服务企业在日常工作中应与之进行有效的沟通，以获得他们的支持与帮助。

根据《物业管理条例》，业主委员会执行业主大会的决定事项。因此，物业服务企业需要与业主委员会进行沟通的事项主要有：

（1）签订物业服务合同；

（2）确定物业服务费标准；

（3）专项维修基金的续筹、归集与使用；

（4）召开业主大会；

（5）管理用房的用途；

（6）共同催缴物业服务费用；

（7）物业共用部位的经营；

（8）物业管理维修基金的使用；

（9）预算外的管理支出；

（10）其他必须进行沟通的事项。

物业服务企业与业主委员会进行有效沟通应遵循的原则包括：

（1）真诚。一切良好的沟通都应以真诚为前提，都应是为预防问题和解决问题作出的努力。物业服务企业和业主委员会成员只有真诚沟通，双方才能良性互动并获得有用信息，进而帮助自己解决问题。

（2）及时。在问题出现之前，通过及时的沟通能将问题消灭于无形之中；在问题出现之时，通过及时的沟通能将问题迅速化解。

（3）具体。沟通应该具有针对性，具体事情具体对待，不能泛泛而谈，必须关注于具体问题的探讨和解决。

（4）保持连续性。物业服务企业要和业主委员会成员约定好沟通的时间和周期，保持沟通的连续性。例如，每月月底召开双方共同参加的例会。

走进物业服务企业

某物业公司与业主委员会沟通、协调规定

一、目的

为规范管理处与业主委员会沟通、协调工作，确保物业管理工作顺利开展，特制定本规则。

二、适用范围

本规定通用于物业公司在日常的管理服务工作中与业主委员会的正常工作往来。

三、职责

（1）管理处经理负责与业主委员会沟通、协调。

（2）管理处公共事务部负责依照本规程与业主委员会进行正常工作往来。

四、程序要点

1. 与业主委员会的沟通、协调方式：

（1）工作协调、沟通会议。管理处应当每季度至少与业主委员会召开一次例行的沟通会议，会议的主要内容是向业主委员会通报一个季度的财务支出状况和工作简况，解决需经业主委员会协助支持方能完成的问题。

（2）专项解决问题会议。在遇到需经业主委员会同意方能进行的工作时，管理处经理应申请召开专题业主委员会会议，协商解决专项问题。

（3）每年6月底和12月底，管理处应陪同公司领导拜访业主委员会，召开专题工作茶话会，向业主委员会汇报全面的半年度、年度工作。

（4）定时工作沟通制度：①每月1—5日向业主委员会报送管理处财务损益表；②每月10—15日接受业主、业主委员会的质询、审计；③每季度的第一个月向业主委员会报送社区文化报刊、宣传品。

2. 下列物业管理工作应当及时向业主委员会申报，请求支持：

（1）计划使用本体维修基金对楼宇本体进行大、中维修时。

（2）计划使用公用设施专项维修基金更新公用设施时。

（3）物业管理服务工作涉及部分业主利益，需业主委员会出面协调时。

（4）物业公司制定了新的管理措施，需要业主委员会支持工作时。

（5）其他需向业主委员会请示、寻求支持的工作。

3. 下列情况出现时，物业公司应当及时通报业主委员会：

（1）新的物业管理法规颁布执行时。

（2）所管理的物业出现了重大变故或发生重大事件时。

（3）业主委员会的个别委员与物业公司有重大的工作分歧且无法解决时。

（4）物业公司对个别业主执行违约金处罚时。

4. 物业公司向业主委员会的申报工作应当提前15日进行，通报情况应当在事实发生（决定）后的3个工作日内进行。

5. 物业公司向业主委员会的申报工作、通报情况均应以书面形式进行。

6. 对业主委员会的质疑、建议、要求的处理：

（1）对业主委员会的质疑、建议、要求，管理处经理应认真倾听、记录。

（2）合理的质疑、建议、要求，应当在3个工作日内答复、解决。

（3）对不合理、不合法的质疑、建议、要求，管理处经理应当耐心解释，无论如何不得不耐烦或言语失礼；对解决不了的问题，应当记录后迅速上报公司总经理，由总经理寻求解决方案。

7. 物业公司与业主委员会工作来往的信函、记录、决议，一律在管理处归档，长期保存。

任务五　社区文化服务技能训练

理论测试

一、填空题

1. 社区文化应以_____为核心，以_____为重点，体现出无处不在的文化氛围和对人的尊重与关怀。

2. 营造物业社区文化氛围可以从_____和_____两方面入手。

3. 社区文化体现在_____方面，包括各种娱乐场地、公共场地、室外健身场所等的建设。

4. 社区文化活动有两个部分，一是_____活动，二是_____活动。

二、简答题

1. 物业服务企业为什么要开展社区文化建设？

2. 简述物业服务企业在社区文化建设中的角色定位。

3. 物业社区文化服务包括哪些内容？

技能训练

[**实训项目**] 社区文化活动组织策划。

[**实训目标**] 通过实训让学生了解社区文化建设的重要意义，熟练掌握社区文化活动策划步骤，培养学生的活动策划能力和团队合作意识。

[**实训内容**] 根据给定的物业服务项目情况，提出社区文化建设建议，进行社区文化活动组织策划，并完成策划报告，制作宣传资料。

[**实训组织**] ①以项目团队为学习小组，小组规模一般是3～4人，分组时以组内异质、组间同质的原则为指导，小组的各项工作由小组长负责指挥、协调；②建立沟通协调机制，团队成员共同参与、协作完成任务；③各项目团队根据实训内容互相交流、讨论并点评。

[**实训考核**] 各项目团队提交实训报告，并根据报告进行评估。

社区文化活动组织策划设计评分表

被考评人			考评地点		
考评内容		考评标准	分值/分	自我评价/分	小组评议/分	实际得分/分
专业知识技能掌握	社区文化建设的重要意义	了解	10			
	社区文化活动策划步骤	掌握	20			
	活动宣传方式方法	掌握	20			
	报告完成情况	完成	10			
通用能力培养	学习态度	积极主动，不怕困难，勇于探索，态度认真	5			
	具有文化创意	活动设计具有创新性	10			
	培养勤俭意识	活动支出合理	5			
	运用知识的能力	能够熟练自如地运用所学的知识进行分析	10			
	团队分工合作	能融入集体，愿意接受任务并积极完成	10			
合计			100			

注：1. 实际得分 = 自我评价×40% + 小组评价×60%。

2. 考评满分为100分，60分以下为不及格，60~74分为及格，75~84分为良好，85分及以上为优秀。

思政园地

一、思政目标

培养学生的社会责任感，提高其人文素养。

二、知识点

组织物业社区文化活动。

三、思政元素

习近平：坚定文化自信，建设社会主义文化强国。

四、融入途径

1. 案例导入：碧桂园物业活跃的业主团体——组织社区文化活动的重要性。

2. 观点讨论：如何兼顾学习与特长发展？

3. 个人练习：你的业余爱好。

项目十一　物业客户投诉处理

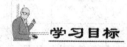 **学习目标**

知识目标：1. 通过本章的学习，了解并掌握客户投诉的含义、类型及价值。

2. 掌握物业客户投诉的处理原则、方法及技巧。

3. 了解正确处理物业客户投诉的重要性。

能力目标：1. 能够正确处理物业客户的投诉。

2. 能够灵活掌握物业客户投诉技巧。

素质目标：1. 解决问题的能力。

2. 有效沟通的能力。

思政目标：培养学生换位思考、与人为善的品质。

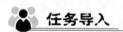 **任务导入**

物业管理投诉多，如何才能"管好家"①

近年来，随着房地产市场的火热，规模不等、风格各异的住宅小区如雨后春笋般出现，物业管理市场也借着这股劲风，取得了快速发展。与此同时，关于物业管理方面的投诉和纠纷也随之增多。

"物管问题持续引发关注，从一个侧面说明了物管的重要性，它在市民生活中的分量越来越重了。"业内专家说。

据了解，物业管理涉及面广，工作繁杂而琐碎，小到社区卫生清洁、绿化管理、水电维修，大到社区安全、对房屋及配套设施设备和相关场地进行维修、养护、管理，一些优质的物业公司还积极提供更深入的产品及特色服务，如开展各种社区文化活动，代订代送牛奶、书报，送病人就医、为病人喂药、提供医疗看护等。由于与业主的生活息息相关，物业服务人员被人们形象地称为"管家"。

物管工作与业主生活密切相关，因此也容易引发摩擦、纠纷，成为投诉的"多发地"

---

① 来源于网络，有修改。

"重灾区"。

综合以往接到的投诉，归纳起来，物业管理纠纷主要有三类：一是收费纠纷，物业费上涨甚至物业服务企业巧立名目乱收费现象严重，导致业主不满；二是具体管理制度上的纠纷，如有的小区管理制度规定，装修时不得拆改某些设施，住户不得在小区里遛狗，自行车不得上电梯等，住户不理解也不执行，双方会发生纠纷；三是住户对物业服务企业服务的整体印象不佳，导致双方容易在多方面发生纠纷。

以往，人们多本着"多一事不如少一事"的心理，只要事情不落到自己头上，就不会多说一句，但现在不一样了，大家对参与小区管理的热情比以往高多了。一旦有问题，物业公司久拖不决或者态度恶劣，业主往往不再忍气吞声，而是选择到新闻媒体投诉，或者自发联合起来，发挥"人多力量大"的优势，找物业公司评理、讨说法。

在接到的投诉中，经调查，也有些问题是业主自身行为不当引起的，如拖欠物业费，随意占道，不遵守小区规定等。

正如一枚硬币有两面一样，构建和谐社区，不仅是对广大物管人员提出的要求，也是对生活于小区中的广大业主的考验。要达成这一目标，不能单方面强调物业公司从传统向现代升级，广大业主也需要具备现代物业意识，做好一个现代人。作为行动的主角，物管公司和业主，你们都做好准备了吗？

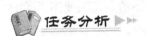

当客户购买企业的产品或服务时，对企业所提供的产品或服务，他们都抱有良好的愿望，如果这些愿望得不到充分满足，客户心理就会失去平衡，客户的投诉也就由此而产生。

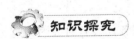

任务一　客户投诉概述

一、投诉的概念

投诉是客户对产品或服务不满意的一种集中表现，也包括客户或投诉者在投诉过程中对组织未能及时、有效地给予投诉回复，所投诉问题不能得到满意解决的不满意的表示。

当客户购买组织的产品或服务时，其对组织所提供的产品或服务都抱有期望，如果这些愿望得不到充分满足，客户心理就会失去平衡，客户的投诉就由此而产生。

针对已经发生的投诉，作为投诉者，期望组织能尽快给予回复或彻底解决问题，这种要求包括投诉者明确的要求，同时包括隐含的、不需要明示但组织应该按常规给予的补偿，如道歉等。

对客户来讲，投诉已成为客户保护自身权益的有效手段，是客户维权意识提升的一种表现；对组织来讲，投诉处理是为客户服务一项不可缺少的内容。

除了上述正常投诉外，还有一种投诉可称非正常投诉。非正常投诉是指，在非正常心理支配下，投诉者往往采用非正常手段和方法，并通过非正常渠道，向组织提出超过或高于法律、法规、规章、政策、惯例规定及双方约定的要求，并使组织难以实现或根本无法实现，因此对组织产生负面影响甚至造成重大损失的投诉。

二、投诉的方式及类型

1. 投诉的方式

投诉的方式主要包括电话投诉、来访投诉、信函投诉、借助新闻媒体（如登报）投诉等。

2. 投诉的类型

投诉的类型分为以下几种：

（1）商品质量投诉。因为商品质量进行投诉的客户，在所有投诉客户中占大多数。

（2）企业原因投诉。客户买了自己并不真正想要的商品，或者不清楚怎么使用所买的商品，往往也会投诉。这就要求客户服务代表在向客户作介绍的时候，一定要搞清楚客户的真正需求，不要被表面现象所迷惑，同时，确认客户已经了解商品的使用方法。现在，市场上的商品种类越来越多，这就要求客户服务代表平时在为客户提供服务时注意积累这方面的知识，做到有备而"战"。

（3）自身原因投诉。客户对商品不理解或理解错误，也可能导致投诉。这时，客户服务代表要委婉地告诉客户，让客户知道事情的本来面目。

（4）服务不当投诉。客户服务工作是一项很艰苦的工作，客户服务代表有时会因为过度疲劳而不能坚守服务准则，导致客户不满，这就需要企业认识到客户服务代表的工作压力，关心他们的需求。但是，这并不代表与客户发生冲突是可以原谅的事情，如果的确是客户服务人员失职，企业一定要对其进行严肃处理。

三、客户投诉的心理类型

1. 问题型心理

对企业来说，如果客户期待问题能够尽快解决，这就意味着客户心理没有达到信任危机的状态，只要企业各相关部门密切配合，在客户可以容忍的时限内解决问题，那么，客户对企业的满意度和忠诚度就不会受到很大影响。

所以，在掌握了客户期待问题尽快解决的心理后，应立即采取措施。如果是常见的、可控的问题，就应该给客户承诺，提出一个解决问题的期限，以安抚客户。如果是不可控的问题，或者需要进一步确认的问题，就应更灵活地对客户表示企业会尽快地解决问题，并会及时与客户联系，也欢迎和感谢客户主动来进一步沟通。

2. 尊重型心理

人们会通过各种途径表达自己丰富的情感，情感的力量往往超过理性的力量。

客户自我尊重的心理非常强，他们的不愉快，很多情况下是由工作人员因失误而表现出的对客户不够尊重造成的，所以客户服务人员需要了解并掌握客户渴望得到尊重的心理，来处理相应的投诉事件。

客户最希望的是被理解、尊重和重视，处理投诉的工作人员及时向其表示歉意，承诺进一步追查，并感谢客户的建议和支持，是化解客户因为自尊心受损而不满的有效途径。

事实上，客户投诉服务质量问题，这对企业来说，不是坏事，自我审视才能提高服务质量，只有客户满意才是最终标准。所以，客户对服务的监督和投诉能有效地提高客户服务质量。

3. 补偿型心理

在许多投诉事件中，特别是在有关费用的投诉事件中，客户投诉的目的在于寻求补偿。这是客户意识到自己权益受到损害后一般会提出的要求。

在处理这类投诉时，客户服务人员必须向客户做出合理而规范的解释，给予其知情权，并对有理投诉的客户提供补偿。

一般来讲，客户希望得到适当补偿的心理越急切，如果无法及时得到适当的补偿，其投诉升级的可能性就越大。

投诉升级后，客户的满意度和忠诚度都会严重下降，因而，客户服务人员在一开始就应该把为什么没有补偿、在何种情况下可以得到补偿、怎样补偿等问题一一向客户解释清楚，这样远比处理投诉升级来的快捷、有效。

4. 发泄型心理

客户带着怒气或抱怨的态度进行投诉时，有可能只是为了发泄自己的不满情绪，以释放和缓解自己郁闷或不快的心情，维持心理上的平衡。

通常情况下，客户在重复投诉中往往会直接发泄不满情绪。

在处理这种类型客户的投诉时，客户服务代表的耐心回应显得尤为重要。客服人员应以恰当的语言和友善的态度安抚客户，并及时与相关部门联系，确认问题所在，分清责任，给予客户合理解释。

客户投诉后如果问题得不到解决，有些客户便会多次投诉，这种情况下，极易导致客户流失。对此，企业应该经常回访客户，充分地与客户沟通，争取客户的理解。

5. 交流型心理

在客户服务工作中，处理客户投诉所占的工作比例远低于其他服务项目，但企业对此不可掉以轻心。

调查表明，一般来说当客户无法从企业得到满意的投诉处理结果时，他肯定会同其他人说起此事，这对企业的品牌形象绝对不利，可见处理投诉工作的重要性。但更有价值的是，如果投诉处理得当，客户感到满意，会大大增加企业美誉度。

四、客户投诉的价值

1. "礼物"价值

在现实的市场经营过程中，客户的投诉，大多是刺耳的、尖锐的、直接的、不留余地的，确实令人难堪。客户为什么投诉？毫无疑问，是对企业的产品或服务有意见。企业应该换位思考，站在顾客的立场上看一下自己的不足在哪里，是组织哪些工作环节出了问题使客户不满。经过反思、自检，企业就会发现自己提供的产品或服务存在的问题，这时企业就会认为客户的投诉是一份精美的"礼物"。前来投诉的客户其实给了企业一次弥补过失的机会，帮企业找到了问题所在，促使企业及时改进工作，无形中客户的投诉就显得非常珍贵。

2. 信息价值

投诉中隐藏着商机。客户投诉的信息如果能被正确对待和处理，那么对企业来说将是非常有价值的资源。客户投诉能直接地反映市场信息，是企业市场信息来源的重要组成部分。客户的喜好如何，竞争对手的目标如何，这些都可以通过客户投诉获得。客户投诉的内容五花八门，但其中可能隐藏着企业容易忽视但又非常有价值的信息，对客户投诉信息进行具体分析、处理，可以帮助企业在产品设计、工作流程、服务规范等方面进一步改进。投诉信息是企业亟待开发的一种宝贵资源。

3. 形象价值

企业形象是企业最宝贵的无形资产，许多企业领导都忽略了它的重要性，以为失去一个投诉客户没有什么关系，殊不知其损失是难以估量的。企业及时处理并有效化解客户的投诉，对企业来说不仅仅是能挽回眼前的损失，更重要的是可以重新树立客户对企业的信心，使这些客户有可能成为企业的忠诚客户。

处理好客户投诉能提高客户的满意度，能获得客户对企业形象的信赖，最后企业能获得丰厚利润。

因此，企业不应把处理客户的投诉看成一件麻烦事、当作一种负担，而应认识到：主动来投诉的客户是企业真正的客户，提出投诉的客户是主动来和企业沟通的，只要有沟通，就能够想办法解决问题，而且正是客户积极的投诉行动才给企业挽回损失和改进工作提供了绝好的机会。

此外，企业内部培训要贯穿始终，企业要对员工进行全方位教育，提高其整体素质。客服人员应有良好的基本素质，包括心理承受能力、语言表达能力、沟通技巧等，而这都离不开企业培训。

任务二　物业客户投诉的原因

一、物业布局、配套与房屋质量方面的因素

一是业主对物业的整体布局、环境设计、各类配套等感到不满意，如绿化覆盖率低，花草树木种植量少或品种单一，水、电、煤或有线电视、防盗系统等不到位，物业内的垃圾房、配电房、污水处理站及其他布局不合理，没有足够的停车位，没有休闲与娱乐场所或活动室，没有便利店等。二是在入住物业的前后，业主对房屋的质量等感到不满意，如房屋渗水、内外墙体开裂、管道裂缝或堵塞、下水道不畅等。

二、设备、设施方面的因素

物业设备、设施主要包括电梯、消防设施、供暖与锅炉、中央空调、给排水系统以及强电设备等。业主对物业设备、设施的投诉主要有两个方面：一是对设备、设施设计不合理感到不满，如电梯间狭窄，电梯外面没有楼层运行数字显示等。二是对设备、设施运行不正常感到不满，如电梯经常停梯维修，供水、供电、采暖等设备经常出现故障，防盗门禁电子系统经常无法正常使用等。

物业客服小专家

建筑设计过时，遭用户投诉

某小区是较早入住的一个高层住宅小区，设计和施工都合乎当时的潮流和条件，所有的房间都预留了统一的窗式空调安装位置，楼体外观整齐划一。可许多年过去了，住户更换频繁，旧有的设计和新的要求之间的矛盾凸显出来。

安装窗式空调的老住户们，认为楼上住户的分体式空调的窗外机安装在自己的窗户上边，噪声对自己的影响比原来安装窗式空调时大很多，所以坚决要求管理处予以制止，让新住户们将已安装的分体式空调拆除。

管理处对此做了大量的说服工作，再三强调指出：设计和预留窗式空调位，是由当时那个年代的客观因素决定的，现在分体式空调广泛使用，没有任何文件和理由规定住户不可以安装分体式空调，我们不能限制业主的正常行为，如有噪声可以通过维修来解决。通过协调处理，减少了住户的抱怨，增加了住户对管理处的信任。

三、物业管理服务方面的因素

物业客户常常因物业服务企业工作人员的服务态度、服务时效、服务质量、服务项目等达不到期望而不满。

（1）服务态度：如部分物业服务人员礼仪礼节欠佳，言语粗鲁或不文明，态度生硬等。

（2）服务时效：如服务或处理事件速度太慢，服务或维修不及时、拖拉等。

（3）服务质量：如人身、财产安全得不到保障，环境卫生脏、乱、差，绿化区域内杂草丛生、满布枯枝败叶，维修返修率高等。

（4）服务项目：主要是指物业服务企业所提供的物业服务项目较单一，不能满足各类不同层次业主的需求。

四、物业管理费用方面的因素

物业管理费用方面的因素主要是对物业管理服务费、各种分摊费用等的收取感到不满，如认为物业管理费太高，各类公共能耗等费用的分摊不均或不合理等。

五、社区文化方面的因素

社区文化方面的因素主要是指物业内缺少文化气息、社区活动，由此而形成的不满，如重大节日没有环境布置或布置欠佳，不举办社区公益活动，物业内文化气氛不浓或没有等。

六、突发事件处理方面的因素

这些因素固然有其突发性，但由于这类事件产生的后果比较严重，不仅直接影响业主的正常工作与家居生活，也给其带来了很大程度上的麻烦或不便，进而会导致产生比较强烈的投诉，如突然停电，被困于电梯；室内被盗；家中浸水；遭受意外的火灾；车辆丢失；私人物件受损等。

七、邻里之间的矛盾纠纷

相邻业主常常因为毗邻设施、公共部位设施的使用和相关权利归属以及生活噪声等产生纠纷，甚至相互侵犯权利、影响他人生活、损害公共利益进而引起投诉，如养犬、晨练等产生生活噪声；毗邻部位维修如装修破坏防水层造成渗水、漏水等；部分业主的不道德行为等。

 物业客服小专家

楼上漏水楼下愁，管理沟通显成效

楼上漏水，楼下遭殃，情况反映到管理处，维修人员敲开楼上业主的门向他说明来意

后，业主马上就甩出一句："他家漏水关我家什么事?!"说完就"砰"的一声把门关上。原来楼上与楼下两家业主一直不和，此后虽然管理处多次找楼上业主，可楼上业主就是不露面，管理处只好先做下层补漏。

楼下反映频繁，管理处主任亲自找楼上业主协商，连续几天都等到夜里很晚，终于见到了楼上业主。该业主觉得很不好意思，但表明自己不是跟管理处过不去，而是对楼下住户有意见。虽然经过管理处人员多次耐心劝说，但是其仍然不同意在自己家里施工，双方为此僵持不下。

正在无计可施之时，事情忽然出现了转机。管理处得知楼上业主家的小孩上学需要办理相关证件，但又不知道怎样办理，正为此事发愁。抓住这一契机，管理处主任马上找到社区协商，请求按流程给楼上业主尽快办理相关证件，在社区的积极配合下，楼上业主小孩上学的问题很快就解决了。该业主对此感激不已，并主动要求尽快在自己家中补漏。

在日常工作中，物业服务人员对业主的情况要及时掌握和熟悉，了解业主所需，帮助他们解决困难，使其充分理解和配合管理处的工作。另外，如果本案例中管理处做好对楼下业主的工作，借此机会消除或者缓和双方的矛盾，也许会更快地解决问题。

任务三 有效处理投诉

一、物业客户投诉的处理流程

投诉的常规处理程序，如图 11-1 所示：

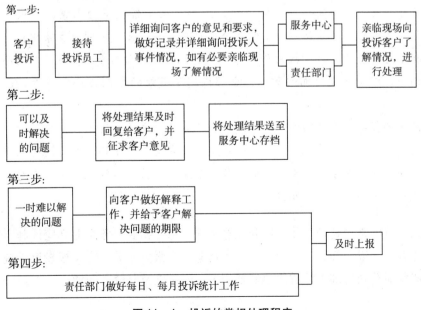

图 11-1 投诉的常规处理程序

物业服务企业在处理投诉时应注意：

（1）客服热线接听人员要确保电话在3次铃响之内接听。接听时，必须做到礼貌用语，应认真、耐心接听并认真做好必要的投诉记录。

（2）对业主或非业主使用人的投诉，接听人员应表示感谢和歉意，同时对其进行安慰，稳定其情绪，并询问投诉人所属公司或房号、姓名及其联系方式，以便回复。

（3）投诉处理人员应该在3分钟内到达现场。对于一时难以处理的投诉，应做好解释工作。

（4）及时回访。回访是建立信任、弥补失误的重要机会，也是检查工作质量及与业主或非业主使用人沟通、搞好关系的最好机会。

（5）总结。投诉处理完毕，应积极总结，以防日后类似问题的发生。

 物业客服小专家

2021年4月底，某小区的业主A女士来到物业客户服务中心，反映家中有大量的小虫，影响她的正常生活。接报后，客户服务中心立即派管理员到其家中，仔细查看了室内小虫，A女士家中的浴缸内、地板上随处可见或躺或爬的小虫。随后管理员又详细地询问了A女士，并仔细查看她的居室周边环境，排除了室外环境产生小虫的可能。因这种小虫以前没有发现过，物业公司先采取常规的消杀手段进行控制，然后马上带着样品前往区卫生防疫站进行咨询，然而接待人员也不能确定此种小虫的种类及有效的消杀手段。次日物业公司又回访了该户业主，发现小虫仍未绝迹。

为了彻底解决这一问题，管理员又带着样品走访了当地的昆虫研究所，终于认定该虫叫黑尾拟天牛，是当地新发现的虫害品种，主要产生于盆栽花的土壤、地板、木质家具等。了解了该虫的特点及生活习性，物业公司对症下药，再次来到业主家中，对居室及周边环境进行了仔细查看，终于找到了"罪魁祸首"——两盆君子兰。随即物业公司进行了针对性的消杀，经过一段时间的防治，虫害得到了有效的控制，业主终于露出了满意的笑容。

处理业主的投诉，沟通回访一定要及时，不要让业主产生拖延敷衍的感觉。遇到自己不能解决的问题，不能简单地回绝、敷衍业主，应主动与专业部门进行沟通联系，尽快找出解决的办法，使业主享受到专业化的服务。专业化的服务不仅能使业主满意，对自身专业水平的进一步提高也是一种积累。

以上是投诉的常规处理工作程序和注意事项，每个物业服务企业都应该制定处理投诉的内部工作程序，以明确职责与权限。作为物业客户服务人员，在掌握投诉常规处理程序的基础上必须对公司内部工作程序也清楚明了，以便能及时解决问题。

物业客服小专家

某物业服务企业投诉处理内部工作程序

一、被投诉部门负责人在时效要求内将内容处理完毕，并在"业主/非业主使用人投诉意见表"上对投诉处理过程做好记录。在投诉处理完毕的当天将"业主/非业主使用人投诉意见表"交到客服中心。接待员收到处理完毕的"业主/非业主使用人投诉意见表"后，应在"投诉处置记录表"上做好记录。

二、公司总经理、主管经理在接到重大投诉和重要投诉后，应按公司"不合格纠正与预防标准作业规程"文件的规定处理。

三、客服中心接待员收到被投诉部门投诉处理的反馈信息后，将情况上报给管理处主管，并在当天将处理结果通知投诉的业主/非业主使用人。可采用电话通知或由巡楼组管理员上门告知通知方式。

四、管理处主管在投诉处理完毕后通知管理处巡楼组安排回访。在每月30日前对投诉事件进行统计、分析，将统计、分析结果上报给主管经理，并将"业主/非业主使用人投诉意见表"汇总上交给品管部，由品管部长期保存。

五、对其他形式（如信函）的投诉，管理处参照本程序处理。

六、对无效投诉的处理原则：本着为业主/非业主使用人服务的态度，尽量为业主/非业主使用人提供方便。

七、对正在给业主/非业主使用人造成损害的事件，应先立即采取措施制止或减轻伤害，再做处理。

八、投诉的处理时效如下：

（1）普通投诉一般在2日内或在业主/非业主使用人要求的期限内处理完毕，超时需上报主管经理。

（2）重要投诉一般在3日内处理完毕，超时需上报公司总经理。

（3）重大投诉应当在2日内给投诉的业主/非业主使用人明确答复，解决时间不宜超过10日。

二、物业客户投诉的处理原则

1. 换位思考原则

在处理投诉的过程中，必须以维护企业利益为准则，学会换位思考，以尊重业主、理解业主为前提，用积极诚恳、严肃认真的态度，控制好自己的情绪，以冷静、平和的心态先安抚业主的心情，改变业主的心态，然后再处理投诉内容。不能因为一个小小的失误导致一系列投诉事件的发生。

2. 有法可依原则

物业服务企业每天都要面对各种投诉，物业客服人员如果不加甄别，认为每件投诉都是有效的，那么服务水准再高的物业服务企业也会被拖垮，这样一方面会使物业服务企业承担本不该承担的责任，另一方面会让物业服务企业成为业主冤屈的申诉地，从而导致工作权限不明、出力不讨好的情况发生。因此，物业客服人员接收到业主投诉时，在稳定业主情绪的情况下，必须对投诉事件进行有效投诉与无效投诉的区分，以提高工作效率。

3. 适度拒绝原则

若为公司职权范围之内的有效投诉，物业服务企业应按照业主投诉处理服务体系处理；若为无效投诉，如果时间、人力资源允许，物业服务企业可以协助解决，反之可以委婉拒绝，以免业主形成事事依靠物业服务企业的依赖心理，给物业服务企业的日常管理工作带来诸多不便。

物业客服小专家

一个匿名投诉电话引起了管理处领导的高度重视：某发廊夜间扰民。

物业工作人员迅速查阅夜间值班记录，并未发现投诉事件；走访周边业主，业主均表示没有受到任何影响。在两种方法都找不到原因的情况下，管理处布置保卫人员，加强对商铺的巡查，管理处的领导也经常在夜间巡视。半个多月过去了，管理处对商铺的管理未有丝毫的松懈。

某日，物业办公室又接到投诉电话：某音像店夜间扰民，影响居民休息。物业办公室请投诉人留下姓名、联系方式和房号。致电者大声地说："我投诉的问题，你们这儿到底管不管？如果你们不解决，我要向你们公司反映！"面对对方的质疑，物业办公室接待人员诚恳地回答："您提出的扰民问题，我们不但要管，而且要管好。因此，我们安排了专人管理，每天对每间商铺夜间的营业情况进行记录，但我们可以明确地告诉您，您投诉的内容不是事实。"

对方马上慌乱地挂断了电话。

4. 及时总结原则

投诉在很多时候无法避免，若就事论事，只满足于投诉处理过程的控制，让业主满意而归，而不注意事后的跟踪及投诉案例的分析、总结，那么同类投诉事件仍会继续发生。如此周而复始，对物业服务企业失去耐心的业主将散播企业的负面信息，导致企业声誉、品牌受损。

三、物业客户投诉的处理方法

1. 用心倾听

在处理投诉时，倾听是了解客户需要和发现事实真相的最简单途径。通过倾听，可以得到大量信息，得知客户真实期望；可以确定应采取的措施，应用相应的处理技巧提高处理效果，增加满足客户期望的机会。

2. 认同客户的感受

客户在投诉时会表现出烦恼、失望、愤怒等负面情绪，这些负面情绪通常会在潜意识中通过一个载体来发泄。客户的情绪一般来说是可以理解的，是应得到高度重视并要迅速、合理处理的。所以，在处理投诉时，工作人员要让客户知道你非常理解他的心情，关心他的问题。

3. 记录投诉内容

在仔细倾听客户对于物业管理的投诉时，还要认真做好投诉记录，尽可能写得详细、具体。因为做好记录，不仅可以使客户讲话的速度由快减慢，缓解激动的情绪，还是一种让客户感到安慰的方式。在听完以及记录完客户的投诉后，物业客服人员对客户所投诉的内容以及所要求解决的问题可以复述一遍，看看是否搞清楚了客户所投诉的问题，以便进一步处理、解决。同时应对客户的遭遇或不幸表示歉意、理解或同情，让客户心态得以平衡。

4. 换位思考，将心比心

物业客服人员要有"角色转换""将心比心"等处理投诉的心态，应转换一下立场，设身处地地从客户的角度看待其所遭遇到的麻烦和不幸，安慰客户，最大限度地拉近与客户的心理距离。

5. 分清投诉类别，判定投诉性质

首先应确定物业服务投诉的类别，是对政府部门和公共事业单位的投诉、对小区内其他业主的投诉、对开发商的投诉还是对物业服务企业的投诉。其次判定投诉是否合理，如投诉不合理，应该迅速答复客户，婉转说明理由或情况，真诚求得客户的谅解。同时要注意：对客户的不合理投诉只要解释清楚就可以了，不要过多纠缠。如属合理、有效的物业服务投诉，则一定要站在"平等、公正、合理、互谅"的立场上提出解决办法，满足客户的合理要求。在着手处理问题时，要注意紧扣所投诉问题的关键点，不随意引申。

拖延处理客户的投诉，是导致客户产生新的投诉的根源。及时处理投诉是赢得客户信赖的最好方式，同时要特别注重处理质量，因为这直接关系到物业服务企业的声誉与形象，如果处理不好，会使客户失去对物业服务企业的信任。

属客户对物业服务企业的投诉，一般务必在 24 小时内予以处理并回复；属客户之间的投诉，务必在 3 个工作日内答复客户；属客户对政府部门和开发商的投诉，务必在 7 个工作日内予以协调并回复客户。对一般职能部门的投诉（如停水投诉、停电投诉）则需于24 小时内回复，并做好回复记录。

6. 反馈处理结果，张贴投诉公告

投诉处理完毕，物业服务企业应把投诉处理的结果以投诉公告、走访、电话等方式直接反馈给客户，这是处理物业服务投诉工作的一个重要环节。倘若缺失这一环节，那么物

业服务企业所做的一切努力与辛苦工作都将付诸东流。回复客户可以向客户表明其投诉已得到重视，并已被妥善处理。从另一个角度来说，及时的回复也可以显示出公司的工作效率。

按投诉处理规定，投诉公告的内容应包括：受理投诉的时间、投诉客户的区域范围、受理投诉的事项、处理办法、处理结果、回访客户情况、根据投诉事项提出的注意事项、投诉处理时限、投诉接待人、投诉处理跟进人、投诉处理负责人等。

7. 总结经验教训，完善服务工作

处理完投诉，并不意味着一切就结束了，还应该对每月发生的投诉案例进行分类、汇总、分析，对投诉的处理方法进行评价、检讨，总结经验与教训，完善和改进管理及服务工作，从中积累处理投诉的经验。

四、物业客户投诉的处理技巧

物业客户投诉是对物业公司提供的服务的一种反馈，虽然大多是抱怨，但这也说明客户在一定程度上还是对物业公司的服务抱有期望，因此，物业客服人员要抓住机会，妥善处理，使业主的态度由投诉转变为赞扬。

1. 上门投诉处理技巧

上门投诉是一种主要的投诉方式。对客户服务人员来说，上门投诉有方便沟通、便于察言观色、可以及时调整谈话内容等优势，但也存在容易冲动、产生冲突、使矛盾升级等劣势。所以，客户服务人员必须掌握有效的面谈技巧：

（1）营造亲切、轻松的氛围，以缓解客户的紧张情绪。

（2）注意听取客户的怨言，把客户投诉中的重要信息详细记录下来。

（3）注视客户的眼睛以示诚意，与客户交谈时切忌左顾右盼，表现得心不在焉，或者不礼貌地上下打量客户，盯着客户身体的其他部位，这些都会增强客户的抵抗情绪，容易使客户更加愤怒，使问题解决的难度加大。

（4）态度诚恳，表现出真心为客户着想的态度，但同时要让客户了解自己独立处理问题的授权范围。

（5）在适当的时候详细地询问客户情况，并且注意客户的反应。在客户愤怒时，如果首先询问事情的经过等情形，客户的愤怒情绪可能更加不易控制，因此，应在使用种种方法使客户的愤怒情绪平复后再询问事情的经过。

（6）与客户沟通时，应当有意识地了解客户的兴趣和关心的问题，这样交谈时容易切入客户感兴趣的话题，使客户产生认同感。

（7）中途有其他事情时，尽量将其他事情安排到以后，不得随意中断谈话。

（8）在提出问题的解决方案时，应让客户有所选择，不要让客户有"别无选择"之感。

（9）尽量在现场把问题解决掉。如不能马上解决，应向客户说明问题的具体解决方案

和时间安排。

2. 信函投诉处理技巧

信函投诉处理是一种传统的投诉处理方式，通常是针对从外地寄来的投诉信件或不易口头解释的投诉事件的，或是在书面证据成为投诉处理不可缺少的必要条件的情况下，以及按照法律规定必须以书面形式解决投诉的情况下采用。

利用信函提出投诉的客户通常较为理性，很少感情用事。

根据信函投诉的特点，客户服务人员在处理这类投诉时应该注意以下要点：

（1）及时反馈。当收到客户利用信函提出的投诉时，要立即通知客户已收到投诉信函，这样做不仅使客户安心，还给人以比较亲切的感觉。

（2）提供方便。在信函往来中，客户服务人员不要怕麻烦，应把印好的有本企业地址、邮编、收信人或机构的不粘胶纸附于信函内，以便客户回函。如果客户的地址、电话不是很清楚，在给客户回函时应请客户详细列明通信地址及电话号码，以确保回函能准确送达对方。

（3）清晰、准确的表达。在信函内容表达方面，通常要求措辞亲切，浅显易懂，尽量少用法律术语、专有名词、外语及圈内人士的行话，而应尽量使用结构简单的短句，形式要灵活多变，使客户一目了然，容易把握重点。

（4）充分讨论。书面信函具有确定性、证据性等特点，在寄送前，客服人员一定不能个人草率决断，而应与负责人就其内容进行充分讨论。为了表示慎重，寄出的信函最好以企业负责人或部门负责人的名义主笔，并加盖企业公章。

（5）正式回复。企业发送给客户的信函最好是打印出来的，这样可以避免手写的笔误和因连笔造成的误认，而且给人以庄重、正式的感觉。

（6）注意保留往来函件。对来往函件，应一一编号并保留副本，把这些文件及时传送给有关部门，使相关人员明确事件的处理进程与处理结果。

3. 电话投诉处理技巧

客户以电话方式提出投诉的情形越来越多见，用电话处理投诉逐渐成为主流。然而，也正是因为电话投诉具有简单、迅速的特点，使客户往往一时气愤就提起投诉。这样就为电话处理投诉增加了难度，因此在处理电话投诉时要特别小心谨慎，要注意说话的方法、语气、声调等，做到文明、有礼。这时要学会换位思考，无论客户怎样感情用事，客服人员都要重视客户，不要有有失礼貌的举动。

除了自己的声音，要注意避免在电话周围有其他声音，如他人谈笑声等传入电话，以免客户产生不愉快的情绪。

接听投诉电话时要注意以下技巧：

（1）对于客户的不满，应能从客户的角度来考虑，并表示理解。

（2）以恭敬有礼的态度对待客户，使对方产生信赖感。

（3）采取客观的立场，防止主观、武断。

（4）稍微压低自己的声音，给对方以沉着的印象，但注意不要压得过低，以免使对方觉得疏远。

（5）注意以简洁的词句认真填写"业主/非业主使用人投诉记录表"。

（6）对于在电话中听到的客户姓名、地址、电话号码、投诉原因等重要事项，客服人员必须反复确认，并做好记录。

五、填好各项投诉记录表

在接待投诉时，有的接待人员不愿意填写投诉记录，甚至有的根本不做记录。在处理业主/非业主使用人投诉时，为了明确权责，也为了让业主/非业主使用人觉得物业服务企业是非常重视他们的投诉的，必须做好相关记录。

一般而言，投诉处理的相关记录分为以下几个方面：

1. 业主/非业主使用人投诉记录表（见图11-2）

当接到业主/非业主使用人投诉时，接待人员首先要代表被投诉部门向业主/非业主使用人的遭遇表示同情，并立即在"业主/非业主使用人投诉记录表"中做好详细记录，记录内容包括：①投诉事件的发生时间、地点；②被投诉人或被投诉部门；③投诉事件的发生经过；④业主/非业主使用人的要求；⑤业主/非业主使用人的联系方式等。

业主/非业主使用人投诉记录表			
投诉时间		业主/非业主使用人姓名	
居住单位		记录人	
联系方式		被投诉人或部门	
投诉事件发生经过			
投诉人要求			

图11-2 业主/非业主使用人投诉记录表示例

2. 投诉处置记录表

业主/非业主使用人对物业服务企业管理、服务方面的投诉，不论是采取信函、电话还是面谈方式进行，一般都应由接待室接待、记录，然后按照投诉内容反馈给各相关责任部门，各责任部门应做好相应记录，填写相关表格（见图11-3、图11-4）。

各责任部门接到投诉后，应在预定时间内向投诉的业主/非业主使用人答复采取何种补救措施，一般而言，答复时间最长不应超过3天。

同时，各责任部门应按照业主/非业主使用人投诉的内容安排相应人员解决问题，并将结果反馈给上级部门。

投诉处置记录表

类别	投诉意见表编号	业主/非业主使用人单位	领单部门	领单人	日期	客服中心接收人	接收日期

图 11-3 投诉处置记录表示例

投诉处理表

投诉日期: 　年　月　日

公司名称		房号	
业主/非业主使用人姓名		联系电话	
投诉时间		处理起止时间	

投诉内容：

业主/非业主使用人签名：
年　月　日

处理措施：

物业服务企业经办人：
年　月　日

处理结果：

物业服务企业经办人：
年　月　日

业主/非业主使用人回馈意见：

业主/非业主使用人签名：
年　月　日

备注：

图 11-4 投诉处理表示例

3. 投诉统计与分析

对业主/非业主使用人的投诉，一般应在年中和年终进行分析、总结。对反复出现的问题，应组织有关部门和人员进行深入探讨并找出切实的解决办法，以防再次发生。图 11 – 5 和图 11 – 6 为某物业服务企业进行投诉统计与分析使用的表格。

月度业主/非业主使用人投诉处理清单

月份：　　　　　　　　　　　　　　　　　　　　　　　　年　　　月　　　日

序号	投诉记录表编号	投诉日期	业主/非业主使用人房号	投诉人	投诉事项	管理部记录人	处理部门	处理人	处理日期	处理结果

图 11 –5　月度业主/非业主使用人投诉处理清单示例

月度业主/非业主使用人投诉统计分析表

月份：　　　　　　　　　　　　　　　　　　　　　　　　年　　　月　　　日

被投诉部门					
本月次数					
上月次数					
增减次数					
升降比例					
投诉分析					

图 11 –6　月度业主/非业主使用人投诉统计分析表示例

六、减少投诉的策略

1. 完善制度

不断建立和完善各项管理和服务制度，并严格按工作规程和规范开展工作，是减少投诉的关键。完善的管理制度和严格的工作流程，为服务及管理提供了量化标准，既有利于物业服务企业提高管理水平、完善各项服务，也有利于业主以客观的标准来评价和监督物业服务企业的工作。

2. 强化沟通

加强与业主的联系与沟通，经常把有关规定和要求通过各种渠道传达给业主，使业主理解、支持和配合，是减少投诉的重要条件。物业服务行业属于感情密集型服务行业，业主在物业中停留时间较长，与物业公司合作的时间也较长，因此，在日常的服务中，物业工作人员应注意与业主有效沟通，开展各种形式的社区文化建设，促进与业主的交流，这样可以有效地消除与业主之间的感情隔阂，使业主对物业服务企业产生一定的信任。

3. 加强培训

利用各种方式加强对物业服务从业人员的培训，提高员工的服务意识、服务技能以及预见能力，是减少投诉的有效保障。物业工作中，每个员工的服务都有一定的不可补救性，员工恶劣态度所产生的负面影响会波及整个物业服务企业。因此，为减少投诉，应当加强对员工尤其是客户服务人员的培训，不仅要培养客服人员使用规范用语、进行规范礼仪操作的能力，还要培训他们灵活的服务技巧和应变能力，更要加强对每一位物业从业人员的服务意识和职业道德教育，并配以奖惩机制，督促、激励员工提供优质服务。

4. 及时控制

加大巡查力度，及时发现和解决问题，将事态控制在萌芽阶段是减少投诉的根本。加强日常管理，通过巡视检查等手段，尽量减少事故发生，及时发现、补救管理中的漏洞，使管理趋于零缺点或零缺陷。

5. 提供更优质的服务

适应社会的不断发展，寻找新的服务方式和方法，这是减少投诉的前提。如果物业服务企业不能创新，不能提供新的、更高质量的满足业主/非业主使用人需求的服务，会招致业主/非业主使用人不满。物业服务企业应注重研究业主的潜在需求，具有创新思维，提供更完善的管理和更便捷的服务，以使业主长久满意，进而获得业主长久的支持，减少投诉的发生。物业服务企业应尽可能做到物业服务项目齐全，服务设备完好；物业服务人员服务态度热情、技能娴熟、方式灵活；物业服务程序规范、收费合理，能够快速反应，提升服务效率。

任务四 物业客户投诉处理技能训练

理论测试

一、填空题

1. 投诉的方式主要有_____、_____、_____和_____。

2. 物业客户常常因物业管理企业中物业管理人的_____、_____、_____、_____等达不到期望而不满。

3. 在处理物业客户投诉时，客服人员要具备_____、_____的心态。

4. _____是企业和管理者对员工的工作表现加以观察，并与员工进行信息分享的系统。利用这一系统，管理者和员工可共同对员工的客户服务质量加以检查。

5. _____是指企业通过采取一定的方法和手段，以了解客户对服务人员的服务质量评价的工作过程。

二、选择题

1. 投诉的类型包括（　　　）。

A. 商品质量投诉 　　　　　　B. 企业原因投诉

C. 自身原因投诉 　　　　　　D. 服务不当投诉

2. 物业客户投诉的心理有哪些？（　　　）

A. 问题型心理 　　　　　　　B. 尊重型心理

C. 补偿型心理 　　　　　　　D. 刁难型心理

3. 客户服务人员在处理信函投诉时应该注意的要点是（　　　）。

A. 及时反馈 　　　　　　　　B. 提供方便

C. 清晰、准确地表达 　　　　D. 营造亲切轻松的氛围，以缓解客户的紧张心情

4. 处理物业客户投诉的原则有（　　　）。

A. 换位思考原则 　　　　　　　　　　　　B. 有法可依原则

C. 适度拒绝原则 　　　　　　　　　　　　D. 及时总结原则

三、简答题

1. 物业客户投诉对于物业服务企业的价值体现在哪些方面？

2. 物业客户投诉一般都有哪些原因？

3. 物业客户投诉的处理方法有哪些？

4. 简述物业客户投诉的处理流程。

5. 投诉处理的相关记录有哪些方面？

技能训练

[**实训项目**] 制定某物业服务企业的物业投诉处理流程。

[**实训目标**] 通过实训，让学生了解正确处理物业投诉的重要性，掌握物业服务企业物业投诉处理流程制定步骤，进而在今后的学习与工作中严格要求自身行为。

[**实训内容**] 选择某物业服务企业为研究对象，组织学生实地调查某物业服务企业，讨论并制定某物业服务企业的客户投诉处理流程。

[**实训组织**] ①以项目团队为学习小组，小组规模一般是 3~4 人，分组时以组内异质、组间同质的原则为指导，小组的各项工作由小组长负责指挥、协调；②建立沟通协调机制，团队成员共同参与、协作完成任务；③各项目团队根据实训内容进行交流、讨论并点评。

[**实训考核**] 各项目团队提交实训报告，并根据报告进行评估。

某物业服务企业物业投诉处理流程设计评分表

被考评人			考评地点		
考评内容		考评标准	分值/分	自我评价/分	小组评议/分	实际得分/分
专业知识技能掌握	正确处理物业客户投诉的重要性	了解	10			
	物业客户投诉处理流程的制定	掌握	20			
	物业客户投诉处理流程的可行性分析	掌握	20			
	报告完成情况	完成	10			
通用能力培养	学习态度	积极主动，不怕困难，勇于探索，态度认真	10			
	沟通能力	在解决投诉的过程中能够很好地与客户沟通	10			
	运用知识的能力	能够熟练自如地运用所学的知识进行分析	15			
	团队分工合作	能融入集体，愿意接受任务并积极完成	5			
合计			100			

注：1. 实际得分 = 自我评价×40% + 小组评价×60%。

　　2. 考评满分为100分，60分以下为不及格，60~74分为及格，75~84分为良好，85分及以上为优秀。

思政园地

一、思政目标

培养学生换位思考、与人为善的品质。

二、知识点

有效处理投诉。

三、思政元素

只有将心比心，才能换取真心，才能找到解决问题、推动工作的良策。

四、融入途径

1. 案例导入：物业管理投诉多，如何才能"管好家"——换位思考的重要性。

2. 观点讨论："己欲立而立人，己欲达而达人"的意义。

3. 个人练习：你认为换位思考的要点是什么？

项目十二 物业客户心理服务

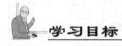 学习目标

知识目标：1. 了解物业客户的心理活动过程。

2. 熟知物业客户的认识过程、情感过程。

3. 熟知物业客户的个性心理倾向和个性心理特征，以及不同群体的客户消费心理服务。

4. 了解物业服务压力的来源，掌握减轻压力的方法。

能力目标：1. 能够熟练掌握客户心理活动及不同心理服务技巧。

2. 能够熟练运用减轻压力的技巧。

素质目标：1. 通过心理建设，能够提升抗压能力。

2. 培养积极乐观的心态。

思政目标：使学生掌握科学的思想方法和工作方法。

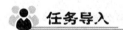 任务导入

面对业主群体质疑，物业管理中心如何打好"攻心战"①

某大厦办理入住前，物业管理中心的工作人员多次到现场考察，综合考虑各种因素并听取有关方面意见，做出了主阳台封闭的规定。可一入住，这一规定就遭到了部分业主的质疑，他们提出许多不同的理由，要求按照自己的思路来封闭阳台。

有些业主听了物业管理中心的解释，了解物业管理中心的初衷是为了保持大厦外观的统一，也就愉快地接受了。可仍有部分业主固执己见，甚至成群结队一天几次地到物业管理中心来发泄不满情绪，闹得沸沸扬扬。这其中有一位业主李女士态度很不友好，火气很大，一到物业管理中心就指着工作人员破口大骂，根本不给物业工作人员说话的机会，其他业主也都跟风，反对物业管理中心关于主阳台封闭的规定。

在这种情形下，物业管理中心先用"缓兵之计"，向有意见的业主说明物业管理中心

---

① 来源于网络，有修改。

242

的方案可以做进一步意见调查，看能否为大多数业主所认同，但在出结果前，业主的方案也先不要急于实施。在把业主暂时稳定下来之后，物业管理中心做了一个调查，发现持有异议的业主只有二十多户，并不占多数，而且他们都是本地居民，互相认识，容易"打"成一片。

了解情况后，物业管理中心本来可以强制要求这部分业主执行既定的封闭阳台的规定，但还是希望能说服他们，让他们自觉自愿地执行。于是，物业管理中心决定"各个突破"。比如××楼××座的谢先生，是某集团公司的高级职员，他们公司几位同事都是该大厦的业主，都不认同物业管理中心的阳台封闭方案。有一天晚上，谢先生到物业管理中心咨询办理装修手续的问题，趁这个机会，物业管理中心主管工作人员与他进行了两个小时的长谈，内容涉及物业管理中心制订方案的出发点到这个方案的优点，并通过比较指出谢先生他们那个方案的缺点，使谢先生心悦诚服地接受了物业管理中心的规定。然后他又说服了自己的几位同事。就这样，物业管理中心针对业主的不同特点进一步做说服动员工作，这样规定执行起来顺利多了。

其间，也有极个别业主固执己见，不管物业管理中心如何作解释，仍我行我素，甚至扬言："我就不按统一规定封窗，你们能拿我怎么样？"对此，物业管理中心态度上还是和和气气，但管理上寸步不让，把物业管理法规文件汇编送到他面前，让他自己了解和体会自己应当如何做，然后发给他限期整改通知单，最后他只得按照规定行动。

物业客户服务工作是一项与人打交道的工作，人的行为受其内在心理的影响，因此为了能够顺利地完成工作，不能只是简简单单地按照工作流程行事，还要揣摩客户的心理，采取对方能够接受的方式。就如案例中如果一开始就简单地采取强制手段让所有业主都封闭阳台的话，势必会引起很多业主的不满，造成今后物业服务工作的困难。所以，物业客服人员要掌握针对客户心理活动的服务技巧。

知识探究

任务一 客户心理活动与服务技巧

人的心理现象是自然界最复杂、最奇妙的一种现象。人眼可以看到五彩缤纷的世界，人耳可以聆听旋律优美的音乐，人脑可以储存异常丰富的知识。人能运用自己的思维去探索自然和社会的各种奥秘；人还有七情六欲，能体验各种情感和情绪。人会为实现自己的目的，组织和调节自己的行为，克服各种各样的困难。这些都属于人的心理活动范畴。在物业客户服务过程中，物业客户所表现出来的行为往往也千差万别，这些行为同样受其心理活动影响。

客户的心理活动过程是客户在消费行为中，从感知商品或服务到最终购买商品或服务一系列心理活动发展的过程。客户在消费过程中，心理活动的发生、发展、变化均有其一定的规律性，可以揭示出不同客户心理现象的共性及其外部行为的共同心理基础。了解客户的心理活动规律，掌握相应的客户心理服务技巧，可以帮助我们更好地为不同心理类型的客户提供优质的客户服务。

心理学上把人复杂的心理现象分为两大类——心理过程和个性心理，见表12－1。

表12－1   心理现象分类

心理现象	心理过程	认识过程	感觉、知觉、记忆、想象、思维等
		情绪情感过程	
		意志过程	
	个性心理	个性心理特征	能力、气质、性格
		个性倾向性	需要、动机、理想、信念、世界观等

一、心理过程

心理现象在个体身上发生时，在时间上有一个发生、发展的历程，叫作心理过程。心理过程可具体分为认识过程、情绪情感过程、意志过程三个阶段。它们之间具有密切的内在联系，既相互依赖，又相互制约，从而构成客户完整的心理过程。这里重点介绍认识过程和情绪情感过程。

（一）认识过程

人的认识过程是接受、存储、加工和理解各种信息的过程，也是人脑对客观事物的现象和本质进行反映的过程，是人们获得知识或应用知识的过程。人的认识过程具体包括感觉、知觉、记忆、想象、思维等，通过这些心理活动，人就实现了对外界事物的认知。客户心理活动的认识过程是客户心理活动的最初发生阶段，也是客户购买某一具体商品或服务的基础，离开了对商品和服务的认知，就不会产生消费行为。

人对客观世界的认识始于感觉和知觉，感觉和知觉既是人心理活动的基础，也是客户服务的基础。感觉是对事物个别属性和特征的反映和认识，是最简单的认识过程。例如，一个红苹果的个别属性有鲜红的颜色、清新的香气、酸甜的滋味、光滑的表皮等，红苹果的这些个别属性，作用于人们的眼、鼻、舌等感觉器官时，人们就会产生各种感觉。感觉是一切复杂心理活动的基础。人们只有在感觉的基础上，才能对事物的整体和事物之间的关系有更复杂的反映，进而获得更深入的认识。

1. 感觉与客户服务

感觉对客户的行为起着很大的影响作用。客户通过感觉可以接受大量的服务信息，经过大脑，产生对这些服务个别的、表面的特性反应，形成初步印象。所以，在物业客户服务中心的布置上，我们要努力营造一个温馨、整洁、和谐的客户服务空间，使业主对物业服务企业留下好的印象。此外，业主还会通过视觉观察到物业客户服务人员的衣着举止、面部表情，通过听觉分辨物业客服人员的声音，进而对物业客服人员的服务做出分析、判断。

具体来说，感觉一般可分为外部感觉和内部感觉。外部感觉指接受外部世界的刺激并反映其属性的感觉，这一类感觉包括视觉、听觉、嗅觉、味觉和皮肤感觉等。而内部感觉指接受机体内部的刺激并反映机体自身运动与状态的感觉，这一类感觉包括运动觉、平衡觉和内脏感觉。

在人的各种感觉中，视觉是最重要的，原因在于人所获得的大部分信息是由视觉收集的。因此，大量的广告都注意给顾客以强有力的视觉冲击，商品一般都注重精美的包装。房地产开发商注重住宅外观的设计等。物业服务企业应注重物业区域环境的规划，种植树木、花草，给人以赏心悦目的感觉，提升物业区域的品质，同时注重清理推销人员在住宅区墙面、电线杆上随意喷涂、张贴的各种宣传广告，从视觉上给业主一个健康、整洁的物业环境印象。

听觉是仅次于视觉的第二大感觉器官。人际言语交流主要靠听觉作为沟通渠道，因此听觉是人们第二位的信息来源。有的住宅小区，在环境的规划中，也考虑到了听觉的作用，对噪声加以严格控制。

研究嗅觉也具有重要的实践意义。物业服务企业应重视物业区域绿化对净化空气的作用，有效控制外来车辆进出，减少尾气污染等，这都是十分必要的。

在实际生活中，并不是任何刺激都能引起客户的感觉。要产生感觉，刺激物就必须达到一定的量。在刺激物引起感觉之后，如果刺激物的数量发生变化，但变化极其微小，则不易被客户察觉。只有刺激物量增加到一定程度时，才能引起人们新的感觉，心理学上把刚刚能够为人所觉察的刺激物的最小差异量称为差别感觉阈限。例如，居民区的绿化面积增加，每十米增种一棵树，往往不为居民所注意；而每十米一盏路灯不亮，业主对此却十分敏感。物业客户服务中，我们可以有效地应用感觉心理规律。

为了强化正面改变，应使相应的改变达到差别感觉阈限之上，例如，物业服务企业要提升绿化水平，增强绿化效果，上面提到每十米增种一棵树是不会引起业主的注意的，这就需要采用与原树种有较大差别的树木，比如，北方可以种植桃树，桃花一开，视觉冲击力强，效果显著。

为了使负面改变更容易被接受，如服务水平下降或物业服务价格提高这些令业主反感的负面改变不易被察觉，物业服务企业可以将变化的水平控制在差别感觉阈限之下，这样就会降低这种负面影响。例如，随着社会的发展、物价的上涨、人工成本的提高，物业服务企业为了正常运营，同样需要相应提高物业服务费收费标准，这时，即使物业服务企业提高物业服务费是合理的，业主也会因为物业服务费上涨而不满，可能会拒缴物业费，进而降低物业服务费的收费率，这时，如果能将价格的涨幅控制在业主的差别感觉阈限之下，使业主对价格的上涨感觉不明显，就会相应地减少业主的不满情绪。

2. 知觉与客户服务

知觉是人脑直接作用于感觉器官对客观事物各部分属性的整体反映。感觉和知觉都是当前事物在人脑中的反映，感觉和知觉往往紧密地联系在一起，不能分开，但两者也有区别，即感觉是对对象和现象个别属性（如颜色、气味、形状）的反映，而知觉是对对象和现象整体形象的反映，是人将感觉信息组成有意义的对象的过程，知觉以感觉为基础，但并不是感觉的简单相加，它还受过去经验的制约。人们只有凭借过去的经验，才能根据对当前对象的知觉确定事物，即把感觉到的许多个别因素整合为整体形象。人们对客观事物知觉的深浅、正确与否、清晰程度，以及知觉的内容是否充实、全面，不仅受事物本身和人们已有知识、经验的影响，还受到人的需要、兴趣、情绪和个性倾向等因素的影响。

人的知觉过程是一个有组织、有规律的心理活动过程。这些规律主要表现为知觉的选择性、整体性、理解性和恒常性，它们保证了人们对客观事物的认识。

（1）知觉的选择性。人不可能对客观事物全部清楚地感知，也不可能对所有的事物都做出反应，而总是有选择地以少数事物作为知觉的对象，而对周围的事物则比较模糊，这些模糊的事物就成了背景。这就是知觉的选择性。知觉的选择性表现为客户能在众多的商品中把自己所需要的商品区分出来，或者在同一种商品的众多特性中优先地注意到某种特性。它在客户选择商品时发挥"过滤"作用，使客户的注意力集中指向其感兴趣的或需要的商品及其某些特性。

客户自身的需要、欲望、态度、偏好、价值观念、情绪、个性等，对知觉选择也有直接影响。凡是符合客户需要、欲望的刺激物，往往会成为客户首先选择的知觉对象；而与客户需要无关的事物则经常被客户忽略。从情绪状态来看，一般在快乐的心境下，人们对消费刺激的反应灵敏，感知深刻；心情苦闷时，人们则可能对周围的事物"听而不闻，视而不见"。

物业服务企业为了使业主及时得知近期公司推出的服务项目、设施维修保养通知等信息，就要利用知觉选择性的特点。如可以在每个楼口设置简易的宣传栏，颜色宜鲜明，传达信息的字体宜大，最好和宣传栏的背景色形成较大差异，同时要注意及时更新，及时撤销过期的信息。

（2）知觉的整体性。知觉对象是由刺激物的部分特征或属性组成的，但人们不把它感知为个别的孤立的部分，而总是把它感知为一个统一的刺激情景，甚至当刺激物的个别属性或个别部分直接作用于人的时候，人们也会产生对这一刺激物的整体印象。

知觉之所以具有整体性，一方面是因为刺激物的各个部分和它的各种属性总是作为一个整体对人发生作用，另一方面是因为在把刺激物的几个部分综合为一个整体的知觉过程中，过去的知识、经验总是能提供补充信息。例如，远处走来的熟人，虽然看不清面孔，但可以凭借其身体外形、走路姿势和其他线索将其辨认出来。因此，商家应注重产品和服务的每个细节，避免因某一方面的不足而引起客户对商品整体印象的不佳。例如，某些物业公司不注重对外来车辆的管理，这样会给业主带来一种不安全感，继而使业主认为物业公司在各方面都疏于管理，不负责任。

（3）知觉的理解性。知觉的理解性是指已有的知识、经验和语言对知觉的影响。人在知觉过程中，总是以已有的知识、经验为根据，对知觉对象做出某种解释，使它具有一定的意义，并用词来标记它，即从不同方面对它加以理解。

理解在知觉中具有重要作用，它是正确知觉的必要条件。在感知一个事物的时候，与这个事物有关的知识、经验越丰富，对该事物的认识就越深刻、越准确、越快速。比如，一个搞室内装潢的客户，在选购房屋时，通过参观就能了解房屋的结构、各部分的性能、特点，并对房屋设计和之后的装修工作如何进行作出评价。

实际中可以利用知觉的理解性提高广告宣传效果。根据知觉的理解性这一特点，企业在广告中向客户提供信息时，其方式、方法、内容、数量都必须与信息接受人的文化水准和理解能力相适应，以保证信息被迅速、准确地理解。

（4）知觉的恒常性。当知觉的客观条件在一定范围内发生变化时，人对知觉对象的印象仍会在相当程度上保持它的稳定性，这就是知觉的恒常性。

在视知觉中，知觉的恒常性表现得特别明显。在亮度和颜色知觉中，物体固有亮度和颜色倾向于保持不变。比如，无论是在强光下还是在黑暗处，我们总是把煤看成黑色，把雪看成白色。知觉的恒常性有助于人们全面、真实、稳定地反映客观世界，使人们能够更好地适应环境。

通过以上对知觉概念和特性的描述，我们认识到知觉不是被动地感知事物，而是积极、能动地反映人们认识事物的过程。知觉是各种心理活动的基础，它能刺激人们产生需求和为满足需求进行实践。对客户服务而言，它是客户在感觉基础上对所接收服务的总体反映。客户往往根据这些反映来判断客户服务人员的服务质量，并根据以往经验，对服务产生相应的联想或认识。例如，客户对优质的服务往往会觉得比较全面、细致和深入，而对不能满足其心理需要的服务，往往觉得比较片面、简单和肤浅。

3. 几种常见的心理效应

为了更好地向业主提供服务，我们需要了解几种常见的心理效应。

（1）首因效应。首因效应指最初接触到的信息所形成的印象会影响人们以后的行为活动和评价。具体地说，就是初次与人或事接触时，人们会产生对某人或某事带有情感因素的心理定式，从而影响到以后对该人或该事的评价。

因此，在办理入住时，物业服务人员可以利用这种效应，展示给业主一种极好的形象，为以后的交流打好基础。

（2）近因效应。近因效应指的是某人或某事的近期表现会在人的头脑中占据优势，从而改变其对该人或该事的一贯看法。而且，这个印象在对方的脑海中也会存留很长时间。首因效应一般在较陌生的情况下产生影响，而近因效应一般在较熟悉的情况下产生影响。物业服务企业以服务为产品，因服务不可储存性的特点，使业主更容易产生近因效应。因此，物业服务企业必须注重服务质量的持续性，做到善始善终和服务过程的完整性。

（3）晕轮效应。晕轮效应指某人或某事会由于突出的特征使人留下深刻的印象且使人忽视其他方面。例如，当你对某个人有好感后，你就会很难感觉到他的缺点。这种心理效应就叫"晕轮效应"，也称"光圈效应"。物业服务企业的品牌竞争，已成为物业服务市场竞争的制胜法宝，因此，企业塑造品牌，已成为企业实现可持续发展的必然途径。一个品牌从"稚嫩"走向"成熟"，需要几年、几十年甚至上百年的时间，这足以看出创立品牌之不易。因此，我们在努力打造自己品牌的同时，一定要避免一切有损于品牌形象的事发生。对物业服务企业来说，品牌的塑造主要是靠服务水准的不断提升和以人为本服务理念的不断提炼，以稳定的服务质量、特色化的服务使消费者产生的晕轮效应。从某种意义上来说，品牌具有晕轮效应，它会紧紧抓住消费者的心，会像一条引线一样牵着消费者的思维跟着它走。所以，我们需要通过各种途径不断提高企业的知名度与美誉度，依靠微笑服务、差异服务、细节服务、特色服务等不断地使品牌保持晕轮效应，促使消费者对自己有一种"先入为主"的思维定式。

（4）设防心理。在与陌生人初次打交道时，我们不时地会有些防范心理；在人多混杂的场面，你会担心自己的物品是否安在……这些都是人的设防心理。业主在物业入驻初期有设防心理是很正常的，业主对物业服务企业及其服务水平总有一个从怀疑到认可的过程。

总之，对物业服务企业的各级管理者来说，在加强企业硬件建设的同时，也要不断加强学习，提高心理素质，掌握沟通技巧，这样才能在物业服务日常工作中对各种心理效应应对自如。

（二）情绪情感过程

人在认识事物时，不仅会认识到事物的属性和特征，还会产生对事物的态度，并引起对事物的满意或不满意、喜欢或厌恶、愉快或痛苦的体验，这就是情绪和情感，在心理学上统称为情绪情感过程。

情绪与情感是人对客观事物是否符合自己需要所产生的内心体验，是人的心理活动的一个重要方面，反映客观事物与人的主观需要之间的关系。在客户服务过程中，当客户的需要被满足、被肯定时，客户便会产生满意、愉快等积极的情感体验；当需要不能被满足或被否定时，客户便会产生憎恨、痛苦、不满、厌恶等消极体验。

1. 情绪

情绪一般指与生理需要和较低级的心理过程（感觉、知觉）相联系的内心体验。情绪一般由当时的特定条件所引起，并随着条件的变化而变化。因此，情绪是比较短暂和不稳定的，具有较大的情景性和冲动性。某种情景一旦消失，一般来说，与之有关的情绪就会立即消失或减弱。依据情绪发生的强度、持续性和紧张度，可以把情绪状态划分为心境、激情、应激。

（1）心境。心境是一种比较微弱、平静而持久的情感体验。它具有弥散性、持续性和感染性的特点，在一定时期内会影响人的全部生活，使人的语言和行为都带有某种色彩。在消费活动中，良好的心境会提高客户对商品、服务、使用环境的满意程度，推动积极的购买行为；反之则会影响消费行为的顺利进行。心境有积极的心境和消极的心境之分。积极的心境使人振奋、乐观，提高人的活动效率，有益于身心健康；消极的心境则使人颓废、悲观，对人的各方面产生消极影响。在各种情绪状态中，最经常为人所经历的是心境状态，换言之，人们更多的是在某种心境状态中进行活动的，因此，如何保持良好的心境状态就显得尤为重要。

（2）激情。激情是一种强烈的、爆发式的为时短暂的情绪状态。激情具有爆发性和冲动性的特点。所谓爆发性，是指整个激情的发生过程十分迅猛，大量心理能量在极短时间内喷薄而出，强度极大。所谓冲动性，是指个体处于激情状态时，往往会失去意志力对行为的控制。处于激情中的人往往有一种"情不自禁""身不由己"的感受，但这种感受匆匆地来、匆匆地去，一会儿就风平浪静了。引起激情的原因，一般是对个人有重大意义的事件的强烈刺激，如严重的挫折、莫大的羞辱、巨大的成功等。而且这种强烈的刺激的发生常常是出乎当事人预料的。客户处于激情状态时，其心理活动和行为表现会出现失常现象，其理解力和自制力也会显著下降，以致做出非理性的、冲动式的举动。

（3）应激。应激是一种高度紧张的情绪状态，它往往发生于出乎意料的危险情境或紧要关头。例如，突然遇到火灾、碰上地震、遭到歹徒袭击、参加重大比赛、进行至关重要的考试等，都有可能使人处于应激状态。应激具有超压性和超荷性。所谓超压性，是指在应激状态下，个体往往会在心理上感觉到超乎寻常的压力。无论是出于危险情境的应激状态还是出于紧要关头的应激状态，都会因客观事物的强烈刺激而导致个体承受巨大的心理压力，并集中反映在情绪的紧张度上。所谓超荷性，是指在应激状态下，个体必然会在生理上承受超乎寻常的负荷，以充分调动体内的各种机能和资源去应付紧急、重大的事件。个体在应激状态下的反应也有积极和消极之分。积极反应表现为急中生智、力量倍增，使体力和智力都得到充分调动，实现"超水平发挥"；消极反应则表现为惊慌失措、四肢瘫痪、意识"狭窄"、动作反复出错。在一般情况下，应激更易导致消极反应，不利于工作的正常进行。

2. 情感

情感是与人的社会性需要是否得到满足相联系的一种体验，它是人们在长期的社会实践中受到客观事物的反复刺激而形成的。因而与情绪相比，情感具有较强的稳定性和深刻性，是较高级的、深层的心理现象。情感是和人的社会观念及评价系统分不开的。人的社会性情感组成了人类所特有的高级情感，它反映着个体与社会的一定关系，体现出人的精神面貌。根据情感的社会性内容分类，可将人的情感分为道德感、理智感和美感。

（1）道德感。道德感是根据一定的道德标准，在评价人的思想、意图和行为时所产生的主观体验。在消费活动中，客户总是按照自己所掌握的道德标准、自己的道德需要来决定自己的消费标准与消费行为。同时，客户服务人员应有严格的职业道德训练，有高尚的职业道德，应热情礼貌地接待客户，为其提供良好的服务活动，而不能通过有失职业道德的手段去获得盈利。

（2）理智感。理智感是人在智力活动过程中，在认识、评价事物时所产生的情感体验。它与人的求知欲、好奇心等相联系，是一种热烈追求和探索知识与真理的情操。在消费活动中，客户在认识某些商品或服务的过程中需要得到一定的信息，因此，服务人员应恰当地给客户解释商品或服务的特点，给客户当好参谋，如果他们的求知欲得到了满足，就会产生理智感，这对客户的消费活动起着重要的推动作用。

（3）美感。美感是根据一定的审美标准鉴赏或评价事物时所产生的情感体验。人的审美标准反映事物的客观属性，因而具有共性。同时，人的审美标准又受个人思想观点和价值观念的影响。因此，不同的文化背景下，不同民族、不同年龄的人对事物美的评价又有差异性。这种差异性必然使他们在消费的过程中对于商品和服务产生不同的美感。即使对同一商品，不同的人也会由于对美的内涵和形式有不同的理解和体验，而产生不同的美感和评价。

情绪与情感之间有密切的内在联系。情绪的变化一般受到已经形成的情感的制约；而离开具体的情绪过程，情感及其特点则无从表现和存在。因此，从某种意义上可以说情绪是情感的外在表现，情感是情绪的本质内容。

物业客户服务人员应该关注业主的情绪与情感，通过观察业主的表情来揣摩业主当时的情绪。在某些情况下，表情比语言还重要。因为有些心理状态无法用语言来表达，有时人们口是心非，这时察言观色便可以发现其真实的心理状态。语言可以把心理状态掩盖起来，表情却不容易掩盖。比如，服务人员嘴上说全心全意为客户服务，但在实际工作中如果流露出不耐烦或不屑的表情，那么客户肯定能察觉出来。因此，作为物业客户服务人员，一方面应该提高自身的服务意识，并将其内化到自己的行为中，以给客户留下良好的印象；另一方面也要了解一些有关情绪情感外部表现的知识，在工作中察言观色，及时发现客户的情绪状态，尽快做好调整，顺利完成工作。

在提供物业客户服务的过程中，物业客户服务人员需要特别注意影响消费者情绪情感变化的主要因素，努力营造积极的情绪影响因素。影响消费者情绪情感变化的主要因素有：

（1）需要是否得到满足。需要是情绪产生的主观前提。人有多种不同的需要。人的需要能否得到满足，决定着人的情绪的性质。如果客观条件满足了客户的需要，客户就会产生积极、肯定的情绪。如果客户的需要得不到满足，其就会产生消极、否定的情绪。

（2）环境的影响。人的情绪很容易受到环境的影响。拥挤、杂乱、无秩序都会给人带来负面情绪。因此，在物业服务的各个方面，都要带给业主积极的情绪体验。除了客服中心要干净、整齐、明亮、有序外，整个物业管理区域内的大环境也要格外注意，包括绿化保洁工作、车辆及外来人员管理、区域内治安秩序等，都会影响业主的情绪，进而影响业主对物业服务企业的评价。

二、个性心理

在获得和应用知识的过程中，不同的人对同一件事往往会产生不同的感受和反应，种种心理表现的差异使得人与人各不相同，每个人的心理活动都具有自己的特点。心理学把个人稳定的、经常表现出来的独特心理特征称为个性心理特性，它包括个性心理特征和个性倾向性两方面。

（一）个性心理特征

个性心理特征是在个人身上所表现出来的比较稳定的心理特征。它能体现客户个体独特的风格、独特的心理活动和独特的行为表现。客户的心理特征是客户个体在先天素质基础上，在一定的社会历史条件下，通过社会实践形成和发展起来的，具有稳定性、独特性、倾向性和可塑性的特点。这些特点具体在一个人身上，就表现在他的气质、性格和能力等方面。

1. 客户的气质与服务策略

气质常常用来描述人们兴奋、激动、喜怒无常等情绪特性。在现代心理学中，气质是指不以活动目的和内容为转移的典型的、稳定的心理活动的动力特征。所谓"动力特征"，是指心理活动和行为在强度、速度、灵活性、稳定性和指向性等方面表现出来的特征。一般把知觉的速度、思维的灵活性、动作反应的快慢归结为速度方面的特征；把情绪的强弱、意志的紧张度归结为强度方面的特征；把注意力集中时间的长短、情绪的起伏变化归结为稳定性特征；把心理活动倾向于外部事物或自身内部归结为指向性方面的特征。这些方面的特征组合不同，人就会表现出不同的气质特征，如有的人活泼，有的人沉着；有的人急躁，有的人慢条斯理；有的人低俗，有的人高雅；有的人敏捷，有的人迟钝等。

气质是人的天性，并无好坏之分，它不能决定一个人的社会价值，与人的道德品质也无必然联系。但气质的确会给人的活动涂上一层个人色彩，使人们完成活动的动力特征不同。而且，一个人的气质往往表现出相对稳定的特征，并对人的心理和行为产生持久影响，每个客户都会以特有的气质风格出现在他的各种消费活动之中。购买同一商品，不同气质类型的客户会采取完全不同的行为方式，而且气质类型相同或相近的客户常常有近似的行为特征。

人的主要气质类型有胆汁质、多血质、黏液质、抑郁质4种。

（1）胆汁质（兴奋型）。胆汁质的人脾气倔强、直率热情、精力旺盛，情绪兴奋性高，抑制能力差，反应速度快，但不灵活。这种气质类型的人容易冲动，对自己的情感和行为难以控制，容易急躁，易与人发生矛盾。

一般胆汁质客户，对客服人员或其他业主都很热情，其话语较多且讲话直率；喜欢与他人争论问题，而且总是力求争赢，因此容易发怒；在需要服务时不愿意久等；喜欢对物业设施、管理等提意见，时常发表自己的见解或向物业客服人员提出新问题；在发生异议或投诉时，如发现是自己的失误能立即承认和道歉。

在接待胆汁质客户时，物业服务人员要保持头脑冷静，动作要快速、准确，语言要简洁明了，及时快速地满足这类客户的合理要求；当出现矛盾时，要避其锋芒，尽量在言语、情绪方面不激怒对方，在客户离开时要提醒他注意随身携带的东西，不要遗落物品；对客户的过激言语和不太友好的态度应不予计较，以宽容、理解的心态为他们服务。

（2）多血质（活泼型）。多血质的人情绪外露、活泼好动、反应灵活、行动敏捷、兴趣广泛、容易兴奋，他们往往社交能力强，表情丰富，但注意力容易分散，情绪波动大。

多血质客户乐于向物业服务人员咨询，常主动与客服人员交谈；性情开朗乐观，笑声不绝；对服务的感受性好，而且喜欢评价；善于交际，与其他客户相熟较快，喜欢与物业服务人员和其他业主交换意见；行为中感情色彩浓，富于想象力；内心情感容易外露，且容易受到他人情绪的感染。

对待这种类型的客户，物业客户服务人员应热情周到，尽量主动为其提供各种服务、信息，为其充当参谋，同时利用情感效应，使其对物业服务企业产生美好印象，这样才能取得这类客户的信任与好感。

（3）黏液质（稳重型）。黏液质的人的典型表现是少言、谨慎、沉着、安静，行动迟缓，比较内向，善于克制忍耐，情绪不外露，做事踏实，慎重细致，但不灵活，易固执己见。

黏液质的业主生活起居很有规律，很少与客服人员或其他业主主动交谈，他们喜欢安静独处，内心情感很少向他人流露，他们对物业服务的好坏不轻易下结论，行动稳重、缓慢，语言简练，善于控制自己，一般不征求他人意见，也不易受外界环境因素影响，不喜欢服务人员过分热情。

对这类客户，物业客户服务人员一般不要过多地与其交谈，更应该避免长篇大论，要待其思考一会儿后再与其接触，以免影响他的情绪，不要过早地主动表示自己的见解，应尽可能地让客户自己提出意见或建议，但是也不能因为这类客户对客服工作不提或少提意见就冷落、怠慢他们。

（4）抑郁质（忧郁型）。抑郁质的人情绪变化缓慢，但敏感多疑，交往时比较羞怯、畏缩、不易合群，但观察事物细致而认真，体验深刻，他们往往能发现人或事务的细微之处。这类人语言谨慎，讲话速度慢，比较啰唆，对他人的言语和表情比较敏感；行动小心，决策也较缓慢，容易反复，既不相信自己的判断，又怀疑服务的质量，易受外界因素影响，其他人对物业公司的评价、看法等都可能引起其心理上的波动，从而使其完成或中止其行动。一旦与客服人员或他人发生矛盾，这类人会长时间陷入某种情绪，不容易自我调整心态。

　　针对这些特点，物业客服人员应尊重抑郁质客户，与其交谈时要语意明白，以免引起误会，服务时要耐心细致、体贴周到，也不要当着这类客户与他人窃窃私语，以免引起猜疑，不能因为其啰唆而打断他的话，遇上安排变动，一定要对其讲清楚理由，以取得其的谅解。

　　以上这4种气质类型的人的心理特征和行为特征只代表各自最典型的气质特征，在现实生活中，具有单一的、典型的气质特征的人属少数，人们往往具有两种或两种以上的气质特征。气质类型本身也无好坏之分，每种气质类型都具有积极的一面和消极的一面，且人的气质对人的能力高低、成就大小和品德好坏不起决定作用，但人的气质对人的行为活动（如职业的选择）的进行和活动效率都具有一定的影响。

　　2. 客户的性格与服务策略

　　性格是指个人对现实的态度和在社会性行为中表现出来的人格特征，是人对现实的一种稳定的态度体系和行为方式。例如，有的人勤奋进取，有的人懒惰退缩，有的人热情豪迈，有的人多愁善感。性格是做出带有道德判断色彩的人际关系评价的主要标准之一，是个性的核心。

　　性格是人的态度和行为方面较稳定的心理特征，如果断、耐心等。性格包含许多具体内容，是多侧面的复合体。具体来说：

　　（1）性格表现出稳定的、习惯化的态度特征，即表现一个人对现实的一种稳固的态度以及与之相适应的习惯行为方式。如在遇到危险的时候，有的人经常表现为勇敢、无畏，而有的人则可能经常表现为怯懦或退缩，这就是他们性格特征的表现。

　　（2）性格还表现出一定的意志特征，即表现一个人自觉控制自己的行为及行为努力程度方面的特征。如有的人在行动中表现得独立，而有的人表现得依赖；有的人表现得主动，而有的人表现得被动；有的人表现得顽强，而有的人表现得脆弱。

　　（3）性格会表现出一定的情绪特征，即表现出一个人受情绪影响或控制情绪程度的状态特点。如有的人受情绪感染和支配的程度较弱，不易冲动；而有的人受情绪感染和支配的程度较强，不够理智。当然，凡属于一时的、情景的、偶然的表现，都不能代表一个人的性格特征，只有稳定的、经常的、能从本质方面表明一个人的个性的，才具有性格意义。

　　（4）性格的理智特征。这主要表现为主观性与客观性、粗略性与精细性、严谨性与轻率性等。

　　在客户的个性心理中，客户的气质和性格是相互作用、相互促进、密不可分的两个方面。气质会影响性格的发展水平和方向；性格的发展又是制约气质倾向性形成的重要条件。

　　根据客户在消费活动中的表现，可以把客户划分为以下几种类型：

　　（1）D型客户（要求型客户）。D型客户是那种畅言无忌的类型。当他们遇到他们想要的东西时，便会马上买下来。但某种服务如果在他看来不到位的话，或者是如果他遇到什么问题的话，他会马上同你争吵。这种客户是比较好战、容易惹麻烦的客户。

D型客户喜欢驱使他人，他们注重事情的结果，不注意细节，而且非常容易烦躁。D型客户的爱好溢于言表。他们对自己的身份很敏感。购买商品或服务时他们要最好的。他们常富有竞争力，而且希望获胜。

与D型客户交往时，要注意身体语言的使用，如握手时一定要用力，眼睛要正视着他们，身体应稍微靠前（但要保持应有的距离）。因为他们不愿意与软弱的人打交道，他们愿意与了解他们的坚强、自信的人打交道。因此，在与他们接触时一定要把这点表现出来。与D型客户讲话时，要直截了当，声音要洪亮、清楚、自信、直接。

（2）I型客户（影响型客户）。I型客户非常健谈，他们有一种与人交往并得到人们肯定的强烈愿望，他们非常乐观，语言有说服力、鼓舞性，他们对人非常信任。他们讲话时充满热情，脸上总是带着微笑，且注重外表。同样，他们也希望与他们交往的人也这样。

与I型客户交往时，要注意身体语言的以下方面：他们喜欢有感染力的手势；他们讲话时，你要面带微笑，离他们近些，使他们感到你对他的接受；与他们讲话时，要富有表情，这样他们才会注意听你讲话；语调应该显示出你的友好、热情、精力充沛、说服力，语调要有高低变化，语言要富有色彩，节奏要快，并多用手势。

（3）S型客户（稳定型客户）。S型客户包容心很强，即使是商品或服务存在问题，并使他们感到很不方便，他们也不愿以投诉的方式来解决。S型客户有耐心、随和、逻辑性和条理性较强。S型客户讨厌变化，因为他们不想有什么事打乱他们的最初生活秩序。因此，在为S型客户服务时，一定要让他们有稳定感。

与S型客户交往时，要注意身体语言的使用：因为他们随和，不喜欢变化，所以站在他们面前时应该身体靠后，身体放松，手势幅度要小，要创造出一种安静的气氛；与他们交谈时，讲话的语调应该温和、镇定、安静，语调要低，语速要慢，行动要有节奏感。

（4）C型客户（恭顺型客户）。C型客户是完美主义者，他们希望一切都是精确的、有条理的。他们天性认真，做事讲究谋略、一丝不苟。要想使C型客户满意，你必须掌握所有的事实、数据。C型客户严格遵守规定，如果你在政策或做法上稍有偏误，他们就会马上让你知道。C型客户的脸上总是面无表情，你不知道他们在想什么。他们性格保守，做事喜欢自己动手。站着时，他们喜欢把双臂抱在胸前，一只手放在下巴下好像在思考，事实上他们也总是在思考问题。

与C型客户交往时要注意身体语言的使用：不要有任何身体接触，也不要离得太近，站在对面、让他能看见你即可。站立时，身体重心要放在脚后跟，眼睛要与其对视，要少用或不用手势。与他们交谈时，一定要控制好语调，不要起伏太大，他们会对过分的反应起疑心。讲话时要直接而简洁，语速要慢，行动也要慢，并且显示出是经过深思熟虑后采取的行动。

以上客户性格的分类是从应用角度划分的性格类型，在实际应用中需要灵活地运用，因为大多数客户并不是单一类型的，他们往往具有某一种类型的典型特征，但同时又具有

其他类型的一些特点，所以在实际工作中还需要不断地积累实践经验。

3. 客户的能力与服务策略

能力是直接影响活动效率、使活动得以顺利进行的个性心理特征。人与人之间的能力是有差别的，如有的人擅长体育，有的人喜欢歌舞等。能力是直接影响活动效率的心理特征，或是顺利完成某种活动的必备的心理条件，但人在各种活动中表现出来的个性心理特征并不都是能力。能力与活动是密切联系在一起的，只有具备相应的能力，才能从事相应的活动。能力又是在活动中形成和发展的。只有从事某种活动，才能形成相应的能力。在其他因素相同的条件下，能力强的人比能力弱的人可以取得更好的活动效果。

一般能力是指在许多活动中都必须具备的基本能力，通常指智力，如感知力、记忆力、注意力、思维力、想象力等。在实际购买活动中，客户对商品的感知、记忆、辨别能力，对信息的综合分析、比较评价能力，选择、决策能力等，都属于一般能力。一般能力的强弱会直接导致消费行为方式和效果的差异。

不同的能力会使客户表现出不同的需求和行为特点。根据客户能力的强弱及其在物业服务企业服务范围中的表现，可以把客户区分为成熟型、普通型和缺乏型3种类型。

（1）成熟型客户。这类客户具有较强、较全面的能力。其对于所需要的服务不但非常了解，而且具有较丰富的经验，其对于物业服务相关法规及物业公司的服务范围、责任义务等非常了解和熟悉，同时对物业公司的运作机制、现有物业公司的市场情况等都较为熟悉，其内行程度甚至超过部分物业公司人员。他们往往表现得比较自信、坚定，自主性较强，能够按照自己的意志独立做出决策，而无须他人帮助，并较少受到外界环境和其他人的影响。此类客户热衷于社区活动，往往是业主委员会的中坚力量。

（2）普通型客户。这类客户的能力结构和水平属于中等，他们通常具有一定的物业服务知识，但是缺乏相应的经验，主要通过媒体宣传、与他人交流等途径来了解和认识物业服务这一行业，因此这类客户对物业服务了解的程度远不及成熟型客户。普通型客户一般只有一个笼统的目标，缺乏具体、全面的要求，因此他们很难对物业公司的内在质量、小区设施、服务范围等提出明确的意见，也难以就同类或同种物业公司之间的差异进行准确比较。由于知识不足，他们会表现出一定的缺乏自信、缺乏独立见解的特点，因此他们比较容易受到外界环境的影响。

（3）缺乏型客户。这类客户的能力结构和水平处于缺乏状态，他们既没有必需的物业服务常识，也没有相关经验，除非涉及自己直接的利益，如房屋漏水、车位被占等，否则他们不会关心小区的物业服务整体情况，不会注意小区的绿化、健身、娱乐等公共设施。在询问这类业主对物业公司的意见或看法时，他们往往没有明确的评价，仅有些朦胧的意识和想法；在接受服务过程中，他们对服务的了解仅建立在直觉和表面的观察之上，缺乏对服务本质及服务与个人需求之间内在联系的把握能力，因而难以做出正确的比较和选择；他们极易受环境的影响和他人意见的左右，其行为常常带有很强的随意性和盲目性。

上述客户类型的划分是相对的，随着客户的不断学习和生活经验的积累，客户的能力是会不断发展和提高的。

（二）个性倾向性

个性倾向性是指个人在社会生活过程中逐渐形成的思想倾向或意识倾向，它决定着一个人对事物的态度和积极性，也是决定一个人行为方向并起推动作用的重要因素。个性倾向性表现为个人的意识倾向，即人对现实的稳定态度，具体包括需求、动机、兴趣、信念以及价值取向、世界观等构成要素。

客户行为毫无疑问是以消费行为为中心的，而客户的消费行为总是从需求的激发开始的。可以说需求是客户行为的最初动力，也可以说人类的一切行为都是从需求开始的。

需求是由于缺乏某种生理或心理因素而产生的内心紧张，是个体内部的一种不平衡状态，需求是个体和社会生活中必需的事物在人脑中的反映，需求在主观上通常被体验为一种不满足感，并成为个体活动的积极性源泉。例如，人们由于饥饿，会对食物产生需求；由于谋求自身发展，会对教育产生需求。物业客户正是由于对安全、舒适有需求，才会对物业服务这一商品产生一系列需求。客户的需求具有以下特点：

1. 客户需求具有差异性与多样性

在现实生活中客户之间存在着各种个体差异，这些差异导致客户需求也千差万别。同时，客户需求也因各种条件的影响表现出多样性。按起源分，需求可分为自然需求和社会需求；按指向的对象分，需求可分为物质需求和精神需求。自然需求也称生物需求，指个体对那些为维护自己的生命及延续其后代所必需的条件的要求，包括饮食、运动、休息、睡眠、排泄、亲密关系、性等需求。社会需求是人类特有的需求，如劳动、交往、成就、求知的需求等。这些需求反映了人类社会的要求，对维系人类社会生活、推动社会进步有重要作用。物质需求指向社会的物质产品，并因占有某些产品而获得满足，如对工作和劳动条件的需求、对日常生活必需品的需求等。精神需求指向社会的各种精神产品，并因占有某些精神产品而得到满足，如对美的需求、对道德的需求、对劳动的需求等。精神需求在人的社会生活中具有重要作用。

2. 客户需求具有周期性

客户的某种需求获得满足之后，这种需求还会随时间和空间等客观条件的推移而重复出现，因此需求具有明显的周期性特点。

3. 客户需求具有层次性与伸缩性

客户需求虽然是多方面的，但不可能同时产生，也不可能同时满足，它只能按照轻重缓急呈现出层次性，并且由低级向高级推移。内外因素对客户需求会产生促进和抑制作用，这使客户需求具有伸缩性。

4. 客户需求具有发展性

需求是由人的社会环境和生活条件决定的，因而会随社会的发展而发展。这就要求客户服务要不断完善服务设施和项目，提高服务质量，以适应客户需求的发展。

5. 客户需求具有可诱导性

客户需求在受到外界因素的刺激、影响下，是可以发生变化的。例如，客户可能受推荐和宣传的影响而使自己的需求发生改变，这也是广告的作用。

美国著名心理学家马斯洛提出了需求层次理论，他将人类的需求归纳为 5 种，并对这 5 种需求由低到高进行了排列（见图 12-1）。低层次需求基本满足以后，较高层次的需求才有可能出现。

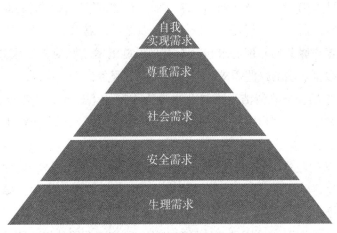

图 12-1 马斯活需求层次

马斯洛认为，人的需求由以下 5 个层次构成：

（1）生理需求。生理需求是人为了生存而必不可少的需求，包括对食物、水分、空气、睡眠、性的需要。生理需求在人的各种需求中是最基本的需求，如果一个人的生理需求得不到满足，那其他的需求都会被推到次要地位。

（2）安全需求。安全需求是指人们对稳定、安全、有秩序、受到保护、免除恐惧和焦虑等的需求，如对劳动安全、职业稳定等的需求。在基本生存条件得到满足之后就要满足客户的安全需求了，要保证物业区域内的安全秩序不受破坏，保障业主的财产和人身安全。

（3）社会需求。又称爱与归属的需求，表现为一个人渴望与他人建立感情上的联系，有所依靠。社会需求包括社会交往、获得友谊和关怀、和谐的人际关系等需求。为了满足业主的社会需求，物业客户服务部门和每个员工都要做到诚挚地关心和爱护每一位业主，与业主形成良好的服务交往关系。

（4）尊重需求。尊重需求是指人希望得到一种稳定的正面评价，包括受到他人尊重、赏识和肯定的需求，自己的要求、愿望或投诉能够得到实现或合理答复的需求等。客户服务强调客户是"上帝"，投诉都应有答复是满足客户尊重需要的表现。

（5）自我实现需求。自我实现需求是人们实现自己的能力或潜能，并使之完善的需求，是一种创造性的需求。它位于金字塔的最顶端，当前面几种需求得到满足后，人的活动便由自我实现的需求所支配了，此时人具有高度的自我意识和社会认知能力，富于创造力，能积极面对未知和挑战。

马斯洛认为，上述5种需求是人们最基本的需求。这些需求是天生的，它们构成了不同的等级和水平，并成为激励和控制个体行为的力量。

结合马斯洛的需求层次理论，分析业主在消费物业服务时的心理需求很重要。业主对物业客户服务的心理需求具体有受欢迎的需求、及时服务的需求、感觉舒适的需求、有序服务的需求、被理解的需求、被帮助的需求、受重视的需求、被称赞的需求、被识别或记住的需求、受尊重的需求、被信任的需求、安全及隐私的需求等。

业主对物业客户服务的心理需求包括对有形设施的需求和对无形服务的需求两方面。物业客户服务应根据业主的这些需求为业主提供以下服务：

（1）清洁卫生的服务。清洁卫生是业主最为重视的生理和心理需要。清洁卫生的环境、设施、设备和用具，客户服务人员良好的清洁卫生习惯，都会让业主在生理和心理上产生安全感和舒适感。

（2）安静舒适的服务。安静舒适的环境是衡量服务质量的重要标准之一。安静舒适的环境不但可以满足业主休息、生活等活动需要，而且能令其产生愉快、满意的情绪，形成一种美的综合享受。

（3）热情亲切的服务。热情是一种强有力的、稳定而深厚的情感体验。热情亲切地接待业主，可以缩短与其交往中的心理距离，减少业主的陌生感、疑虑感，促进情感融洽，便于交往。

（4）主动周到的服务。物业服务永远不应有被动状态，它要求物业服务部门及时、主动地向业主提供服务，为业主提供方便，满足业主特殊需要，从而使业主觉得方便、愉快。

（5）灵活机智的服务。在物业客户服务中经常会遇到一些突然发生的事情，在这种情况下，业主需要得到物业客户服务人员的及时帮助，以保证其安全需求。客服人员反应灵活，处理问题当机立断，是业主对物业服务人员的起码要求，也是一名物业服务人员应具备的基本心理素质。

（6）尊重得体的服务。对业主尊重是物业服务人员起码的职业观念和职业行为，但尊重必须得体、恰当。它表现在两个方面：一是在为业主提供服务过程中要保持业务性交往的心态，不掺杂个人情感；二是在服务交往中要注意自己的职业身份，如服饰、妆容应得体等。这不仅尊重了业主，也尊重了物业服务人员自己，还树立了所在物业服务企业的良好形象。

（三）不同群体客户消费心理服务

作为物业服务人员，为了更好地掌握、满足客户需求，就必须对客户的心理有足够的了解，通过分析、掌握客户心理，提高物业服务质量。

1. 老年客户的消费心理

目前，中国老年人消费市场日益扩大，其消费心理和消费能力与年轻人相比，更加理性和开放，在现代大都市，随着人口老龄化的加快，老年人的消费资源会比较充裕，尤其是在现代都市里，知识型老人已基本脱离了要子女代劳的传统，他们希望社会生活安稳、便捷，其消费谨慎、小心，不过分奢侈。

物业服务部门针对这部分客户，要持谨慎态度，如楼梯扶手旁不放东西（包括花卉类）以保持道路通畅；雨天在大门口应摆放防滑地毯；报栏处可提供老花镜和放大镜；物业服务人员可以主动上门收取物业费，并同时听取他们对物业部门的建议，使他们感到居住在这样的小区温馨、安全、便捷、放心。

2. 投资客户的消费心理

拥有了新房后，一部分客户是自己居住，希望享受高档舒适的环境和完美的物业服务，但也有一部分客户把房子用于出租，追求收益，这些客户对物业服务的要求不高，他们只求安全，服务费用越低越好。

3. 私营企业家和个体工商户客户的消费心理

这一客户群体文化差异较大，有文化层次较高的，也有文化层次较低的，由于拥有大量财富，他们会有超出一般市民的消费心理，选择物业服务时，他们也希望体现其"高档"身份，以示自己与常人不一样的"差异性"。

他们在购买物业时，包装得越多、价格越高、广告做得越多的楼盘，他们越有可能购买，而这也将成为他们炫耀的资本。我们可以充分利用他们好面子的心理给予其高档的有偿服务，用"文化"包装物业的公用部位，也可以向他们提供一些有文化品位的装饰品，满足他们的炫耀心理和"面子"心理。

4. 工薪族客户的消费心理

目前在大都市的工薪族，有置业能力的多数是白领及少数的高级蓝领，该群体大多数具有较高的文化素质、专业知识，他们跟随潮流的心理较重，追求生活质量，文化品位高雅精致。

面对这类客户，物业公司可以为其提供比较前卫的服务，以满足他们跟随潮流的心理，使其尽情享受品位生活和高雅文化，协助他们提高生活质量。

5. 知识分子客户的消费心理

这些客户具有较高学历，从事着专业性较强的工作，多数人已具有事业基础或专业成果，职业相对较稳定。他们的消费要求明明白白、物有所值。

对这部分客户，物业人员在为他们服务时要尽量体现出对他们的尊重，经常听取他们的意见；凡收费的项目一定要讲清原因，以提高服务效率。

总之，在物业服务中，物业服务企业应根据客户的消费心理，针对不同客户的心理及服务需求，有效开展物业服务工作，这样有利于化解矛盾，得到较好的效果。

任务二　物业服务人员减压技巧

物业客户服务工作是一项十分烦琐的工作，给物业客服人员带来了不小的压力。要想成为一名优秀的物业客服人员，就应该能够正确看待自己所面临的压力，并分析压力的形成原因，从而找出正确的应对方法，掌握减轻自身压力的技巧，使压力带来的负面影响降到最低。

压力的症状有生理方面的，如心悸和胸部疼痛、头痛、手心冰冷或出汗、消化系统问题（如胃部不适、腹泻等）、恶心或呕吐、免疫力降低等；有情绪方面的，如易怒、急躁、忧虑、紧张、冷漠、焦虑不安、崩溃等；有行为方面的，如失眠、过度吸烟喝酒、拖延事情、迟到缺勤、停止娱乐、嗜吃或厌食、吃镇静药等；有精神方面的，如注意力难以集中，表达能力、记忆力、判断力下降，持续性地对自己及周围环境持消极态度，优柔寡断等；有心理方面的，如消极、厌倦、不满、生气、冷淡、认命、健忘、幻想、心不在焉等。

一、造成压力的因素

造成压力的因素是多方面的：有自身因素，如生活中发生了重大变故、自身的服务技能不足、与周围人的人际关系不和谐、自身身体状况、自身财务问题、疲劳过度等；有公司因素，如公司制订的工作目标不合理、工作量超负荷、工作缺乏安全感、工作结构不合理、缺少发展机会等；有环境因素，如工作环境有噪声、气味不好、灯光过明或过暗、天气过冷或过热等都会带来压力；有客户因素，具体包括以下几点：

1. 客户期望值的提升

随着物业行业服务意识的不断增强，物业服务企业的服务水平已经较以前有了很大提高，业主得到的越来越多，但业主的满意度却没有提高，甚至是在下降。这是因为业主对于物业服务的期望值越来越高了，随着物业相关法律法规的不断完善，更多物业小区纷纷成立了业主委员会，业主们的自我保护意识不断加强。

2. 服务失误导致的投诉

在处理业主投诉时，可以通过一些技巧很好地化解投诉者的抱怨。但是，有些投诉是非常难解决的，服务失误导致的投诉就属于这一类。在物业服务中这样的服务失误时有发生，所以，如何有效处理因为服务失误而导致的投诉，给物业客服人员带来了巨大的压力。

3. 客户不合理的要求

有时候业主提出的不合理要求也会给物业客服人员造成很大的压力。有的业主会提出与公司规定相左的要求，所以，如何在遵守公司规定的前提下让业主接受自己的合理解释，就成了物业客服人员面临的难题。

二、应对压力的基本原则

国际上比较流行的减压原则是"3R 原则"，即放松（Relaxation）、缩减（Reduction）、重整（Reorientation）。换句话来说，即将放松自己、减少遭遇压力源的机会、重新调整要求或期望值三者结合起来，在已有的正面压力、自发压力与过度的压力之间寻求一个平衡点。而对物业客服人员来说，除运用"3R 原则"减压外，还可以从以下几个方面减压：

1. 多从积极正面的角度考虑问题

悲观的人对着桌子上的半杯水，会难过地说"还剩半杯水"。而快乐的人看到它，会乐观地说"还有半杯水"。过度的压力有很大部分是自己造成的，这与自我期望、价值观等有关。也就是说，我们应当做自己情绪的主人，而不能被负面的想法左右。

2. 养成规律的作息习惯

人必须养成规律的作息习惯：该睡的时候不要熬夜，此外，也要自我控制饮食和体重。由于平时生活和工作多在狭隘的室内，因此一有闲暇，应多参加户外活动，以达到放松身心的目的。

3. 及时与他人沟通

每个人都应寻求适合自己的情绪沟通渠道，不论喜怒哀乐都有人与你分享或听你倾诉，你就不容易觉得心灵上孤独无助了。

4. 培养自己的放松技巧

人可以经由训练而掌握放松的技巧，如通过自我催眠、瑜伽、腹式呼吸法、肌肉放松训练等来学习放松技巧，有些人练练书法、浇花、养鱼，也可以达到放松的目的。不论其放松技巧如何，重点都在于经过一段时间的"沉静"，让自己有机会反思。

三、减轻压力的技巧

合理高效地安排时间、制订切实可行的工作计划、适当地休息等，都可以减轻工作中的压力。

1. 自我心态的调整

要用平和的心态对待压力，同时要有能够承受压力的健康心态。即使有人做了某些令你恼怒或伤心的事情，你也应该控制自己的情绪，做到微笑面对，不失风度。可以尽快离开事发地，去做一下深呼吸或想一些令人开心的事情，当心情平静下来时，再回去工作或请别人帮忙解决问题。

2. 不断提高自我能力

从多方面着手，提高物业服务知识和技能，不断提高自己的服务水平等，在具备高能力的状态下，压力会变小。

3. 避免拖沓

关注那些棘手的工作，及时解决。如果一项工作把你压得喘不过气来，那你完全可以把它分解成若干个小任务，每次只做一部分。例如，你被分配去查阅去年一整年的投诉记录，找出业主经常不满或投诉的问题，你可以将每3个月的投诉记录看作一个小任务，分步完成，直到你完成整项工作。

4. 制订切实可行的计划

许多人喜欢给自己增加压力，往往制订一些超乎实际的计划。如果给自己制订一个比较合理的工作目标，你会感觉一切都步入正轨，从而可以有条不紊地开展工作，而且当工作完成后，你会获得很大的成就感。另外，别忘了奖赏一下自己，这时你可以休息一下，也可以去美美地饱餐一顿等。

5. 适时休息

如果每天面对客户使你感到厌烦，那么你可以偶尔地"逃离"一下。这样会使你保持清醒的头脑，充满活力。如果再做一下身体锻炼，那会取得事半功倍的效果。

6. 提高自身素质

物业客户服务人员每天要面对业主的咨询、投诉、业务办理等工作，劳心劳力，这对其身体素质要求很高，而这项工作本身的运动量又很小，因此增强自己的体质，也是缓解压力的方法之一，可以试着做一些简单的静态肌肉锻炼，也可以做一些简单的伸展运动。

7. 降低个人压力程度

工作不可能完全和个人生活切断联系，如果在工作或生活中花费太多的时间和精力，就会顾此失彼。物业客户服务人员应适度调整工作和生活之间的关系，降低个人压力程度。

8. 积极的自我对话

不时地给自己说些鼓励的话，如"我能处理好这些事情"等。人们经常容易陷入消极的自我对话，这对身心健康非常有害，如果经常对自己说诸如此类没有信心的话，那么这些假设就有可能变成现实，原因是，一旦接受了消极的现实，那么自信心就会下降，这也就导致了压力的产生并且使人消沉。

9. 给你的生活一些变化

为了防止过度疲劳，对自己不断地进行调整是至关重要的。大脑需要新鲜的刺激和不断的挑战，如果工作很乏味，每天都是例行公事，那么思维就可能固化。在工作和生活中，要让自己经常接触新鲜的事物。通过改变你惯常的做法，你所看到的和体验到的新鲜感会使你获得新的灵感和想法，这也会降低压力，提高工作效率。

此外，还可以尝试一下培养业余爱好，如养花种草、制陶、绘画、舞蹈和业余摄影等。业余爱好是一种精神娱乐、一种闲暇时的消遣。业余爱好能分散人们的注意力，让人们学会放松自己。不管你选择什么样的业余爱好，最关键的一点是，要做你喜欢做的事情。

总之，要留意并试着发现一些让人觉得压抑的原因，这样做会有助于找到消除压力的方法。如果你想拥有健康的身体和心理，那么就要积极面对压力并找到缓解自身压力的方法。

走进物业服务企业

气质类型测试

本测试题共60道题目，目的是大概了解一下你的性格类型。回答这些问题应实事求是，怎样想就怎样回答，不必多做考虑，因为并没有什么标准答案。看清题目后请赋分，认为最符合自己情况的记2分，比较符合的记1分，介于符合与不符合之间的记0分，比较不符合的记–1分，完全不符合的记–2分。

1. 做事力求稳妥，不做无把握的事。
2. 遇到可气的事就怒不可遏，觉得把心里的话说出来才痛快。
3. 宁可一个人干事，也不愿很多人在一起。
4. 到一个新环境很快就能适应。
5. 厌恶那些强烈的刺激，如尖叫、噪声、危险镜头等。
6. 和人争吵时，总是先发制人，喜欢挑衅。
7. 喜欢安静的环境。
8. 喜欢和人交往。
9. 羡慕那些善于克制自己感情的人。
10. 生活有规律，很少违反作息时间。
11. 在多数情况下情绪是乐观的。
12. 碰到陌生人觉得很拘束。
13. 遇到令人气愤的事能很好地自我克制。
14. 做事总是有旺盛的精力。
15. 遇到问题常常举棋不定、优柔寡断。
16. 在人群中从不觉得过分拘束。
17. 情绪高昂时，觉得干什么都有趣；情绪低落时，觉得干什么都没有意思。
18. 当注意力集中于某一事物时，别的事物很难使自己分心。
19. 理解问题总比别人快。
20. 遇到不顺心的事从不向他人说。
21. 记忆能力强。
22. 能够长时间做枯燥、单调的事。
23. 符合兴趣的事干起来劲头十足，否则就不想干。
24. 一点小事都能引起情绪波动。
25. 讨厌那种需要耐心的、细致的工作。

26. 与人交往不卑不亢。

27. 喜欢参加热烈的活动。

28. 爱看情感细腻、描写人物内心活动的文学作品。

29. 工作、学习时间长了，常感到厌倦。

30. 不喜欢长时间谈论一个话题，愿意实际动手干。

31. 只喜欢侃侃而谈，不喜欢窃窃私语。

32. 别人说我总是闷闷不乐。

33. 理解问题常比别人慢些。

34. 疲倦时只要短暂休息就能精神抖擞，重新投入工作。

35. 心里有事，宁愿自己想也不愿说出来。

36. 认准一个目标就希望尽快实现，不达目的誓不罢休。

37. 同样和别人学习、工作一段时间后，常比别人更疲倦。

38. 做事有些莽撞，常常不考虑后果。

39. 别人讲授新知识、技术时，总是希望他讲慢些，多重复。

40. 能够很快忘记那些不愉快的事情。

41. 做作业或完成一件工作总比别人花费的时间多。

42. 喜欢剧烈运动或参加各种文体活动。

43. 不能很快地把注意力从一件事转移到另一件事上去。

44. 接受一个任务后，就希望迅速解决它。

45. 认为墨守成规要比冒风险强些。

46. 能够同时注意几个事物。

47. 当自己烦闷的时候，别人很难使自己高兴。

48. 爱看情节起伏跌宕、激动人心的小说。

49. 对工作抱有认真谨慎、始终如一的态度。

50. 和周围的人总是相处不好。

51. 喜欢复习学过的知识，重复做已经掌握的工作。

52. 喜欢做变化大、花样多的工作。

53. 小时候会背的诗歌自己似乎比别人记得都更清楚。

54. 别人说我"出口伤人"，可我并不觉得这样。

55. 在体育运动中，常因反应慢而落后。

56. 反应敏捷，思维灵活。

57. 喜欢有条理而不甚麻烦的工作。

58. 兴奋的事情常使自己失眠。

59. 别人讲新概念时自己常常听不懂，但是弄懂以后就很难忘记。

60. 假如工作枯燥无味，马上就会情绪低落。

做好后请根据下列题号的顺序分别计算出你四种类型的得分。

胆汁质：2，6，9，14，17，21，27，31，36，38，42，48，50，54，58。
多血质：4，8，11，16，19，23，25，29，34，40，44，46，52，56，60。
黏液质：1，7，10，13，18，22，26，30，33，39，43，45，49，55，57。
抑郁质：3，5，12，15，20，24，28，32，35，37，41，47，51。

任务三　物业客户心理服务技能训练

理论测试

一、填空题

1. _____过程是指人最基本的心理过程。人的认识过程具体包括_____等，通过这些心理活动，人就实现了对外界事物的认知。

2. 人在认识事物时，不仅会认识到事物的属性和特征，还会产生对事物的态度，并引起对事物的满意或不满意、喜欢或厌恶、愉快或痛苦的体验，这就是情绪和情感，在心理学上统称为_____。

3. _____是人对客观事物是否符合自己需要所产生的内心体验，是人的心理活动的一个重要方面，反映客观事物与人的主观需要之间的关系。

4. 对待_____类型的客户，服务人员应热情周到，尽量主动为其提供各种服务、信息，为其充当参谋，同时利用情感效应，使其对物业服务企业产生美好印象，这样才能取得这类客户的信任与好感。

二、选择题

1. 物业客服人员应充分认识自身职业的特点，树立明确的职业意识，培养高尚的职业心理品质，并在工作实践中形成良好的职业道德。在客服工作中，具体可以体现在以下（　　）方面。

　A. 尊重每一位业主　　　　　　　B. 拥有娴熟的服务技能
　C. 保持谦逊的态度　　　　　　　D. 坚持微笑服务

2. （　　）的人脾气倔强、直率热情、精力旺盛，情绪兴奋性强，抑制能力差，反应速度快，但不灵活，容易冲动，对自己的情感和行为难以控制，容易急躁，易与人发生矛盾。

　A. 黏液质　　　　　　　　　　　B. 多血质
　C. 胆汁质　　　　　　　　　　　D. 抑郁质

3. 物业客服人员更应尊重（　　）的客户，交谈时要语意明白，避免引起误会，服务要耐心细致、体贴周到，也不要当着客户的面与他人窃窃私语，以免引起猜疑，不能因为客户啰唆而打断他的话，遇上安排变动，一定要讲清楚理由，取得客户的谅解。

A. 黏液质　　　　　　　　　　B. 多血质

C. 胆汁质　　　　　　　　　　D. 抑郁质

三、简答题

1. 在提供物业服务时，对于不同性格的业主有哪些注意事项？

2. 针对不同群体客户的消费心理，在提供服务时应有哪些不同？

3. 工作压力对物业客服人员的影响有哪些？谈谈你的减压方法。

技能训练

[实训项目] 物业客户心理服务情景模拟练习。

[实训目标] 通过对物业客户心理服务情景模拟练习，让学生熟练掌握各种客户心理服务技巧在物业服务工作中的运用。

[实训内容] 根据设定的模拟情景进行模拟演练，在情景展示过程中，运用各种物业客户心理服务技巧，完成情景模拟实训报告。

[实训组织] ①组成学习小组，小组规模以情景需要为准，分组时以组内异质、组间同质的原则为指导，小组的各项工作由小组长负责指挥协调；②为每个小组成员设定适宜的角色，小组成员共同参与情景设计、讨论工作，共同协作完成情景模拟；③各项目团队根据实训内容互相交流、讨论并点评。

[实训考核] 各项目团队提交实训报告，并根据报告进行评估。

物业客户心理服务情景模拟练习评分表

被考评人			考评地点			
考评内容		考评标准	分值/分	自我评价/分	小组评议/分	实际得分/分
专业知识技能掌握	了解物业客户的心理活动过程	了解	10			
	掌握不同气质、性格的物业客户服务技巧	掌握	20			
	妥善处理物业事务的能力	掌握	20			
	报告完成情况	完成	10			

考评内容		考评标准	分值/分	自我评价/分	小组评议/分	实际得分/分
通用能力培养	抗压能力	能够以平和的心态面对矛盾、冲突	10			
	学习态度	积极主动，不怕困难，勇于探索，态度认真	10			
	运用知识的能力	能够熟练自如地运用所学的知识进行分析	10			
	团队分工合作	能融入集体，愿意接受任务并积极完成	10			
合计			100			

注：1. 实际得分 = 自我评价×40% + 小组评价×60%。

　　2. 考评满分为100分，60分以下为不及格，60~74分为及格，75~84分为良好，85分及以上为优秀。

思政园地

一、思政目标

使学生掌握科学的思想方法和工作方法。

二、知识点

物业客户心理活动与服务技巧。

三、思政元素

马克思主义哲学。

四、融入途径

1. 案例导入：面对业主群体质疑，物业中心如何打好"攻心战"——科学工作的重要性。

2. 观点讨论：如何理解马克思主义中国化？

3. 个人练习：个人气质类型测试。

参考文献

［1］孙惠萍．物业客户服务［M］.北京：高等教育出版社，2006.

［2］杜明汉．客户服务与管理［M］.武汉：华中科技大学出版社，2010.

［3］靳玉良．物业管理与服务从入门到精通［M］.广州：广东经济出版社，2019.

［4］李先国，曹献存．客户服务实务［M］.北京：清华大学出版社，2006.

［5］福田物业项目组．物业服务沟通与投诉解决指南［M］.北京：化学工业出版社，2018.

［6］邬金涛，严鸣，薛婧．客户关系管理［M］.2 版．北京：中国人民大学出版社，2018.

［7］王青兰，齐坚，关涛．物业管理理论与实务［M］.4 版．北京：高等教育出版社，2018.

［8］刘秋雁．物业管理理论与实务［M］.3 版．大连：东北财经大学出版社，2017.

［9］董丽萍．人际沟通与语言艺术［M］.2 版．北京：清华大学出版社，2017.

［10］刘北林．现代服务学概论［M］.北京：中国物资出版社，2008.

［11］高静．客户服务礼仪［M］.北京：电子工业出版社，2016.

［12］何毓颖．客户服务基础［M］.北京：高等教育出版社，2009.

［13］苏宝炜，李薇薇．物业服务岗位管理实务［M］.北京：电子工业出版社，2010.

［14］邵小云，李锋，雷宏，等．物业管理工作手册［M］.北京：化学工业出版社，2010.